Giancarlo Corsi/Elena Esposito

Reform und Innovation
in einer unstabilen Gesellschaft

AF211982

Reform und Innovation in einer unstabilen Gesellschaft

herausgegeben von

Giancarlo Corsi und Elena Esposito

 Lucius & Lucius · Stuttgart · 2005

Anschrift der Autoren:

Prof. Dr. Giancarlo Corsi
Prof. Dr. Elena Esposito
Facoltà delle Scienze della communicazione
e dell'economia
Università di Modena e Reggio Emilia
Via Giglioli Valle
I-42100 Reggio Emilia

Bibliographische Information der Deutschen Bibliothek

Die Deutsche Bibliothek verzeichnet diese Publikation in der Deutschen
Nationalbibliografie; detaillierte bibliografische Daten sind im Internet über
http://dnb.ddb.de abrufbar

ISBN 3-8282-0302-7

© Lucius & Lucius Verlagsgesellschaft mbH Stuttgart 2005
   Gerokstraße 51 · D-70184 Stuttgart
   www.luciusverlag.com

Druck und Bindung: Ebner & Spiegel, Ulm

Inhalt

Inhalt

Einleitung

Dieses Buch geht von einer Feststellung aus, die uns wenig umstritten zu sein scheint: Reformen sind ein Problem. Kein Konsens herrscht jedoch darüber, in welcher Hinsicht genau Reformen problematisch sind und wie man am besten damit umgeht. Wenigstens in zweierlei Hinsicht handelt es sich bei Reformen um ein Problem: Zum einen sind Reformen ein weit verbreitetes und diskutiertes Thema. Man redet in allen Bereichen davon: in der Erziehung, in der Politik, in der Wirtschaft oder im religiösen Bereich, mit Blick auf die Rechtsordnungen sowie explizit (wie wir noch sehen werden) in Bezug auf formale Organisationen. Reformen sind zum anderen problematisch, weil sie anscheinend strittig sind. Sie rufen Widerstände und Konflikte hervor. Man sucht dann nach Mitteln und Wegen, um sie in befriedigender Weise zu realisieren.

Es gibt natürlich bereits eine breite Literatur zu diesem Thema. Unser Buch beabsichtigt jedoch, die Frage aus einer einigermaßen originellen Perspektive zu betrachten: Wir versuchen nicht, das Problem der Reformen zu lösen, sondern fragen uns, warum es sich überhaupt um ein Problem handelt. Wir verändern also die Perspektive und erforschen die Bedingungen, die zu den bestehenden Problemen mit Reformen und zu den Voraussetzungen der Debatte über Reformen geführt haben. Aus unserer Sicht sind Reformen nicht deshalb ein Problem, weil es nicht gelänge, sie zu initiieren oder zu verwirklichen. Ganz im Gegenteil: Reformen bereiten Schwierigkeiten, gerade weil sie viel zu leicht in die Wege zu leiten und zu legitimieren sind, weil sie sich unkontrolliert verbreiten und weil sie eine Vielzahl neuer Probleme generieren, die wiederum nach neuen Reformen verlangen. Reformen können nämlich eine besondere Sensibilität für bestimmte Fragen hervorrufen – typisches Beispiel hierfür ist die Demokratisierung von Entscheidungen. Das steigert zum einen das Anspruchsniveau und lässt bisherige Lösungsversuche unbefriedigend erscheinen. Zum anderen kann das dazu führen, dass bei einer Reforminitiative, die oftmals zwei gegensätzliche Ziele besitzt, der eine Pol einseitig aufgewertet wird – etwa die Idee der Demokratisierung gegenüber Effizienzkriterien. Weil dadurch ein Ungleichgewicht erzeugt wird, ruft das wiederum die Forderung nach dem vermeintlich vernachlässigten anderen Pol des Lösungsvorschlags hervor.

Die Organisationstheorie hat bereits sehr deutlich auf die Rätsel und Paradoxien hingewiesen, die Reformen hervorbringen: auf das weit verbreitete und beinahe völlig unkritische Vertrauen in Reformen bzw. in die Fähigkeit, auf der Basis rationaler Entscheidungen Strukturen und Prozesse einer Organisation zu verändern und dabei zu verbessern. Dieses Vertrauen bleibt nahezu unberührt bestehen selbst gegenüber solchen Reformen, deren Hauptergebnis die Forderung nach neuen Reformen ist, die dann mit ungebrochenem Vertrauen und erneuertem Optimismus tatsächlich eingeleitet werden. Nach einer Reform wird also mit weiteren Reformen begonnen. Im gleichsam „geschützten" Bereich der formalen

Organisationen können die Voraussetzungen und Abläufe von Reformen besonders genau und einigermaßen eindeutig beobachtet werden. Das liegt daran, dass
man es innerhalb der Organisationen mit eindeutig zuschreibbaren Entscheidungen und mit erklärten Absichten zu tun hat. Wir möchten diese Beobachtungen
zum Ausgangspunkt für eine Analyse der „dunklen Seite" der „Form-Reform"
im Allgemeinen machen. Der Aufsatz von Nils Brunsson in diesem Band soll als
Beitrag dieser Forschungstradition verstanden werden- jedoch einer Tradition,
die unserer Meinung nach noch keine theoretische Interpretation gefunden hat,
die in der Lage ist, die empirische Relevanz des produzierten Materials angemessen zu analysieren.

Von „Reform als Routine"[1] zu reden, impliziert Brunsson zufolge, von dem
Umstand ausgehen, dass die Stabilität einer Organisation gerade in Veränderung
und nicht in Beständigkeit gesucht wird. Reformen sind damit eine Normalität
und keine Ausnahme. Sie müssen eher als eine Revolution in den Strukturen
einer Organisation gesehen werden, als eine weitere Struktur, die deren Funktionieren ermöglicht. Die Normalität, die Veränderungen mittlerweile besitzen,
rechtfertigt auch den bemerkenswerten Umstand (ohne ihn allerdings zu erklären), dass sehr oft das primäre und eindeutigste Ergebnis von Reformen weitere
Reformen sind, die sich anscheinend nur sehr mittelbar aus den objektiven operativen Bedingungen der Organisation ableiten. Nicht einmal erfolgreich operie-
rende Organisationen sind dagegen immun: Selbst wenn man auf hohem Niveau
arbeitet, wird es immer ein höheres Niveau geben, das man anstreben kann. Das
passiert zum einen, weil sich das jeweilige Umfeld ändert und Anpassungen er-
zwingt. Zum anderen lässt die immer undurchschaubare Zukunft neue Herausforderungen und neue Gefahren aufblicken. Um sich auf all das einzurichten, ist
es ratsam, sich zu verändern. Das darf nicht einfach durch Reagieren auf die
jeweils auftretenden Schwierigkeiten geschehen, sondern durch absichtliche, d.h.
geplante Veränderung der eigenen Strukturen: eben durch Reform. Darin lässt
sich eine vorläufige Stabilität finden.

Brunsson zufolge scheint zudem die gewohnte Ursache-Wirkung-Schema bei
Reformen nicht zu gelten, oder wenigstens nicht ganz: Reformen werden nicht
direkt durch die angestrebten Wirkungen motiviert, die, sobald sie erreicht sind,
eventuell zum Ende der Reformen führen. Reformen werden vielmehr von den
inneren Eigenschaften der „zu reformierenden" Organisationen selbst erzwungen, die sich also weiter reformieren. Eine diese Eigenschaften sind zum Beispiel
inkohärente Normen, also miteinander inkompatible Prinzipien, die mit einer
Reform gleichzeitig verfolgt werden. Das sind etwa die von ganz unterschiedlichen Gruppen beanspruchten Präferenzen wie Umweltschutz versus technologi-

---

[1] Wir beziehen uns im Folgenden auf den Text von Brunsson in diesem Band mit dem Titel
„Reform als Routine". Für die mit der Systemtheorie einigermaßen vertrauten Leser bietet
sich die Bezugnahme auf Luhmanns „Lob der Routine", Verwaltungsarchiv 55 (1964), S. 1-
33; Wiederabdruck in: Ders., Politische Planung, Opladen 1971, S. 113-142 an. Das ist ein
weiterer Text, der von den internen Problemen der formalen Organisationen ausgeht.

sche Entwicklung oder Effizienz versus Partizipation. Reformen neigen dazu, eine der beiden jeweiligen Reformziele aufzuwerten und dabei den Gegenpol zu vernachlässigen. Eine neue, gerade von einer vorangegangenen Reform „verursachte" Reform wird dann nötig sein, um die Lage wieder auszugleichen – und darauf folgt wieder eine andere Reform usw. Ursache und Folge dieser Situation ist aber auch die Tendenz der Organisationen, ihre Reformprojekte an abstrakten Prinzipien auszurichten, die Werte beschreiben, anstatt die Art und Weise aufzuzeigen, wie bestimmte Ergebnisse zu erreichen sind. Wenn diese Werte dann in konkrete Programme umgewandelt werden müssen, wird die Situation unvermeidlich viel komplexer. Das führt dazu, dass die der Reform zugrunde liegenden Normen schnell ihre ursprüngliche Anziehungskraft verlieren: Will man Gleichheit erreichen, so muss man bekanntlich viele Unterschiede machen. Diese fast physiologische Diskrepanz zwischen Bewertung ex ante und Bewertung ex post macht dann eine neu zu initiierende Reform viel reizvoller – ein sich selbst erneuernder Kreislauf also.

Weitere Beispiele hierfür lassen sich ohne Schwierigkeiten anführen, man ziehe nur die reichhaltige einschlägige Literatur heran. Für unsere Argumentation ist es jedoch wichtig, zumindest einen letzten Aspekt zu erwähnen, der uns in einem breiteren Kontext zur Einführung in das Thema Reformen dienen soll: die (ebenfalls scheinbar merkwürdige) „Vergesslichkeit", die Organisationen gegenüber früheren Reformversuchen und den daraus gemachten Erfahrungen an den Tag legen. Schuld daran sind zum einen praktische Gründe, so Personalwechsel oder die Empfehlungen externer Berater gerade für die Planung der Reformen. Verantwortlich sind aber zum anderen auch strukturelle Gründe. Reformen selbst verändern derart die Sensibilitäten und die Kriterien, dass dasselbe Projekt nicht mehr als solches erkennbar ist. Die Reform, könnte man sagen, verändert ständig die Organisation, so dass das Vergessen zur ersten Form des Lernens wird.

Wenn nun einmal die Eigentümlichkeiten und Rätsel des „Reformsyndroms" beschrieben worden sind, kann man sich allerdings fragen, warum das so ist. Wie hat sich eine so unplausible und problematische Form als „Normalität" innerhalb von Organisationen in unserer Gesellschaft etablieren können? Oder anders formuliert: Wie hat unsere Gesellschaft derart unwahrscheinliche Formen wie formale Organisationen aus ihrer Mitte heraus erzeugen können und zu einer Normalität werden lassen, die sich überdies ständig reformieren? Mit diesen Fragen verschiebt sich das Augenmerk von der Organisations- zur Gesellschaftstheorie, der die Aufgabe zusteht, die Ergebnisse der „geschützten" Forschung über formale Organisationen auf den breiteren Bereich der Gesellschaft im Allgemeinen und deren Semantik zu übertragen und zu generalisieren. Das ist das Hauptanliegen dieses Buches, das mit den formalen Organisationen beginnt, um dann darüber hinaus zu gehen – oder besser: um auf diese zurückzukommen im Rahmen einer breiteren, die Gesellschaft allgemein betreffenden Theorie, die ja auch die Organisationen umschließt.

Es ist schon mehrmals passiert, dass die Organisationstheorie Begriffe vorgeschlagen hat, die sich weit über den eigenen Wissenschaftsbereich verbreitet
haben und zu Kategorien geworden sind, die sich auf die ganze Gesellschaft
anwenden lassen. Man denke nur an den Erfolg eines Begriffs wie „bounded
rationality". Wir möchten nun prüfen ob und – wenn ja – wie und mit welchen
Folgen das gleiche Manöver auf die „Dekonstruktion" des Reformimpetus in
Bezug eben auf die formalen Organisationen angewendet werden kann. Es ist ja
offensichtlich, dass das Streben nach Reformen nicht auf Organisationen beschränkt bleibt, sondern allgemein ganz tief in der Semantik der modernen Gesellschaft verwurzelt ist. Dazu bedarf es allerdings einer Gesellschaftstheorie. Wir
beziehen uns auf die von Niklas Luhmann. Seine bekanntlich sehr komplexe
Theorie wird hier in einem relativ kurzen Beitrag vorgestellt, der unseres Erachtens aber besonders prägnant ist und die Grundfragen gut synthetisiert.

Der bisher unveröffentlichte Text, „Entscheidungen in der Informationsgesellschaft", bedarf einiger einleitender Worte. Zuerst einmal deswegen, weil der Text
weder Reformen noch Innovationen behandelt, obwohl das das Thema des Buches ist. Ja, der Beitrag nimmt nicht einmal auf Organisationen Bezug. Worin
besteht nun die Verbindung zu unserem Thema und warum haben wir diesen
Text (zusammen mit dem von Brunsson) für diesen Sammelband gewählt? Die
Beantwortung dieser Frage ist bereits ein Ziel dieses Buches, soll darin doch das
Verhältnis zwischen der Forschung zu Reformen in Organisationen und der zur
Semantik der Gesellschaft im Allgemeinen geklärt werden.

Der vor allem wegen seiner Unangemessenheit bedeutende Ausgangsbegriff ist
„Informationsgesellschaft"[2], oft benutzt zur Beschreibung der zeitgenössischen
Gesellschaft. Was bedeutet aber, dass Informationen für unsere Gesellschaft von
so grundlegender Bedeutung sind? Informationen dienen dazu, einen Mangel an
Wissen zu beseitigen, der problematisch wird, wenn man Entscheidungen treffen
muss. Man sucht nach Informationen, weil man hofft, mit ihrer Hilfe besser
entscheiden zu können. Die zunehmende Bedeutung von Informationen könnte
dann auch als zunehmende Bedeutung von Entscheidungen gelesen werden: Die
„Informationsgesellschaft" ist faktisch zuerst eine „Entscheidungsgesellschaft".
Es überrascht unter diesen Bedingungen nicht, dass die Schlüsselbegriffe für die
Analyse der Gesellschaft oft aus der Organisationstheorie stammen, die sich
eben mit demjenigen Gesellschaftsbereich befasst, in dem die Bezüge zu Entscheidungsprozessen offensichtlicher und fast zwangsläufig sind.

Warum aber muss man häufiger entscheiden? Hauptgrund ist vermutlich der
Übergang von einer Kosmologie des Seins zu einer Kosmologie der Kontingenz,
von dem Luhmann spricht. Im modernen Verständnis zeigt der Informations-
begriff eine grundlegende Ambiguität. Auf der einen Seite sagen Informationen
etwas aus und führen zu Wissenszuwachs. Auf der anderen Seite sind Informati-

---

[2] Ich folge hier mit einer gewissen Freiheit Luhmanns Argumentation in dem betreffenden
Text.

onen jedoch eine Vorgabe vor dem Hintergrund alternativer Möglichkeiten. Sie stellen also das Datum als eine Möglichkeit unter anderen dar, die sich an ihrer Stelle hätten verwirklichen lassen können: ein kontingentes Datum. Da Informationen eine (alternativlose) Notwendigkeit ausschließen, generieren sie keine Bestimmtheit, sondern nur eine vorläufige Sicherheit: Andere Möglichkeiten, die mit präsentiert werden, werden verworfen. Informationen produzieren also Sicherheit und Unsicherheit zugleich. Sie rufen zuerst Kontingenz hervor und bedürfen dann neuer Informationen. So verstanden sind Informationen immer partiell und vorläufig. Sie sind also selbst in einem gewissen Sinne eher die Wahl einer Person als eine Entscheidung, die sich auf unbezweifelbare Umweltdaten zurückführen ließe. Das zeigen nicht zuletzt die ewigen Debatten über den (physiologischen) Objektivitätsmangel der Massenmedien.

Entscheidungen, die das Produkt früherer Entscheidungen sind, rufen einen Bedarf an weiteren Entscheidungen hervor. Genau das passiert in Organisationen und das zeigen die immer wieder aufs Neue gestarteten Reformversuche, die lediglich weitere Reformen produzieren. Mangels zuverlässiger externer Bezüge wird der Bezug intern, also zirkulär und damit immer kontingent. Dieser innere Bezug kann keine Stabilität generieren, sondern er produziert eine ständige Dynamik. Die neigt dazu, diesen Bezug zu integrieren und auszugleichen – oder, wie man besser sagen sollte: dessen Kontingenz offen zu halten. So lässt sich das Mysterium der „permanenten Reform" erklären oder wenigstens in einen breiteren semantischen Kontext einbetten: Obwohl diese ihre Ergebnisse unaufhörlich reformiert und nie zu einen endgültigen Abschluss gelangt, wirkt sie motivierend und trifft in der Gesellschaft immer wieder auf Einvernehmen. Für Reformversuche kann das allgemeine Modell der Therapie oder der Beratung gelten. Dessen Erfolg liegt auch nach Brunsson nicht in der Lösung tatsächlich existierender Probleme, sondern (viel radikaler) in der Formulierung neuer Problemkonstruktionen, von der eine neue Beschreibung des betreffenden Systems ausgehen kann. Es handelt sich im Wesentlichen darum, aufgrund von schon getroffenen Entscheidungen neue Informationen zu generieren, mit der das System arbeiten kann und aufgrund derer es neue Entscheidungen treffen kann. Dieser Prozess kann dann offensichtlich ewig so weiter gehen.

Die Verbindung von Entscheidungen mit der Ambiguität der Informationen erlaubt schließlich auch, etwas zur „Vergesslichkeit" der Organisationen zu sagen. An Informationen, die im Wesentlichen überraschende Neuheiten darstellen, kann man sich als solche nicht erinnern. Woran man sich erinnert, sind ihr Sinn oder ihre Bezüge, aber nicht der Überraschungswert als solcher, also ihre Informationswert, der im Moment der Mitteilung verloren geht. Ebenso steht es um die Entscheidung, bei der eine bestimmte Option aus mehreren Alternativen auswählt und bei der die offene Kontingenz der verfügbaren Möglichkeiten in die geschlossene Kontingenz einer bestimmten Auswahl überführt wird. Es ist dann unvermeidlich, dass die Entscheidungen ex- ante und ex-post nicht die gleichen sind. Die bloße Tatsache der Entscheidung hat die Welt und die Entscheidung selbst verändert. Die vorher verfügbaren Optionen gewinnen eine andere Bedeutung, nachdem sie in einem Auswahlakt bestimmt worden sind. Es überrascht dann nicht, dass die gleiche Entscheidung (oder das, was einem externen Beobachter als die gleiche Entscheidung erscheint) nicht als solche wiedererkannt wird, wenn sie zum zweiten Mal auftritt. „Vergesslichkeit" ist keine geistige Zerstreutheit, sondern eine strukturelle Folge des Operationsmodus' von Entscheidungsprozessen.

Luhmanns Betrachtungen gehen – das sei bemerkt – von der Analyse und der Kritik an der Vorstellung von Informationsgesellschaften aus. Sie beziehen sich also auf die Gesellschaft im Allgemeinen und betreffen die Eigenschaften von Entscheidungen in den semantischen Bedingungen der Modernität – und nicht allein der Organisationen. Darüber hinaus sind die komplexen und schwierigen Beziehungen zwischen den Strukturen der modernen Gesellschaft und der Form der Organisationen anzusprechen, die früher nicht einmal existierten, nun aber ein immer größeres Gewicht zu gewinnen scheinen. Zwar sind die formalen Organisationen unerlässlich, will man in komplexen Gesellschaften die Entscheidungslast dirigieren und strukturieren (wobei die Organisationen allerdings wiederum zur Zunahme der Entscheidungslast beitragen). Doch damit entscheidet und kommuniziert man nicht nur in den Organisationen – die Gesellschaftstheorie kann sicher nicht auf eine Organisationstheorie reduziert werden. Ob von Entscheidungsgesellschaft die Rede ist oder auch nicht: Das zentrale Thema ist eher das Überhandnehmen der Kontingenz, die praktisch jede Handlung zu einer Entscheidung macht. Das gilt ganz allgemein, besonders aber für die Frage der Reformen. Der Bezug zur Gesamtgesellschaft kann aber dazu beitragen, Bedeutung, Reichweite und Voraussetzungen des Reformsyndroms und ihrer Eigentümlichkeiten zu erklären.

Die in diesem Band versammelten Aufsätze sind als ein Beitrag zu dieser Problematik zu verstehen. Nach den Artikeln von Brunsson und Luhmann im ersten Kapitel, die in gewissem Maße als Schlüsselbezüge zu gelten haben und den Hintergrund für die weiteren Erörterungen darstellen, führt das Buch in seinem zweiten Kapital in die Semantik von Reform und Innovation ein. Den Anfang macht Alberto Melloni, der die Debatte innerhalb des Katholizismus in ihrer historischen Dimension betrachtet. Die von der Antike ererbte, von der Bibel bekräftigte und problemlos akzeptierte Vorstellung der Kirche von Reform war typischerweise rückwärts gewandt: Da die Welt älter werde, degeneriere und der Korruption anheim falle, zielten Reformen darauf, die Dinge lediglich so zu verändern, dass wieder der ursprüngliche jugendliche Zustand herrschte; die durcheinander geratenen Dinge waren wieder auf ihre Ausgangsordnung zurückzuführen (*deformata riformare*). Etwas Neues sollte keinesfalls eingeführt werden. Der Einbruch der Lutherischen Reform veränderte natürlich den gesamten konzeptionellen Rahmen und brachte die Katholische Kirche dazu, die Aspekte Stabilität und Beständigkeit gegenüber dem sich ausbreitenden Streben nach Veränderung zu betonen. Einmal eingeführt, schien diese nämlich unkontrolliert überhand zu nehmen. Da die moderne Reformvorstellung Veränderungen impliziert, die tatsächlich Neuheiten sind und sich auf die Zukunft und nicht auf die Vergangenheit richten, änderte sich auch die Vorstellung von Stabilität. Das zeigen die Anstrengungen der Katholischen Kirche in den späteren Jahrhunderten. So stemmte diese sich etwa dem Historismus entgegen. Aber auch der mehrdeutige und flexible Begriff „aggiornamento" des „Zweiten Vatikanischen Konzils" war ein Versuch, die Unveränderlichkeit der Lehre zu bestätigen und zugleich deren Anpassung an die Variabilität der Zeiten vorzunehmen.

Immer noch ausgehend von den Veränderungen, die die Semantik des Neuen und der Erneuerung erlebte, unterstreicht Elena Espositos Aufsatz dagegen die Unwahrscheinlichkeit von Reformen im Sinne von Planung einer Neuheit, d.h. der Ausrichtung auf vorbereitete, gesuchte und erwartete Überraschungen. Die mit der Reform angestrebten Neuheiten sind immer beobachtete Neuheiten. Die Widersprüchlichkeit der Situation kann dann vielleicht an der Verschiebung des Schwerpunkts von den flüchtigen Eigenschaften des Neuen zu den konkreten Eigenschaften der Beobachtung verdeutlicht werden. In noch zu klärender Weise dienen Reformen den Systemen dazu, die eigenen Strukturen zu artikulieren und komplexer zu gestalten – innerhalb einer Gesellschaft, die selbst immer komplexer wird. Das erlaubt unter anderem zu verstehen, wie die Akzeptanz eines „Undings" wie Neuheit (die sich durch die Negation alles Bekannten und Vertrauten definiert) vorhersehbar und normal hat werden können.

Im dritten Kapitel geht es um die Untersuchung der Systeme, die reformiert werden und Reformen suchen: der Organisationen. Giancarlo Corsi behandelt die Frage anhand der semantischen und strukturellen Veränderungen, die zur modernen Auffassung von Reform geführt haben. Als Ausgleich zur vormodernen Differenz von Perfektion und Korruption verstanden, soll das Instrument Reform heute dazu dienen, die Gesellschaft oder ihre Teilsysteme zu verbessern oder zu entwickeln. Aber die heutigen Strukturen engen den Entscheidungsspielraum bei Reformen auf die formalen Organisationen ein. Das heißt, sie begrenzen Reformen auf einen einzigen Kontext, in dem Variablen verfügbar sind: auf die Entscheidungsprämissen. Hier wird die unvermeidliche Distanz zwischen den Wunschvorstellungen der Reformziele und der durch Entscheidungen produzierten Realität „verdeckt".

Dirk Baecker greift die (oft verkannte) Selbstreferentialität von Reformen wieder auf, deren Zweck nicht direkt die Verbesserung des Systems in seinen Bezügen zur Umwelt ist, sondern in erster Linie die Umwandlung dieser Verhältnisse durch Vergrößerung der für das System verfügbaren Optionsspielräume. Das liegt zum einen daran, dass die Zunahme der Möglichkeiten die Umwelt zusammen mit dem System verändert. Zum anderen operieren die Reformprojekte immer auf der Ebene der Beschreibungen und „redescriptions" der Organisationen. Die Beobachtungsverhältnisse sind deshalb so kompliziert, dass kein wirksames Reformmanagement im Hinblick Mittel und Ziele denkbar ist. Und es hat auch wenig Sinn (wie wir oben gesehen haben), eindeutige Kategorien wie Scheitern und Erfolg von Reformen als Kriterium anzulegen. Jenseits der Absichten der Initiatoren nehmen faktisch die Möglichkeiten immer mehr zu. Aus dieser Perspektive wird Ambiguität zur zentralen Ressource für Reformen – in wenigstens zweierlei Hinsicht. Ambiguität haftet den Zeitverhältnissen der Organisationen an, insbesondere hinsichtlich der Zukunft, die als entscheidbar behandelt wird, obwohl sie laut Definition (um Zukunft zu sein) offen – also unentscheidbar – sein muss. Ambiguität ist auch das, was unter den Bedingungen der strukturellen Kopplung der Funktionssysteme durch Organisationen die ständige Reproduktion der Reformimpulse infolge der Reformen erklärt. Auch wenn aus Sicht eines Funktionssystems die Reform ihren Zweck erreicht, lässt sie aus Sicht eines anderen involvierten Systems fast unausweichlich einen neuen Veränderungsbedarf entstehen.

Das vierte und letzte Kapitel befasst sich mit einem besonderen Fall von Reformversuchen: den Reformen des Verwaltungsrechts. Martin Schulte betrachtet diese aus der Perspektive des Verhältnisses von Selbstbeschreibung und Fremdbeschreibung innerhalb des Rechtssystems. Der Autor geht dabei von der Prämisse aus, dass eine angemessene Behandlung der komplexen Reformproblematik eine vom System gelieferte Selbstbeschreibung erfordert, gegliedert in diesem Fall in Rechtspraxis, Rechtsdogmatik und Rechtsphilosophie. Die Diskussion über die Reform des Verwaltungsrechts erscheint aus dieser Sicht wieder als ein Fall von „redescription", die allerdings auf die Rechtsdogmatik beschränkt bleibt, ohne auf die Rechtspraxis einzuwirken, es sei denn indirekt durch evolutionäre Veränderungen. Die Beobachtung unterscheidet sich auch in diesem Fall von der Operativität der Systeme.

Die Vorstellung, dass Reform und Innovation sich wirksamer durch innere Mechanismen als durch Reformprojekte verwirklichen lassen, findet sich ebenfalls in Stephan Kirstes Aufsatz wieder. Auch Kirste unterscheidet in diesem Fall zwischen Selbstveränderung und Fremdsteuerung. Der Autor untersucht die Zeitstrukturen des Rechts und stellt fest, dass es sowohl in der Verfassung als auch im einfachen Recht Mechanismen der Stabilisierung sowie Innovationsspielräume gibt. Trotz der scheinbaren Stabilität des Systems klingt es also wahrscheinlicher, dass Innovationen innerhalb der Verwaltung eher durch Steigerung der Selbstveränderungspotentiale als durch extern gesteuerte Reformen zu realisieren sind. Das Ergebnis rät auch in diesem Fall zu einer gewissen Nüchternheit gegenüber Reformansprüchen und dem damit meist verbundenen Enthusiasmus.

Einige der in diesem Band publizierten Beiträge sind das Ergebnis einer Tagung, die im Februar 2003 am Zentrum für interdisziplinäre Forschung der Universität Bielefeld stattgefunden hat. Wir bedanken uns beim ZiF für die Organisation und Ermöglichung einer wirklich interdisziplinären Diskussion und natürlich ganz herzlich auch bei allen Teilnehmern.

Reggio Emilia, im Juli 2004

Giancarlo Corsi

Elena Esposito

Reform als Routine

Nils Brunsson

Administrative Reformen werden oftmals als dramatische, einzigartige Veränderungen in Organisationen hingestellt. In diesem Beitrag wollen wir zeigen, dass Reformen eher als ein Aspekt organisatorischer Stabilität denn als organisatorische Veränderung zu verstehen sind. Reformen sind üblich in großen, modernen Organisationen; sie sind oftmals eine normale, immer wiederkehrende Handlung. Reformen sind mehr Routine als Unterbrechungen im Organisationsleben. Viele Studien behaupten, dass Reformen schwierig umzusetzen seien.[1] Wir argumentieren dagegen, dass es oftmals leicht ist, Reformen einzuleiten. Tatsächlich ist die Leichtigkeit, mit der Reformen gestartet werden können, wohl einer der Gründe dafür, warum so wenige vollständig umgesetzt werden. Von Reformen wird oftmals behauptet, sie seien notwendig, um die Organisationen an wichtige äußere Veränderungen anzupassen. Wir argumentieren dagegen, dass sowohl ziemlich banale, gewöhnliche und veränderungsunabhängige Aspekte des internen Organisationslebens als auch verschiedene unveränderliche und allgemeine Faktoren im Umfeld von Organisationen ebenfalls Reformen hervorbringen können. Einer dieser Faktoren sind Reformen selbst: Reformen tendieren dazu, Reformen hervorzubringen.

Unsere Argumentation basiert auf bestimmten Merkmalen sowohl von Reformen als auch von Organisationen selbst, von denen keine notwendigerweise Allgemeingültigkeit besitzt, die aber so verallgemeinerbar sind, um ein nützliches heuristisches Werkzeug in vielen Fällen zu sein. Es gibt vier gemeinsame grundlegende Eigenschaften administrativer Reformen, die – zusammen mit gewissen organisatorischen Eigenschaften, die weiter unten noch ausgeführt werden – die Ein- und Durchführung von Reformen in Organisationen befördern. Die erste ist Einfachheit und Klarheit: Die Idee, die mit der Reform vorgeschlagen werden, scheinen den meisten Angehörigen der Organisation weniger kompliziert und schärfer umrissen zu sein, als die bis dahin geübte organisatorische Praxis. Reformideen bestehen meist aus Prinzipien und nicht aus detaillierten Beschreibungen, aus Theorien und nicht aus Erkenntnissen. Das bedeutet: Reformen geben sich als geordnete Ideen aus, die zwar nicht die Komplexität der realen Welt vollständig umfassen können, die aber deswegen klarer als die Realität erscheinen. Zweitens sind Reformen normativ: Sie stellen den Versuch dar, Ordnung in eine chaotische Wirklichkeit zu bringen. Keinesfalls leisten sie eine Zustandsbeschreibung eben dieser Realität. Reformen tendieren drittens dazu, ein-

---

[1] J. Pressmann, A. Wildavsky, Implementation, Berkeley Cal., 1973; K. Hanf, F.W. Scharpf (Hrsg.), Interorganizational Policy Making, London, 1978.

seitig zu sein: Jede Reform beruft sich auf einen einzigen Satz konsistenter Werte und Wahrnehmungen der Welt – im Gegensatz zur organisatorischen Praxis, die oftmals mit inkonsistenten Wertvorstellungen und Wahrnehmungen arbeiten muss. Ein viertes Charakteristikum der Reform ist deren Zukunftsorientierung: Eine Reform ist ein Prozess, in dem Ideen ausgearbeitet, Menschen davon überzeugt und die Reformen schließlich umgesetzt werden. Dabei geht es weniger um sofortiges Handeln, so dass unmittelbare Resultate nicht erwartet werden dürfen. Statt dessen versprechen Reformen Nutzen für die Zukunft, sei es für die Zeit unmittelbar nach Umsetzung der Reform, sei es für einen viel späteren Zeitpunkt.

Da Reformen Vorstellungen beinhalten, die sowohl Problemstellungen als auch Lösungsansätze betreffen, sind sie darauf angewiesen, dass es einen angemessenen Vorrat an beidem gibt. Dieser Vorrat kann um so mehr Reformen unterstützen, wenn jedes Problem mehrfach angegangen und jede Lösungsmöglichkeit mehrmals genutzt werden kann. Das wird ermöglicht durch das, was wir organisatorische Vergesslichkeit nennen. Der Vorrat an Problemen, Lösungen und Vergesslichkeit wird weiter unten noch ausführlicher behandelt.

Der Vorrat an Problemen und Lösungen

Reformen profitieren von Problemen. Die Wahrnehmung von Problemen in der laufenden Organisationspraxis kann den Anstoß für die Suche nach Reformen liefern. Die Problemwahrnehmung kann auch ein starker Anreiz für Versuche sein, die Reformen dann auch wirklich umzusetzen. Und sie kann Argumente dafür bieten, um diejenigen zu überzeugen, deren Unterstützung hierfür erforderlich ist.

Es scheint in modernen Organisationen einen reichen Vorrat an wahrgenommenen Problemlagen zu geben.[2] Ein sich wandelndes oder übelwollendes Umfeld bringt viele Schwierigkeiten hervor, aber kann auch viele innere Ursachen hierfür geben. Administrative Reformen können vorgeschlagen werden, um beinahe jedes Problem zu lösen, einschließlich geringe Rentabilität, zunehmende Konkurrenz oder schlechtes Management. Administrative Reformen, so kann man argumentieren, versprechen Organisationen effizienter, profitabler und marktorientierter zu gestalten oder das Management besser zu machen. Administrative Reformen werden aber vor allem als nahe liegende Antwort verstanden, wenn die Probleme einer Organisation als administrative Schwierigkeiten wahrgenommen werden und direkt das innere Funktionieren betreffen. Es gibt einen reichen Vorrat an administrativen Problemen in modernen Organisationen.

Eine Hauptursache für administrative Probleme ist das Spannungsverhältnis zwischen der Art, wie eine Organisation dargestellt wird, und der Art, wie sie

---

[2] W.H. Starbuck, Organizations as Action Generators, American Sociological Review (48), 1983, S. 91-102.

tatsächlich arbeitet.[3] Bei der Präsentation der Organisationen nach Außen tendiert deren Führung dazu, die Aspekte Einheit, Kohärenz, Konsistenz, Handeln und Kontrolle herauszustellen. Die Organisationen werden so präsentiert, als ob sie auf ein einziges Ziel bzw. auf ein in sich stimmiges Bündel an Zielen hinarbeiten würden. Sie werden porträtiert, als seien sie Systeme, die in Übereinstimmung mit diesen Zielen Handlungen produzieren und die dann Aufrecht erhalten werden durch die Kontrolle des Managements über die Mitarbeiter und deren Handlungen auf den unteren Organisationsebenen. Organisationen werden beschrieben, als seien sie Individuen. Es ist die Aufgabe des Managements, sich darum zu bemühen, dass diese Zuschreibungen auch erfüllt werden. Für die meisten Manager wäre es schwierig, das Gegenteil zu behaupten, d.h. dass sie sich darum bemühten, Inkonsistenzen zu erreichen oder Agieren und Kontrolle zu vermeiden.

Organisationen tendieren jedoch dazu, diesen Zuschreibungen nicht gerecht zu werden. Die Forschungsliteratur, die die tatsächlichen Organisationsprozesse beschreibt, klärt uns darüber auf, dass Organisationen gemeinhin durch einen höheren Grad an Inkonsistenz, durch größere Handlungsschwierigkeiten und durch einen geringeren Grad an Kontrolle von oben nach unten gekennzeichnet sind, als das je in Präsentationen von Organisationen zum Ausdruck kommt oder vom Management gewünscht wird.[4] Aber das Spannungsverhältnis zwischen Selbstdarstellung und erklärten Absichten auf der einen und den Erfahrungen mit dem tatsächlichen Verhältnissen auf der anderen Seite gibt den Anstoß für Reformen.

Selbst in Organisationen, die erfolgreiche Resultate erzielen, kann das Spannungsverhältnis zwischen den präsentierten Vorstellungen und den tatsächlichen Verhältnissen sehr stark sein. So kann selbst in erfolgreichen Organisationen das weit verbreitete Gefühl vorherrschen, dass die Organisation nicht so laufe, wie sie eigentlich sollte, und dass deshalb Reformen notwendig seien. Gute Resultate schließen beispielsweise nicht die Wahrnehmung aus, es mangele an Kontrolle; selbst in erfolgreichen Organisationen wird das Management vielleicht noch Kontrollprobleme sehen. Der Erfolg einer Organisation mag von ihrer Fähigkeit abhängen, sich schnell an veränderte Rahmenbedingungen anzupassen, d.h. von ihrer Flexibilität. Aber es ist darüber hinaus zu vermuten, dass organisatorische Merkmale, die zu Flexibilität führen, die Gelegenheit zur Manipulation der Organisation in eine bestimmte Richtung hin bieten: „Wechselhaftigkeit" ist nicht

---

[3] N. Brunsson, The Organization of Hypocrisy: Talk, Decisions and Actions in Organizations, Chichester, 1989.

[4] M.D. Cohen, J.G. March, J.P. Olsen, A Garbage Can Model of Organizational Choice, "Administrative Science Quarterly" (17), 1972, S. 1-25; J.W. Meyer, B. Rowan, Institutionalized Organizations: Formal Structure as Myth and Ceremony, American Journal of Sociology (83), 1977, S. 340-363; K.E. Weick, The Social Psychology of Organizing, Reading, MA, 1979.

das gleiche wie „Veränderlichkeit".[5] Eine flexible Organisation mag in einer sich wandelnden Umwelt erfolgreich sein, aber für das Management dürfte es sehr schwer sein, die Organisation wirklich in die von ihm beabsichtigte Richtung zu steuern.

Probleme sind eine Kategorie der Wahrnehmung. Einige Beobachter mögen eine Situation als schwierig einschätzen, andere dagegen nicht. Deswegen versuchen Reformer, die Art und Weise, wie andere Menschen die heutige Realität wahrnehmen, zu beeinflussen. Dabei wird es jedoch einfacher sein, Probleme auf einen Bereich zu beziehen, von dem wir nichts wissen, nämlich die Zukunft. Die Zukunft ist besonders wichtig, wenn die Dinge jetzt gut laufen, deswegen brauchen gut funktionierende, erfolgreiche Organisationen mehr als andere Zukunft. Die Zukunft hält besonders gute Argumente für Reformen bereit, da Reformen die Zukunft betreffen und nicht die Gegenwart.

Die Versorgung einer Organisation mit Problemen ist insoweit gefährdet, als diese die vorhandenen Probleme löst. Deswegen profitiert der Problemvorrat von Schwierigkeiten, die nicht gelöst werden können. Organisationen schlagen sich mit vielen Problemen herum, die praktisch unlösbar sind. Das beinhaltet die, die durch konfligierende Forderungen hervorgebracht werden, d.h. wenn es praktisch unmöglich ist, einen Ausgleich zu finden, der als der wirklich richtige betrachtet werden kann. Wie kann eine Organisation zum Beispiel eine Balance finden zwischen der Notwendigkeit der Integration und dem Bedarf an Differenzierung, zwischen Zentralisierung und Dezentralisierung oder zwischen internen Märkten und Hierarchien? Jede Lösung, die diese gegensätzlichen Elemente betrifft, ist anfällig für die Kritik, die Bedürfnisse entweder des einen oder des anderen nicht ausreichend zu befriedigen – oder sogar von beiden. Zentralisierte Organisationen ziehen beispielsweise gerne den Vorwurf auf sich, sie würden lokales Wissen und lokale Bedürfnisse nach Spezialisierung und Anpassung nur mangelhaft berücksichtigen, während dezentralisierte Organisationen entdecken müssen, dass sie Koordinierung und Vereinheitlichung zu wenig Aufmerksamkeit schenken.

Lösungen

Probleme alleine reichen nicht aus, um administrative Reformen auszulösen. Ein Vorrat an Ideen zur Lösung dieser Probleme ist ebenfalls nötig. Genauer: Ideen für administrative Lösungen, die Strukturen, Prozesse und Ideologien von Organisationen behandeln, und die von den bisherigen Lösungen abweichen. Lösungen können eine hohe Attraktivität auf Reformer und die Adressaten von Reformen ausüben. Wie Probleme können Lösungen der Anreiz für Reformen

---

[5] N. Brunsson, The Irrational Organization: Irrationality as a Basic for Organizational Action and Change, Chichester, 1985.

sein.[6] Und wie bei Problemen können Lösungen von denen erarbeitet werden, die mit Reformen fortfahren möchten, obgleich die Aufgabe der Reformer leichter wird, wenn bereits ein Vorrat an mehr oder weniger fertigen Lösungsvorschlägen besteht.

Die Organisationslehre ist eine wichtige Quelle für Lösungen. Seit Fayol[7] gibt es viele verschiedene Theorien, die davon ausgehen, dass die Organisationsform hinsichtlich Kontrolle und öffentliches Auftreten für das Management wichtig ist. Die Theorien spezifizieren dazu auch die Organisationsformen, die sich am besten für bestimmte Situationen eignen.[8] Solche Theorien bieten Ideen für Reformen an, zugleich liefern sie unterstützende Argumente. Aber um Reformen einzuleiten, reicht ein Vorrat ein Lösungsmöglichkeiten allein nicht aus. Die Lösungen müssen auch besser erscheinen als diejenigen, die derzeit praktiziert werden. Es ist nicht schwer, bessere Lösungen zu finden, wenn Reformen erdacht werden: Die gegenwärtige Praxis erscheint selten so attraktiv wie neue Lösungen. Anders als die jeweils praktizierten Lösungen versprechen Reformen, sowohl die gegenwärtigen als auch die zukünftigen Probleme zu lösen. Und falls die gegenwärtige Praxis wegen einer vorangegangenen einseitigen Reform einseitig sein sollte, dann erscheint eine neue, ebenfalls einseitige, aber entgegengesetzte Reform sehr verheißungsvoll. Wenn die gegenwärtige Organisationspraxis als hoch komplex, inkonsistent und als schwer zu verstehen wahrgenommen wird, kann eine Reform größere Einfachheit und Konsistenz anbieten und wird deshalb viel leichter verstanden werden. Die gemachten Reformvorschläge können eine Organisation näher an ihr Präsentationsbild heranbringen, näher an die Art und Weise, wie es vom Management porträtiert wird und an die Art und Weise, wie die Menschen denken, dass Organisationen organisiert sein sollten. Wenn wir eine einfache, klare und gute Reformidee unserem Wissen über die gegenwärtige Situation mit all ihren schlampigen ad-hoc-Lösungen, ihren Zweideutigkeiten, Inkonsistenzen, Konflikten, Kompromissen und komplexen Beziehungsgeflechten gegenüberstellen, dann besteht eine gute Chance, dass die vorgeschlagene Lösung attraktiver sein wird. Einfache Prinzipien können leichter Enthusiasmus auslösen und Unterstützung finden als komplexe Beschreibungen der Wirklichkeit.[9]

---

[6] R.M. Cyert, J.C. March, A Behavioral Theory of the Firm, Englewood Cliffs N.J., 1963; J.C. March, Decisions in Organizations and Theories of Choice, in A. Van de Ven, W. Joyce (Hrsg.), Perspectives on Organizational Design and Performance, New York, 1981.

[7] H. Fayol, Admnistration industrielle et générale: prévoyance, organisation, commandement, contrôle, Bulletin de la Société de l'Industrie Minérale, 1916.

[8] J. Woodward, Industrial Organization: Theory and Practice, Oxford, 1965; T. Burns, G.M. Stalker, The Management of Innovation, London, 1961; O.E. Williamson, The Economics of Organization: The Transaction Cost Approach, American Journal of Sociology (87), 1981, S. 549-577.

[9] S.A. Jönsson, R.A. Lundin, Myths and Wishful Thinking as Management Tools, in P.C. Nystrom, W.H. Starbuck (Hrsg.), Prescriptive Models of Organizations, Amsterdam, 1977.

Damit es zu Reformen kommt, ist es nicht nur notwendig, dass Lösungsmöglichkeiten existieren und dass diese als Verbesserung der bisherigen Praxis angesehen werden, sondern auch, dass diese in einer beträchtlichen Vielfalt vorliegen. Gäbe es nur eine perfekte Lösung für ein administratives Problem, dann bestünde kein Bedarf mehr für weitere Reformen, sobald diese Lösung etabliert ist.

Eine Vielfalt an Lösungsmöglichkeiten wird auf verschiedenen Wegen erreicht. Moden, sowohl im Hinblick auf passende Lösungen wie auch auf Probleme, sind etwas, das die Vielfalt der möglichen Lösungen reduziert und zugleich vermehrt. Moden vermindern zwar die Zahl der akzeptierten Probleme und Lösungen zu einem bestimmten Zeitpunkt. Aber im Verlauf der Zeit fördern sie für die Vielfalt und sorgen für einen Anreiz, die anvisierten Schwierigkeiten und vorgeschlagenen Problemlösungen zu variieren. Die Existenz starker Moden stellt sicher, dass die Praxis einer Organisation zumindest manchmal altmodisch und reformbedürftig erscheint.

Unternehmensberater haben ihren Anteil daran, dass sich Moden verbreiten. Sie stellen auch die Vielfalt innerhalb besonders modischer Praktiken sicher. Da eines ihrer Mittel im Wettbewerb ist, leicht abweichende Lösungen anzubieten, schaffen sie tatsächlich einen vielfältigen Vorrat sowohl an Lösungen als auch an Problemen. Um ihre Wettbewerbsfähigkeit zu verbessern, versuchen weniger erfolgreiche Unternehmensberater ihr Produkt zumindest dadurch zu verbessern, dass sie neue Lösungswege vorstellen. Verwaltungsexperten innerhalb von Organisationen spielen eine im Vergleich zu Unternehmensberatern ähnliche Rolle; ihre Aufgabe ist es zu reformieren.

Die Theorien, die die Wirkungen der Organisationsform auf Kontrolle und Außendarstellung beschreiben, haben zwei Charakteristika, die bedeutsam für die angebotene Vielfalt sind: Sie widersprechen sich gegenseitig und sie sind nicht vollständig wahr. Da sie einander widersprechen, kann eine einzelne Organisation verschiedene Theorien zu unterschiedlichen Zeitpunkten heranziehen, die dadurch viele Reformen motivieren. Da empirisch kein konkludente Beziehung zwischen Organisationsform auf der einen und Kontrolle und Außendarstellung auf der anderen Seite nachgewiesen werden kann, gibt es erfolgreiche Organisationen mit sehr verschiedenen Organisationsformen. Konsequenterweise kann eine Organisation, falls sie andere erfolgreiche Organisationen nachahmen möchte, gewöhnlich unter zahlreichen Alternativlösungen wählen.

Probleme und Lösungen im institutionellen Umfeld

Theorien über das Verhältnis zwischen Organisationsform und Ergebnissen sind Quellen für Normen über die „richtige" Form. Es gibt auch eine große Zahl an Normen, die auf anderen Wegen gebildet werden. Das brachte uns dazu, das Umfeld moderner Organisationen als instutitionalisiert zu beschreiben. Institutionalisierte Umfelder vermehren sowohl den Vorrat an Problemen wie auch an Lösungen. Wenn Reformer selbst Lösungen für die Probleme zu produzieren hätten, die sie definieren, dann gäbe es ein erhebliches Risiko, dass es zu einem

Mangel an Lösungen käme, was es wiederum schwieriger machen würde, Reformen zu initiieren.

Wenn die einzige treibende Kraft hinter Reformen das Drängen wäre, das Auftreten von Organisationen zu verbessern, würden wir eine Knappheit an Lösungen riskieren. Wir wissen generell sehr wenig über das Verhältnis zwischen Organisationsform und Auftreten; wahrscheinlich wird meist nur ein geringer oder kein Zusammenhang bestehen. Und auch wenn ein enges Verhältnis zwischen Form und Ergebnis bestünde, gäbe es manchmal nur wenige Organisationen, von denen sich lernen ließe: Der Zusammenhang von Form und Resultaten wäre vermutlich sehr spezifisch für Organisationen mit ähnlichen Produkten. Aber Organisationen mit ähnlichen Produkten sehen sich selbst manchmal als Konkurrenten und haben deswegen allen Grund, ihre erfolgreiche interne Organisationsform nicht publik zu machen.

Reformieren ist viel leichter, wenn fertige, standardisierte und allgemeingültige Lösungen zur Verfügung stehen – Normen, die direkt die passende Form für alle oder eine Klasse von Organisationen beschreiben. Der Vorrat sowohl an Problemen als auch an Lösungen nimmt zu, wenn Organisationsstrukturen, Prozesse und Ideologien nicht nur als Mittel dienen, um das Auftreten zu verbessern, sondern wenn sie für das Umfeld der Organisationen und somit für die Organisationen selbst eigenständige Werte annehmen. Selbst effektive Organisationen mit einer dauerhaft hohen Produktnachfrage können sich in Situationen wiederfinden, in denen ihre Strukturen, Prozesse und Ideologien mit den Gesetzen kollidieren oder als ungerecht, irrational oder altmodisch betrachtet werden. Erfolgreiche Produkte sind keine Garantie dafür, dass nicht doch Druck zugunsten administrativer Reformen ausgeübt würde. Ebensowenig ist ein hoher Grad an Anpassung der Strukturen, Prozesse und Ideologien an die gültigen Normen ein dauerhaftes Hindernis für Reformen in Umfeldern, in denen sich ständig neue Normen etablieren oder in denen sich wandelnde Moden frühere Standards obsolet machen.

Allgemeine Normen, die die passende Organisationsform bereits fertig vorgeben, befreien Reformer von der Notwendigkeit, die jeweils günstigste Form für ihre jeweiligen Organisationen zu finden: Sie ahmen nach, anstatt neu zu erfinden. Reformer orientieren sich an etablierten Normen oder imitieren andere Organisationen, die Normen aufrecht erhalten oder neu definieren. Die Aufgabe, neue Normen zu identifizieren, um sie zu imitieren, wird durch andere Organisationen einfach gemacht, die bereitwillig ihre administrativen Strukturen nach außen präsentieren. Institutionelle Umfelder schaffen ebenfalls einen Fundus an Problemen: Es gibt weit verbreitete Vorstellungen darüber, welche Probleme Organisationen haben oder haben sollten; aktuelle Probleme werden mit Lösungsansätzen angegangen, die in Mode sind.

Kurz gesagt: Es ist nicht notwendig, lange über die möglichen Folgen neuer Organisationsformen nachzugrübeln, weil es nicht die Wirkungen sind, die eine Reform wichtig machen. Vielmehr ist die Reform selbst wichtig: Sie ist nicht

Mittel zum Zweck, sondern besitzt einen Wert an sich. Manchmal sieht man die Konsequenzen im Zusammenhang mit der Form, aber oftmals wird von ihnen angenommen, dass sie Standardeffekte seien, die sich automatisch mit der jeweiligen Form einstellten. Sie liefern Argumente für die Reform. Mit einer Dezentralisierung beginnt man beispielsweise, um eine stärkere Anpassung an den Markt zu erreichen, aber kaum jemandem wird der Auftrag erteilt zu evaluieren, ob reformierte Organisationen auch tatsächlich größere Wettbewerbsfähigkeit erreicht haben. Sich entsprechende Probleme, Lösungen und Wirkungen tendieren dazu, einen in vorgefertigten Paketen zu erreichen.

Die Organisationsformen, die von Organisationen nach außen präsentiert werden, sind oftmals nicht die, die die Praxis oder deren „Innenleben" beherrschen. Das äußere Image kann sogar gänzlich von den tatsächlichen internen Vorgängen abgekoppelt sein. Diese Abkoppelung bedeutet, dass es einfacher ist, die für den externen Gebrauch benutzten Strukturen, Prozesse und Ideologien zu reformieren, da dadurch das Risiko reduziert wird, dass Veränderungen das interne Agieren beeinträchtigen. Wenn es eine große Kluft zwischen externer und interner Praxis gibt, dann stören selbst die radikalsten Reformen nicht die internen Vorgänge. Bei der radikalen Reform der Schwedischen Bahn dachte das Management, dass die beabsichtigte Reform revolutionär sei und sie in einem Beinahe-Chaos enden werde. Der tatsächliche Schienenverkehr verlief indes beinahe ungestört, wurde im Gegenteil punktuell sogar verbessert, und viele leitende Bahnbeamte blieben von der Reform völlig unberührt und wussten auch nur sehr wenig, wenn überhaupt, über die Reform. Deshalb sollten Reformer sich auch nicht einschüchtern lassen von dem Gedanken, dass sie die Produktivkapazitäten der Organisation unterbrechen oder untergraben könnten. Eine solche Entkoppelung hilft darüber hinaus nicht nur beim Start, sondern auch bei späteren Stufen der Reform. Wenn es keine Notwendigkeit gibt, die Anforderungen zu beachten, die durch tatsächliche Handlungen entstehen, ist es einfacher, den Inhalt von Reformen zu bestimmen. Und falls Operationen nicht in besonderer Weise durch Reformen betroffen sind, ist es weniger wahrscheinlich, dass sie auf Widerstand bei den Abteilungen stoßen, die die Operationen ausführen. Führt man eine neue Organisationsstruktur in einer gut entkoppelten Organisation ein, so muss man letztlich nur das Organigramm neu zeichnen – und das braucht wenig Zeit.

Inkonsistente Normen

Die Normen und Forderungen, denen sich Organisationen ausgesetzt sehen, sind manchmal schwierig oder überhaupt nicht miteinander vereinbar, da sie – aufeinander bezogen – widersprüchlich oder inkonsistent sind. Es kann logische oder technische Ursachen für diese Inkonsistenzen geben bzw. Gründe, die auf jeweils unterschiedliche Ressourcen zurückgehen. Es kann konkurrierende Normen geben: Die eine Norm fordert, dass Organisationen zentralisiert sein sollen, der anderen zufolge sollen Organisationen dezentralisiert sein. Einige Gruppen fordern demokratische Arbeitsprozesse und andere hierarchische. Es mag in einigen Fällen technisch unmöglich sein, Kundenpräferenzen mit Normen zum

Umweltschutz zu vereinbaren. Und es kann sein, dass zu wenig Geld vorhanden ist, um alle Gruppen zufriedenzustellen, die bei einer Organisation um einen finanziellen Beitrag nachgefragt hatten.

Es ist schwer, mit inkonsistenten Normen umzugehen. Es kann schwer sein, sich zur gleichen Zeit nach ihnen zu richten. Und es ist schwer, sie mit koordiniertem Handeln zu vereinbaren. Organisationen reagieren oft auf inkonsistente Normen, indem sie diese Inkonsistenzen in ihren Strukturen, Prozessen und in ihrer Ideologie berücksichtigen, wodurch diese selbst inkonsistent werden. Inkonsistente Normen produzieren konfligierende Strukturen, rufen problemorientierte Prozesse hervor und führen zur Unaufrichtigkeit.[10] Wenn es wichtig ist, Inkonsistenzen zu berücksichtigen, wird Konflikt und nicht Konsens zur Grundlage der Organisationsstruktur. Organisationen werden sich dann darum bemühen, Mitarbeiter zu bekommen, die von sich behaupten, sie teilten nicht die Normen, Werte und Meinungen der übrigen Mitglieder der Organisation. Konflikt ist zum Beispiel das Strukturprinzip von Parlamenten oder von Unternehmensvorständen, denen auch Gewerkschafter angehören, um den Erfordernissen einer Wirtschaftsdemokratie gerecht zu werden.

Inkonsistente Normen machen es schwer, Lösungen zu finden, die alle befriedigen. Lösungen geraten immer in Gefahr, einer Seite mehr zu geben als der anderen. Viele Einzelthemen werden nur deshalb zu Problemen, weil inkonsistente Normen mit hinein spielen. Diskussionen über die verschiedenen Aspekte eines Problems spiegeln unterschiedliche Meinungen wider. Organisationen, die sich inkonsistenten Normen gegenüber sehen, haben allen Grund, sich mit schwierigen Problemen zu beschäftigen, und sich dazu auch oftmals gezwungen.

In Organisationen geht man auch inhaltlich auf Normen ein, indem man etwa darüber diskutiert und Entscheidungen trifft, die mit den Normen übereinstimmen. Inkonsistente Normen spiegeln sich dann in Streitgesprächen und kontroversen Entscheidungen wider. Oder sie äußern sich darin, dass systematisch eine Inkonsistenz zwischen den Gesprächen und den darauf folgenden Entscheidungen und Handlungen erzeugt wird, d.h. indem geheuchelt wird. In diesen Fällen mögen die Gespräche dazu führen, dass man der einen Gruppe von Normen zustimmt. Bei den Entscheidungen wird dann aber eine zweite Gruppe von Normen berücksichtigt. Und die Handlungen lassen sich schließlich von einer dritten Gruppe von Normen leiten. Zu behaupten, dass es in ihrem Bestreben liege, die Umwelt zu schonen, ist zum Beispiel besonders wichtig für eine Unternehmensgruppe oder eine Partei, deren Agieren Umweltprobleme erst schafft.

Wenn Organisationen auf inkonsistente Normen mit Konflikt, Problemorientierung und Heuchelei reagieren, entstehen neue Gründe für Reformen. All diese Phänomene dienen dazu, den Glauben aufrecht zu erhalten, es gebe etwas Besseres als den Status quo, und Befriedigung bleibt aus. Es wird klar, dass man Dinge

---

[10] N. Brunsson, The Organization of Hypocrisy: Talk, Decisions and Actions in Organizations, Chichester, 1989.

auf unterschiedliche Weise tun kann bzw. dass sie auf unterschiedliche Art gemacht werden sollten. Kritiker können darauf verweisen, dass es noch andere als
die bestehenden Lösungen gibt. Sie können fordern, dass die existierenden Probleme gelöst werden müssen. Und sie können argumentieren, dass Heuchelei
vermieden werden sollte – dass Versprechen gehalten müssen und dass man das,
was man predigt, auch tun solle. Aber solange widersprüchliche Forderungen an
Organisationen ergehen, wird es unmöglich sein, Unaufrichtigkeit zu vermeiden.
Wenn eine Organisation in ihren Entscheidungen neue Wege beschreitet, wird
sie Kritik von anderer Seite dafür ernten und notwendigerweise, um sich zu
rechtfertigen, mit den Kritikern darüber reden müssen. All das kann zu großer
Frustration führen. Und da es weder hilft, neue Aktionen durchzuführen, noch
das Management zu ersetzen, ist es einfach, die Organisationsform dafür verantwortlich zu machen. Die Forderungen nach einer administrativen Reform wird
deshalb schnell bei der Hand sein.

Konflikt, Problemorientierung und Unaufrichtigkeit sind ebenfalls Qualitäten,
die in einem besonders scharfen Gegensatz zu den gemeinhin gültigen Vorstellungen stehen, wie Organisationen funktionieren sollten. Das gibt Reformversuchen einen mächtigen Impuls, die ein höheres Maß an Konsens, Handlungsori-
entierung und Konsistenz zum Ziel haben. Aber solche Reformen können keinen Erfolg haben, ohne zugleich – in einem Umfeld mit inkonsistenten Normen
– die Rechtmäßigkeit der Organisation in Frage zu stellen. Deshalb wird es fortlaufend Reformvorschläge und Reformversuche geben.

Der Vorrat an organisatorischer Vergesslichkeit

Administrative Reformen sind oftmals Wiederholungen früherer Reformen. Die
Vorstellungen, die sie enthalten, werden ungefähr denen früherer Reformen
entsprechen, weil vielleicht die frühere Reform nicht die Kluft zwischen dem
anfangs Erhofften und dem schließlich tatsächlich Erreichten schloss, d.h. zwischen dem Erwartungshorizont und der Realität, und deshalb als erfolglos eingeschätzt worden war. Der Reformprozess ist meist deshalb schon repetitiv, weil
er oszillierend ist. Die hinter einer Reform stehenden Ideen können das Gegenteil dessen sein, was die vorangegangene Reform beabsichtigte, sind aber möglicherweise zugleich wiederum identisch mit einer früheren Reform, deren Unzu-
länglichkeit die jüngste Reform gerade beseitigen sollte. Wie beispielsweise eine
Studie über Organisationsreformen bei der Schwedischen Bahn über einen Zeitraum von 100 Jahren zeigen konnte, wiederholten sich bestimmte Probleme und
Lösungen in vielen Reformen. Ein in allen Reformen wiederkehrendes Problem
war, dass sich das Top-Management mit zu vielen Detailproblemen beschäftigte
und alle Reformergebnisse legen es nahe, dass es das nicht hätten tun sollen.
Andere Themen tauchten beinahe in jeder Reform auf. Reformen zur Zentralisation der Organisation folgten beispielsweise Reformen, die eine Dezentralisation
zum Ziel hatten, usw.[11]

---

[11] N. Brunsson, A. Forssell, H. Winberg, Reform som tradition, Stockholm, 1989.

Derartige Wiederholungen können möglicherweise die Startphase und das weitere Procedere von Reformen verhindern. Die Reform einer Organisation in der gleichen Weise vorzuschlagen, wie man das zuvor schon einmal getan hat, kann auf Kritik stoßen: „Da wir das alles noch einmal tun müssen, hatte die frühere Reform doch allem Anschein nach keinen Erfolg. Und wenn die frühere Reform schon keinen Erfolg hatte, warum sollte es bei dieser anders sein?" Es kann sogar Zyniker innerhalb der Organisation geben, die schon so viele Reformen mitgemacht haben, dass sie der Reformidee selbst als Mittel zur Problemlösung oder Arbeitsverbesserung äußerst skeptisch gegenüberstehen stehen.

Reformen werden deshalb nicht durch Lernprozesse erleichtert, sondern durch Vergessen – d.h. durch Mechanismen, die die Organisation frühere Reformen oder zumindest solche mit ähnlichem Inhalt vergessen lässt. Reformer brauchen einen hohen Grad an Vergesslichkeit, um die Unsicherheit zu vermeiden, inwieweit die von ihnen vorgeschlagene Reform überhaupt gut ist. Vergesslichkeit hilft zudem, dass die Menschen Reformen akzeptieren. Reformen fokussieren das Interesse auf die Zukunft statt auf die Gegenwart. Vergesslichkeit stellt sicher, dass Erfahrung bei der Reform nicht dazwischenfunken wird: Sie hindert die Vergangenheit daran, die Zukunft zu stören.

Es gibt zahlreiche Mechanismen, die eine solche organisatorische Vergesslichkeit fördern und den Weg zur Reform ebnen. Einer dieser Faktoren ist hoher personeller Austausch. Ein anderer ist Wechsel im Top-Manaments. Ein dritter ist die Einschaltung von Unternehmensberatern: Wenn sie frisch in eine Organisation kommen, können Unternehmensberater leicht frühere Fehler wiederholen. Managementberater sind allgemein Experten darin, Reformen einzuleiten, aber sie sind normalerweise zu beschäftigt und zu teuer, als dass sie sie auch mit der Umsetzung der Reformen voll beauftragt würden. Wenn in dieser Weise auf Berater zurückgegriffen wird, ist es grundlegend unwahrscheinlich, dass sie je hören, dass ihre Reformen nicht umgesetzt wurden oder die beabsichtigten Effekte sich nicht einstellten. Sie befinden sich deshalb ein einer besonders guten Position, in anderen Organisationen dieselbe Reform mit großem Enthusiasmus und Energie einzuleiten und zu verfolgen. Vergesslichkeit ist ihre Schlüsselkompetenz.

Reformen generieren Reformen

Bis hierher haben wir argumentiert, dass Organisationsreformen von Problemen, Lösungen und Vergesslichkeit profitieren und dass von diesen Ressourcen eine reichlicher Vorrat in modernen Organisationen existiert. So tendieren Reformen dazu, eine ganz gewöhnliche Sache zu werden – sogar so gewöhnlich, dass sie in vielen Organisationen so gut wie zur Routine werden. Eine weitere Erklärung für die hohe Frequenz von Reformen ist, dass Reformen dazu tendieren, neue Reformen zu generieren. Reformen resultieren oftmals aus früheren Reformen und ihre Ergebnisse sind oftmals neue Reformen: Reformen tendieren dazu, selbstreferenziell zu sein. Der Grund hierfür ist, dass Reformen den Vorrat an Lösungen, Problemen und Vergesslichkeit vergrößern.

Reformen mögen manchmal Probleme lösen, zugleich generieren sie aber auch Probleme. Das ist selbst bei erfolgreichen Reformen der Fall. Die erfolgreiche Umsetzung einer einseitigen Reform mag zwar ein bestimmtes Problem lösen. Zur gleichen Zeit sorgt die Reform jedoch dafür, dass andere Probleme entstehen, sich verstärken und dass schließlich die Aufmerksamkeit darauf gelenkt wird – Ergebnisse, die die Reform nicht beabsichtigte. Erfolgreich umgesetzte Reformen, die auf Wirtschaftsdemokratie zielen, könnten etwa Reformen nach sich ziehen, die mehr Effizienz bezwecken. Reformversuche, die sich mit den oben beschriebenen unlösbaren Problemen beschäftigen, sind ein anderes gutes Beispiel: Eine zentralisierte Organisation zu dezentralisieren ist beispielsweise ein sicherer Weg, dass die Vorteile, die die Zentralisation bietet, offenkundig werden und dass diese früher oder später auch wieder in einer Reform angepeilt werden. Reformen lassen somit die Organisation zwischen verschiedenen Lösungen oszillieren.

Reformen können auch Forderungen nach weiteren Reformen entstehen lassen, die auf die gleichen Problemlagen abzielen und die gleichen Lösungen propagieren. Das ist dann der Fall, wenn Reformen mehr Hoffnungen machen, als sie dann tatsächlich stillen können, oder sie überhaupt je erfüllen könnten. Vielleicht eignen sich Reformen besser dazu, Erwartungen zu heben, als Verbesserungen zu erzielen. Reformen richten die Aufmerksamkeit auf die zu lösenden Probleme. Zudem können die Versuche, für die Reform zu werben und diese umzusetzen, Erwartungen steigern. Dadurch zeigen sich Menschen bereiter, Lösungen zu finden. Gleichzeitig steigt der Anspruch, wie Lösungen beschaffen sein müssen, die man zu akzeptieren gedenkt. So wird es schwer, Reformen umzusetzen. Wird eine Reform nämlich tatsächlich umgesetzt, so wird sie im Rückblick oftmals als nicht ambitioniert genug wahrgenommen. Eine Reform, die beispielsweise Demokratie fördern soll, wird vielleicht nur deshalb gestartet, weil die Organisation extrem undemokratisch ist. Aber diese Reform wird wohl nur zu einer beträchtlich höheren und weit verbreiteten Wertschätzung oder Präferenz der Demokratie führen, während das tatsächliche Demokratisierungsniveau nur leicht angehoben wird, so dass die Reform das Fehlen von Demokratie offenbart und die Notwendigkeit weiterer Reformen um so dringlicher erscheinen lässt.

Darüber hinaus übertreiben Reformer systematisch dabei, wenn es darum geht, was ihre Reformen tatsächlich leisten können.[12] Wenn Übertreibung ein effizientes Mittel ist, um die Akzeptanz und die Umsetzung von Reformen zu verbessern, dann dürfen wir umgekehrt vermuten, dass Reformen, die auf Akzeptanz gestoßen sind und ihre Durchführung erlebt haben, zuvor viel zu stark angepriesen wurden. Doch preist man Reformen zu sehr an, dann hat das zur Konsequenz, dass die Erwartungshaltung noch weiter wächst.

---

[12] V.E. Baier, J.P. March, H. Saetren, Implementation and Ambiguity, Scandinavian Journal of Management Studies, 2, 1986, S. 197-212.

Schließlich stellt Reform einen Mechanismus des Vergessens in sich selbst dar. Reformen tendieren dazu, vor und nach ihrer Umsetzung sehr unterschiedlich eingeschätzt zu werden – ex ante und ex post. Bestenfalls besteht ein Reformvorschlag aus der Beschreibung einer erwarteten zukünftigen Realität. Beschreibungen müssen simplifiziert werden. Wie wir schon festgestellt haben, tendieren die mit den Reformen verbunden Beschreibungen dazu, stark vereinfacht zu sein. Reformen werden in Organisationen gestartet und in Form zumeist attraktiver Prinzipien verkauft. Einfachheit ex ante ist, wie zuvor ebenfalls schon erwähnt, ein wichtiges Element bei der Frage, wie wahrscheinlich es ist, dass eine Reform auf Akzeptanz stößt. Die Realität ex post, also wenn die Reform ihre Umsetzung fand, tendiert hingegen nicht dazu, ebenso so einfach zu sein. Ansichten über die Gegenwart sind grundsätzlich komplexer als Zukunftserwartungen. Darüber hinaus sind die Versuche, im Verlauf der Reform die einfachen Prinzipien auf die organisatorischen Realitäten anzuwenden, gewöhnlich durch einen zunehmenden Grad an Komplexität gekennzeichnet. Weil der Grad an Komplexität anwächst, werden Schwierigkeiten, Inkonsistenzen, Konflikte und „praktische" Probleme deutlicher sichtbar. Bei ihrer Umsetzung tendieren Reformen dazu, diese Schwierigkeiten besonders zu unterstreichen: Sie lassen ganz deutlich werden, dass die ursprünglichen Ideen, die einmal so attraktiv anmuteten, nun nicht mehr so einfach, sauber und präzise erscheinen. Auch sind sie nicht detailliert genug für praktische Zwecke. Und während man versucht, sie praktischer zu gestalten, verlieren sie an Schönheit.

So attraktiv ein Vergleich mit der chaotischen Welt von Heute die einfachen Prinzipien auch erscheinen lässt; der Versuch, eine Reform auch umzusetzen, wird immer weniger attraktiv sein als eine Reform, die noch neu und nicht verwirklicht ist. Ein Vergleich zwischen einer Reform ex post und einer anderen Reform ex ante fällt zum Vorteil der Reform ex ante aus, selbst wenn die beiden Reformen dieselben allgemeinen Ideen beinhalten. Reformen tendieren dazu, nicht das zu halten, was sie versprechen. Aber die mit ihnen verbundenen Versprechen sind so gut, dass Menschen leicht zu überzeugen sind, es noch einmal zu versuchen. Da Reformen ihre Anziehungskraft über die Zeit verlieren, werden sie sehr einfach zu Opfern von Vorschlägen für neue Reformen.

So können Reformen selbst zahlreiche Probleme kreieren, Lösungen anbieten und für ein Vergessen sorgen. Dadurch werden sie zu wichtigen Ursachen für Reformen. Reformen sind damit sowohl Ursache als auch Wirkung von Reformen. Reformen lösen neue Reformen aus, wodurch der Reformprozess zu einem Dauerzustand wird.

Reformen vermeiden

Reformen können sowohl als positiv als auch als negativ wahrgenommen werden – aus der Sicht von Insidern innerhalb der Organisation ebenso wie externer Beobachter und der Anteilseigner. Reformen sind wichtig, weil sie Reue, Hoffnung und das Eingeständnis des Versagens befördern in einer Welt, in der Ansprüche höher sind – und auch sein sollten –, als sie in der Praxis je erreicht werden könnten. Reformen können auch als vergebliche und teure Versuche gesehen werden, unrealistische Ziele zu erreichen.

Für die Legitimität und das Überleben von Organisationen mögen Reformen von Nutzen sein – bzw. der Glaube an eine Zukunft, die besser ist als die Gegenwart.[13] Wenn Kunden, Finanzinstitutionen, staatliche Behörden oder Angestellte das gegenwärtige Operieren einer Organisation für unbefriedigend halten, werden sie vielleicht durch eine Reform, die Verbesserungen für die Zukunft verspricht, dazu überredet, der Organisation ihre Unterstützung nicht zu entziehen. Allerdings sind Reformen keine risikolose Strategie für Organisationen, die überleben wollen. Wir bereits gesagt, tendieren Reformen dazu, am Beginn einfach zu sein, bei der Umsetzung aber immer schwieriger zu werden, so dass sie die Aufmerksamkeit auf Probleme richten können und Erwartungen in einem Maß wachsen lassen, das die durch die Reformen erreichten faktischen Verbesserungen bei weitem übersteigt. Das Hauptergebnis ist dann: Die Reform verstärkt die Wahrnehmung des Versagens, die der Ausgangspunkt für die Reform gewesen war. Und da Reformen sich oftmals auf besonders schwierige Bereiche richten, besteht das Risiko, dass dadurch Ziele erhöhte Beachtung finden, die die Organisation größte Schwierigkeiten hat zu erreichen. Während man vor der Reform argumentieren konnte, dass der Wert, an dem die Reform ausgerichtet war, nicht sehr wichtig und relevant für die Organisation sei, könnte er nach der Reform zu einem wichtigen Evaluationskriterium werden. In einigen Fällen kann das tödliche Folgen für die Organisation nach sich ziehen.

Der Versuch, beispielsweise eine Eisenbahngesellschaft zu reformieren, um sie marktorientierter und profitabler zu machen, könnte damit enden, dass bei der Evaluierung zwar die Rentabilität zum Hauptkriterium gerät, zugleich aber das Verhalten der Organisation sich nicht so änderte, dass die Organisation dieses Kriterium auch wirklich erfüllen könnte. Letzteres wäre kein überraschendes Resultat, da Rentabilität gerade das Kriterium ist, dem Eisenbahngesellschaften im 20. Jahrhundert immer nur äußerst schwer genügen konnten. Das allgemeine Ergebnis von Reformen, die auf Erhöhung der Rentabilität zielen, mag sein, dass diejenigen Organisationen, die sich reformieren, schneller geschlossen werden.

In diesem Fall mag die Reform einzelner Organisationen der Weg sein, moderne Formen einzuführen. Das geschieht nicht, indem man die Organisationen durch Reformen verändert. Vielmehr erleben diejenigen Organisationen einen schnelleren Tod, die modernen Standards nicht mehr Genüge tun konnten, weil alle Mitarbeiter der Organisation auf Anpassung an moderne Formen drängten. Aus der Sicht der einzelnen Organisationen gibt es guten Grund, diese Effekte zu vermeiden, wenn das Überleben der Organisation wichtiger erachtet wird als das Erreichen höherer Standards.

---

[13] J.G. March, J.P. Olsen, Organizing Political Life: What Admnistrative Reorganization Tells Us About Government, American Political Science Review, 77, 1983, S. 281-297.

Strategien gegen Reformen

Organisationen haben also allen Grund, Reformen nicht nur zu fördern, sondern auch zu vermeiden. Die bis jetzt vorgebrachten Argumente sollten Reformer ermutigen; es scheint ziemlich einfach zu sein, Reformen einzuleiten. Die Aufgabe derjenigen, die Reformen zu verhindern suchen, ist schwieriger. Aber es gibt eine Vielzahl von Gefahren für Reformen, die die Basis für eine Verhinderungsstrategie bilden könnten. Falls es etwa an Problemen oder Vergesslichkeit mangeln sollte, sind Reformen weniger wahrscheinlich.

Es fällt schwer, sich vorzustellen, dass das Fehlen von Problemen in großen Organisationen gemeinhin ein Hindernis für Reformen darstellt. Eine Sorte von Problemen könnte jedoch tatsächlich Reformen blockieren: akute Probleme. Da Reformen einige Zeit für die Umsetzung beanspruchen, ist es viel schwieriger, sie als Lösungen für einen drohenden Bankrott zu präsentieren, denn als Lösung für eine künftige Gefahr.

Reformen sind aber nicht nur durch das Fehlen von Problemen bedroht, sondern auch von alternativen Möglichkeiten der Problemlösung. Reformen beinhalten einen besonderen Problemzugang. Sie zielen auf Handlung, Veränderung und Problemlösung. Probleme werden gelöst, indem man etwas gegen sie unternimmt. Das geschieht etwa dadurch, dass man die Situation verändert mit der Folge, dass das Problem aufhört zu existieren. Eine andere Art, auf Probleme zu reagieren, besteht darin, sie zu ignorieren. Statt mit Reformen zu intervenieren, kann das Management einer Organisation beispielsweise die bestehenden Probleme an andere Einheiten der Organisation delegieren, die sich dann mit dem Problem herumschlagen müssen. Problemen kann man aber genau so gut begegnen, indem man die organisatorische Disziplin erhöht.[14] Statt zu probieren, das Problem durch administrative Reformen zu lösen, kann eine Organisation versuchen, seine Ressourcen zu vermehren, indem sie sich etwa profitableren Produkten zuwendet oder sein Marketing verbessert.

Ein anderer Weg, mit Problemen umzugehen, besteht darin, sie zu verwalten, mit ihnen zu leben. Menschen können Probleme analysieren und diskutieren, ohne zu versuchen, für diese auch Lösungen in der Praxis zu finden. Probleme zu ignorieren ist für ein schwaches Management schwierig, da es den von unten kommenden Forderungen nach Problemlösung schwer widerstehen kann. Mit Problemen zu leben, statt sie zu lösen, ist für Organisationen wie etwa Parlamente einfacher: Sie werden mehr nach ihrer Fähigkeit beurteilt, einen Raum für die Austausch verschiedener Meinungen zu bieten, als selbst zu handeln.

Ein Mangel an Lösungen kann sich auch bei modernen Organisationen einstellen, die bereits die allerneuesten Strukturen, Prozesse und Ideologien eingeführt haben. Es ist grundsätzlich viel schwieriger für Innovatoren, neue Lösungen zu finden, als das für Imitatoren der Fall ist. Und wenn Menschen über mehr als nur

---

[14] R.M. Cyert, J.C. March, A Behavioral Theory of the Firm, Englewood Cliffs N.J., 1963.

oberflächliches Wissen über die in anderen Organisationen angewandten Lösungen verfügen, dann sehen sie sich einem Mangel an echten Lösungsmöglichkeiten gegenüber. Ein tiefes Verständnis für die vielfältigen praktischen Probleme, die sich bei der Umsetzung modischer Lösungen ergeben, ebenso wie viel Erfahrung mit deren Ergebnissen lassen diese Lösungen wenig attraktiv erscheinen. Menschen mit einem solchen Wissen werden es ablehnen, Reformen vorzuschlagen oder zu akzeptieren.

Wenn Reformen durch die Mechanismen organisatorischer Vergesslichkeit erleichtert werden können, können sie zugleich aber auch durch die Mechanismen organisatorischen Lernens erschwert werden. Das Bemühen, ein gut etabliertes Management an der Spitze einer Organisation zu belassen, das Vermeiden von Neuanstellungen und die Absage an externe Berater sind mögliche Strategien, Reformen zu vermeiden.

Wenn Reformen zu einer Akzeptanz gegenwärtigen Versagens und zu einer Hoffnung auf eine bessere Zukunft beitragen, geraten sie in Konkurrenz zu anderen Methoden, diese Dinge zu erreichen. Eine solche Methode ist es, die guten Intentionen einer Organisation oder seines Managements zu betonen – zu Lasten einer Beschreibung der erzielten Ergebnisse. Eine andere Methode ist es, statt der Vergangenheit die Zukunft zu betonen, d.h. Verbesserungen zu versprechen.[15] Ziele beschreiben sowohl Absichten als auch die Zukunft und können deshalb Hoffnung und Toleranz hervorrufen. Aber alle diese Methoden können auch zu der Forderung nach Reformen führen. Für das Versagen, Absichten und Ziele zu erfüllen, werden oft administrative Probleme verantwortlich gemacht. Und administrative Probleme liefern umgekehrt Argumente für administrative Reformen. Ein Weg, die Glaubwürdigkeit von Äußerungen zugunsten einer besseren Zukunft zu verbessern, ist es, einige Reformen zu starten.

Wenn Reformen viel attraktiver ex ante als ex post wirken, werden Versuche, sie umzusetzen, am Ende ihre anfängliche Unterstützung unterminieren. Eine relativ sichere Phase im Reformprozess ist am Beginn der Umsetzung einer Reform, wenn alles noch vielversprechend aussieht. Wenn Reformen auf einem Stand verbleiben, wo sie soeben akzeptiert wurden, ihre endgültige Umsetzung aber noch in weiter Ferne ist, können sie eine lange Zeit überleben. Aber wenn ernsthafte Versuche gestartet werden, die Reform auch umzusetzen, dann wird eine Ebene erreicht, wo klar wird, dass das Reformergebnis in der Praxis nicht so schön sein wird, vielleicht nicht einmal ein bisschen besser als die gegenwärtige Praxis. Und wenn die Unterstützung abbricht, kann die Reform vielleicht gestoppt werden.

So können paradoxerweise Versuche, eine spezifische Reform umzusetzen, diese zum Stehen bringen. Jedenfalls kann die Umsetzung einer Reform, wie wir gesehen haben, ganz leicht zu einer Reform mit den gleichen – oder genau den ge-

---

[15] N. Brunsson, The Organization of Hypocrisy: Talk, Decisions and Actions in Organizations, Chichester, 1989.

genteiligen – Charakteristiken führen. Der gleiche Effekt kann sich bei einer anderen wichtigen Gefahr für eine Reform einstellen: dem Vorschlag für eine andere Reform. Von Organisationen darf man nicht erwarten, dass sie mehrere Reformen auf dem gleichen Gebiet und zur selben Zeit verfolgen. Eine Reform vorzuschlagen, um eine andere bereits existierende Reform zu stoppen, ist sehr effektiv, wenn die in Angriff genommene Reform sich in einem schwachen Punkt ihres Lebens befindet, d.h. wenn sie gerade eben vorgeschlagen wurde und ihr noch kein so großes Maß an Engagement entgegengebracht wurde oder sie auf dem Weg zur Umsetzung schon so weit fortgeschritten ist, dass ihre wenig attraktiv ex-post-Eigenschaften bereits deutlich zu Tage getreten sind. Dann ist es mehr als wahrscheinlich, dass die Reform durch den Vorschlag für eine Reform in der gleichen attraktiven ex-ante-Form gestoppt wird. Eine neue Reform zu versprechen mag sogar der einzige praktische Weg sein, um eine Reform zu stoppen, die bereits auf dem Weg ist.

Eine wichtige Strategien für alle, die Reformen zu stoppen versuchen, ist es also, erstens Argumente zu liefern, die leicht zu neuen Reformen führen. Zweitens sollte man versuchen, existierende Reformen umzusetzen. Drittens sind neue Reformen vorzuschlagen. Folgen die Gegner von Reformen dieser Strategie, dann werden sie selbst zu Reformern! Zwar ist es möglich, eine einzelne Reform zum Halten zu bringen. Doch es ist sehr schwer, den Reformprozess im Allgemeinen zu stoppen. Somit sind Reformen nicht nur ihre eigene Ursache und Wirkungen. Auch beinhalten Versuche, Reformen zu vermeiden, die Unterstützung von Reformaktivitäten. Selbstbezogenheit und Widerstand machen Reformen zur Routine.

Die Schlussfolgerung, die aus all dem gezogen werden kann, lautet: Es scheint schwerer, administrativen Reformen Widerstand entgegenzubringen, als diese zu initiieren. Generell liegt die Schwierigkeit nicht darin, Großorganisationen zu Reformen zu überreden, sondern gerade darin, diese davon abzubringen. Aber es ist eine Sache, Reformen zu starten und eine ganz andere, ihre Inhalte zu bestimmen die Reformen danach konsequent umzusetzen.

Entscheidungen in der "Informationsgesellschaft"[1]

Niklas Luhmann

1.

Die Beschreibungen der modernen Gesellschaft, die heute im Angebot sind, bemühen sich nicht mehr um eine theoretische Ausarbeitung. Sie heben einzelne Phänomene hervor, die sie für besonders bemerkenswert halten, und belassen es dabei. Schon "kapitalistische Gesellschaft" war ein Begriff der durch die eigentlich zuständigen Wirtschaftswissenschaften nicht gedeckt war und lediglich eine sozialgeschichtliche Epochenbeschreibung, eine Erzählung gleichsam, vorschlug. Für "Risikogesellschaft" oder für „Erlebnisgesellschaft" ist dieser Mangel an theoretischer Analyse noch offensichtlicher.

Nichts anderes gilt für "Informationsgesellschaft" - für den Begriff, der dieser Tagung ihr Thema gibt. Typisch beruft man sich darauf, dass immer mehr Arbeits- und Freizeit auf die Produktion und den Konsum von Information verwendet wird.[2] Zwar unterscheidet man Dinge und Wissen bzw. Informationen so wie Dinge und Symbole, aber beide Seiten dieser Unterscheidung werden als "commodities" aufgefasst, also als Gegenstände, die sich nicht ständig auflösen und neu formiert werden müssen, wenn sie von Hand zu Hand wandern.[3] Wenn dies gemeint ist, sollte man aber besser von Wissensgesellschaft oder von wissensbasierter Gesellschaft sprechen. Denn Information ist keine stabile, transportable, aufbewahrbare Entität, sondern ein Ereignis, das mit seiner Aktualisierung seinen Charakter als Information verliert. Man muss also Information und (übertragbares) Wissen unterscheiden[4] - und dies, obwohl Information Wissen erzeugt. Das Interesse an Information lebt vom Reiz der Überraschung. Sie ist die *Differenz* zwischen dem, was der Fall sein könnte, und dem, was sich ereignet oder mitgeteilt wird. Als Differenz hat sie weder Dimensionen, auf denen sie

[1] Skript eines Vortrags, gehalten an: „Soft society: eine internationale Konferenz über die kommende Informationsgesellschaft", 28.10.-3.11.96 in Berlin, organisiert durch den Arbeitskreis Informationsgesellschaft der Humboldt-Universität und der Japan Society for Future Research, Tokio.

[2] Vgl. z.B. Michael Schenk, Informationsgesellschaft im internationalen Kontext, in Horst Reimann (Hrsg.), Transkulturelle Kommunikation und Weltgesellschaft: Theorie und Pragmatik globaler Interaktion, Opladen 1992, S. 249-262.

[3] Vgl. Marc Uri Porat, The Information Economy, Diss. Stanford Cal. 1976, z.B. S. 2 f.

[4] So z.B. Norman Clark/Calestous Juma, Long-Run Economics: An Evolutionary Approach to Economic Growth, London 1987, S. 89 ff. Anders (in Kenntnis des Problems) F. Machlup, The Production and Distribution of Knowledge in the United States, Princeton 1962.

variieren könnte, noch einen Ort, an dem sie zu finden wäre.[5] Man kann nur das System bezeichnen, das sich mit ihr beschäftigt.

Damit ist keineswegs bestritten, dass Informationen Effekte haben können. Im Gegenteil: es sind gerade Differenzen (und nicht etwa "Kräfte"), auf die man Wirkungen zurechnen muss. Als in der Schweiz 1982 die Arbeitslosigkeit bis zu 0,3 bis 0,4 % anstieg, alarmierte das die Massenmedien und die Politik. Der spätere konstante Satz von 1 % hatte keinen vergleichbaren Effekt.[6] Und Informationen sind das Vehikel, das eine Differenz in eine andere transformiert und in diesem Sinne kausal wirkt.

Auch für diesen auf "Ereignis" und "Differenz" gestützten Begriff der Information gibt es Tatbestände, auf die man hinweisen kann, wenn man den üblichen Sprachgebrauch rechtfertigen will. Die Massenmedien überschütten uns jeden Tag mit neuen Informationen, ohne dass es Adressaten gäbe, die sich diese Informationen in ihrer immensen Vielfalt und Detailliertheit zu Nutze machen könnten. Auch die Computer speichern und verarbeiten, wie man sagt, Informationen: aber ihre Schaltzustände sind und bleiben unsichtbar, und man muss schon wissen, was man wissen will, um ihnen Schrift, Tabelle, Bild oder Sprache zu entlocken. Vor allem aber gibt es in der Gesellschaft noch viel anderes, was auffallen könnte - man denke an zunehmende Neigung zur Gewalt, an riesige, von Information und fast allen anderen Segnungen der Zivilisation ausgeschlossene Bevölkerungsmengen, an offensichtliche Diskrepanzen in den Beziehungen zwischen den wichtigsten Funktionssysteme, an die Angewiesenheit auf Energie, deren langfristige Reproduzierbarkeit fraglich ist, an ökologische Probleme und an vieles andere. Warum fällt uns dann gerade das mit "Informationsgesellschaft" bezeichnete Syndrom auf?

Der Ausgangspunkt für die folgenden Überlegungen ist, dass Information ein Begriff mit zwei Seiten ist und dass darauf ihre Funktion als Attractor für Aufmerksamkeit beruht. Wie einst das Heilige hat die Information eine segensreiche und eine erschreckende Seite. Sie hilft - und sie beunruhigt. Wir fragen nach Information, wenn wir Unwissenheit beheben, wenn wir unseren Weg finden wollen. Wir hoffen, besser entscheiden zu können wenn wir über mehr Information verfügen. In diesem Sinne waren Informationsgesellschaften vor allem die, die über ausgeteilte Divinationstechniken verfügten - also das alte China oder Mesopotamien.[7] Aber auch damals hatte Information schon eine zweite, eine dunkle Seite: Das Absuchen der Lineaturen auf den Oberflächen der Welt auf Zeichen hin bestätigte und reproduzierte zugleich das Verborgene. Und bestätig-

---

[5] Siehe Gregory Bateson, Ökologie des Geistes: Anthropologische, psychologische, biologische und epistemologische Perspektiven, dt. Übers. Frankfurt 1981, S. 526 f.

[6] Dies Beispiel nach Alfred Meier/Susanne Haury, A Cognitive-evolutionary Theory of Economic Policy, in: Kurt Dopfer/Karl-F. Raible (Hrsg.), The Evolution of Economic Systems: Essays in Honour of Ota Sik, London 1990, S. 77-87 (81).

[7] Vgl. nur Jean-Pierre Vernant et al., Divination et rationalite, Paris 1974.

te die Weisen in Amt und Funktion. Da man Information schnell benötigt, kann es nicht darauf ankommen, ob sie zutrifft. Sie muss nur plausibel sein. Sie muss sich dazu eignen, Sinn kristallisieren zu lassen. Amerikaner würden mit einem Neologismus von "sensemaking" sprechen.[8] Sie muss es ermöglichen, Operationen fortzusetzen und damit die Ambivalenz von Wissen und Nichtwissen in nächste Situationen zu übertragen.

Diese Ambivalenz hat heute ihre religiösen Konnotationen verloren. Sie lässt sich aber am Begriff der Information nachweisen. Denn einerseits klärt die Information etwas, sie transformiert Nichtwissen in Wissen. Aber andererseits geschieht dies in der Form einer Überraschung, einer Auswahl aus anderen Möglichkeiten. Die Bestimmtheitsgewinne ergeben sich nur in einem Horizont anderer Möglichkeiten. Was immer Gegenstand von Information werden kann, wird damit zugleich als kontingent markiert. (Es wird angesagt, der Zug habe zwanzig Minuten Verspätung. Also kann man noch eine Tasse Kaffe trinken. Aber wenn er nun doch früher käme?) Information ist demnach eine paradoxe Kommunikation. Sie reproduziert Sicherheit und Unsicherheit.

Außerdem verliert die Information, sobald sie informiert hat, ihre Qualität als Information. Ihr Sinn kann wiederholt werden, nicht aber ihr Charakter als Überraschung. Nach einer Information kann es nur andere, neue Informationen geben. (Inzwischen sind es dreißig Minuten Verspätung.) Das Grundmuster der Ambivalenz nimmt von Moment zu Moment neue Formen an, aber die Ambivalenz bleibt dieselbe. Ist vielleicht das gemeint, wenn von "Informationsgesellschaft" gesprochen wird?

Will man diesen Zeitbezug der Information berücksichtigen, sprengt das wichtige Prämissen der klassischen "repräsentationalen" Kognitionstheorie. Diese war davon ausgegangen, dass auch Ereignisse, zum Beispiel ein Autounfall, im Bewusstsein und in der Kommunikation zeitlos repräsentiert werden können. Man kann sich an sie erinnern, über sie kommunizieren und muss sie nur zeitlich lokalisieren, um ihren Ereignischarakter repräsentieren zu können. Selbst über den Schreck kann man noch reden. Damit ist auch die Welt der Ereignisse (also auch: der Entscheidungen) in ontologisch greifbarer Form gegeben. Erst seit kurzem wird diese repräsentationale Erkenntnistheorie einer grundsätzlichen Kritik unterworfen.[9] Wir können das hier nicht mit der gebotenen Ausführlichkeit prüfen. Jedenfalls gibt es am Schreck, oder allgemeiner: an der Information, nicht repräsentierbare Momente, die an den Zeitpunkt gebunden bleiben, in dem sie aktuell auftreten und mit ihm verschwinden. Anders gesagt: die Information versetzt das

---

[8] Siehe zusammenfassend Karl E. Weick, Sensemaking in Organizations, Thousand Oaks Cal. 1995.

[9] Vgl. Benny Shanon, The Representational and the Presentational: An Essay on Cognition and the Study of Mind, New York 1993. Zu Problemen der Zeitdimension insb. S. 180 ff. Sicht man einmal das Problem, lassen sich natürlich auch Vorläufer entdecken, Bergson zum Beispiel.

kognitive System selbst in Bewegung und kann folglich nicht zeitfest repräsentiert und auch nicht erinnert werden. Was bleiben kann, ist nur der Sinn der Information, auf den man wieder und wieder bezug nehmen kann.

Will man dieser Nichtfesthaltbarkeit der Information Rechnung tragen, erfordert das tiefe Einschnitte in unser Verständnis von Kognition. Aber auch sonst müsste man viele gewohnte Begriffe ändern, vor allem Begriffe im Einzugsbereich von „Rationalität". In einer Informationsgesellschaft kann man nicht mehr von rationalem sondern allenfalls noch von intelligentem Verhalten sprechen, denn es fehlen immer Informationen für ein Erreichen rationaler Entscheidungen. Vor allem aber muss der enge Zusammenhang der Begriffe Information und Entscheidung neu überdacht werden.

Einerseits sind Entscheidungen auf Informationen angewiesen, oder genauer: auf Umwandlung von Informationen in (wie immer zuverlässiges) Wissen. Andererseits sind Entscheidungen die wichtigste Quelle für den Bedarf an Informationen. Es gibt natürlich auch andere Wissenslücken, die man durch Information zu füllen sucht. Man muss nach dem Weg vom Bahnhof zum Hotel fragen. Im Falle von Entscheidungen ist jedoch dieser Informationsbedarf konstitutiv gegeben, er folgt aus der Tatsache des Entscheidens. Denn man kann eine Entscheidung nicht wissen. Sie ist selbst eine Überraschung. Man kann daher, nur durch Information in Erfahrung bringen, wie entschieden worden ist. Der Informationsbedarf in der modernen Gesellschaft ist deshalb nicht einfach eine Folge unvollständigen Wissens. Er geht im wesentlichen darauf zurück, dass diese Gesellschaft sich in vielen Dingen und vor allem auch in Strukturfragen von Entscheidungen abhängig macht und daher jede Vernetzung von Entscheidungen über Information herstellen muss.

Dies wird jedoch erst einsichtig, wenn man über ausreichend präzise Vorstellungen über das verfügt, was wir "Entscheidung" nennen.

2.

Als „klassische Entscheidungstheorie" soll im folgenden eine Theorie bezeichnet werden, die Entscheidung als eine Auswahl unter Alternativen auffasst und dafür Rationalitätskriterien zu formulieren versucht. Seit einigen Jahrzehnten leidet diese Theorie unter Erosionserscheinungen, die aber eher die Rationalitätsansprüche als den Entscheidungsbegriff selbst betreffen.

Vor allem im Bereich des wirtschaftlichen Entscheidens sieht man seit den 50er Jahren, dass man sich nicht auf eindeutige Strukturvorgaben durch Märkte mit perfekter Konkurrenz stützen kann. Preisentscheidungen können nicht aus Marktdaten abgeleitet werden, sondern müssen in den Organisationen selbst getroffen werden. Damit erweitert sich die Menge möglicherweise relevanter Informationen so stark, dass es zu kostspielig, also nicht rational wäre, sie alle zu beschaffen. Organisationen müssen mit begrenzter Rationalität (Simon: bounded rationality) zurechtkommen. Dabei halten sie ein mindestens zweistufiges Verfahren ein: Sie entscheiden über Entscheidungsprämissen (zum Beispiel über Zwecke und über Konditionalprogramme oder über die Besetzung von Positionen mit Personen) und sehen dann zu, welche konkreten Entscheidungen zu treffen sind. Auch dabei können nicht alle möglicherweise relevanten Informationen eingeholt werden. Man fixiert Anspruchsniveau mit Bezug auf die Ergebnisse von Entscheidungen, begnügt sich mit dem Erreichen diese Anspruchsniveaus und lässt die Frage offen, ob es nicht insgesamt bessere Entscheidungen gebe. Das Bessere ist, wie das Sprichwort sagt, der Feind des Guten.

Ein erster Eindruck wäre danach, dass die Informationsgesellschaft die ihr zur Verfügung stehenden Informationen nur sehr begrenzt nutzt. Diesen Eindruck bestätigen empirische Untersuchungen über das Entscheidungsverhalten des Führungspersonals oder bei der Vorbereitung von Policy-Entscheidungen. Selbst vorhandene Informationen, Statistiken, Geschäftsberichte werden kaum herangezogen.[10] Zumeist wird ohne Lektüre auf Grund interaktioneller Kontakte entschieden. Man gewinnt aus diesen Kontakten den Eindruck, ausreichend (oder jedenfalls: ebensogut wie die anderen) informiert zu sein und misstraut im übrigen der „mikropolitischen" Manipulation von Daten, die durch Weglassen und Betonen frisiert werden, womit der, der sie zusammenstellt, seine eigenen Ziele oder seine eigenen Ansichten fordert. Aus dieser Literatur gewinnt man den Eindruck, dass Führungsentscheidungen weniger durch Auswertung von zusammengetragenen Informationen zustandekommen als vielmehr dazu dienen, Orientierungspunkte für weitere Entscheidungen anzubieten. Es geht, anders gesagt, um Sinnfindung, um "sensemaking", um Limitierung der möglichen Zukunft des Systems; und das Gedächtnis des Systems hält folglich nicht die vorhandenen Informationen fest, sondern die eigenen Entscheidungen.

Nach all dem nimmt es nicht Wunder, dass sich keine Zusammenhänge zwischen elaborierten Informationssystemen und Produktivität feststellen lassen. Die bemerkenswerter Produktivitätszuwächse der letzten Jahrzehnte sind nach wie vor der Produktionstechnologie zu danken und nicht der Verfügbarkeit von mehr Information.[11] Im Gegenteil: die Kosten der Informationssysteme beginnen allmählich, die anderswo erarbeitete Zunahme an Produktivität des Mitteleinsatzes aufzuzehren.

Eine weitere Überlegung könnte bei der Unterscheidung von eher kognitiven und eher reaktiven Entscheidungsstrategien ansetzen. Bei kognitiven Strategien denkt man an langfristige Vorausplanungen, bei reaktiven Strategien an Versu-

---

[10] Vgl. nur Martha Feldman/James G. March, Information in Organizations as Signal and Symbol, Administrativ Science Quarterly 26 (1981), S. 171-186; James G. March/Lee S. Sproull, Technology Management and Competitive Advantage, in: Paul S. Goodman/Lee S. Sproull et al., Technology and Organizations, San Francisco 1990, S. 144-173; Martha S. Feldman, Order Without Design: Information Processing and Policy Making, Stanford Cal. 1989.

[11] Vgl. Jean Voge, The Information Economy and the Restructuring of Human Organization in: Ilya Prigogine/Michèle Sanglier (Hrsg.), Laws of Nature and Human Conduct, Brüssel 1987, S. 237-244.

che, mit schon eingetretenen Veränderungen zurechtzukommen. Je turbulenter die Umwelt, würde man als Soziologe vermuten, desto eher empfehlen sich reaktive Strategien, etwa der Personalentlassung, des downsizing, des lean managements. Aber es mag auch andere Gründe geben, Gründe zum Beispiel dafür, dass die Kirchen sich heute weniger mit Mission und mehr mit der Kirchenkrise beschäftigen. Solche spekulativen Hypothesen bedürften sicher einer sorgfältigen empirischen Kontrolle, aber vorerst ist der Verdacht nicht von der Hand zu weisen, dass die „Informationsgesellschaft" eher reaktive als kognitive Strategien begünstigt.

Wenn eine Information nur als Überraschung zustandekommen kann, ergibt sich daraus, dass sie nicht aus der Umwelt in ein System übertragen werden kann.[12] Sie muss systemintern produziert werden, denn sie setzt systemeigene Erwartungen voraus, an denen die Überraschung sichtbar wird.

Informationsverarbeitende Systeme sind demnach operativ geschlossene Systeme. Das heißt nicht zuletzt, dass sie sich systemintern um eine aktive Rolle im Verhältnis zu ihrer Umwelt bemühen müssen. Die Umformung von irritierenden Signalen in Informationen kann deshalb nicht als eine bloße Verlängerung der Umwelteinwirkungen im System verstanden werden. Es handelt sich nicht um eine rein passive Aufnahme von Umweltveränderungen durch das System. Kein operativ geschlossenes System könnte von einer strikt passiv begriffenen Kognition leben[13] und auf eine aktive Rolle gegenüber seiner Umwelt (in anderen Worten: auf Willen) verzichten. Der systeminterne Gewinn von Informationen ist immer auch mitbestimmt durch Rücksicht auf das, „was man damit anfangen kann". Informationsselektionen enthalten daher immer auch ein volitives Moment. Anders könnte ein operativ geschlossenes System sich in der Form von Informationsverarbeitung nicht selbst reproduzieren. Informationen vermitteln, um es psychologisch auszudrücken, die Sensomotorik der Systeme. Dies ändert jedoch nichts daran, dass es um rein interne Prozesse geht. Ob die in Aussicht genommene Verwendung von Informationen ihre Umweltziele erreicht oder nicht, ist eine andere Frage.

Ein ganz anderer Bereich liefert vergleichbare Erfahrungen. Hier geht es um therapeutische Interventionen, sei es Individualtherapie, sei es Familientherapie, sei es Organisationsberatung. Man muss davon ausgehen, dass es keine Interventionstechniken gibt, die es ermöglichten, die für die Therapie nötigen Ressourcen

---

[12] Vgl. Eberhard von Goldammer/Rudolf Kähr, Polycontexturality: Theory of Living Systems-Intelligent Control, in: Ernst Kotzmann (Hrsg.), Gotthard Günther - Technik, Logik, Technologie, München 1994, S. 205-250 (208 f.): „...information is constructed from incoming signals, where the signals themselves carry no externally defined meaning". Und: „information no longer plays the role of representation: instead, originates within an autonomous system through the circularly intervowen processes of cognition and volition".

[13] Vgl. Gotthard Günther, Cognition and Volition, in ders., Beiträge zur Grundlegung einer Operationsfähigen Dialektik Bd. 2, Hamburg 1979, S. 203-240 (212).

(hier: Informationen) im voraus zu bestimmen und etwaige Behandlungsfehler zu erkennen und zu vermeiden. Statt dessen arbeitet man mit Problemkonstruktionen. Zustände oder Verhaltensweisen, die als pathologisch bezeichnet werden oder sonstwie zu unbefriedigenden Resultaten führen, werden als Lösung eines Problems rekonstruiert, das besser auf andere Weise gelöst werden könnte.

Das zu therapierende System muss neu und bei zweiten oder dritten Versuchen immer wieder neu beschrieben werden. Die therapeutischen Vorschläge ("Weisungen") werden in Doppelfunktion entworfen, sie haben zugleich eine therapeutische und eine diagnostische Funktion. Wenn sie nicht erfolgreich sind, erzeugen sie zumindest Information. Man kann dann den Versuch korrigieren und neu beginnen. Das Entscheidungsverfahren verläuft also weithin retrospektiv: Um zu erkennen, was man tun kann, muss man etwas getan haben. „Only after action has taken place is the administrator able to given an historical account of what has happened, and the psychiatrist is very much in the same position", bemerken Ruesch und Bateson.[14] Damit ist aber die Auffassung der Entscheidung als Auswahl in Frage gestellt und erst recht mag man zweifeln, welches Gewicht dann noch die Forderung haben kann, sich vor der Entscheidung sorgfältig zu informieren. Genügt es dann nicht, sich darüber zu informieren, wie jeweils entschieden worden ist?

Diese nur ganz knapp skizzierten Entwicklungen führen zu der Frage, wer überhaupt die Informationen nutzt, die die Informationsgesellschaft laufend regeneriert. Es scheint, dass die Rationalität selbst sich gegen eine ausgiebige Nutzung sperrt. Aber ist die Rationalität wirklich das Nadelöhr, durch das die Informationen nicht mehr hindurchgehen? Oder ist es die Eigenart von Entscheidungen, die es fraglich erscheinen lässt, ob und wie weit sie auf Informationen gestützt und dadurch begründet werden können.

3.

Die Beschreibung von Entscheidungen als informierte Auswahl innerhalb von Alternativen hat zwei verschiedene Serien von Folgeproblemen erzeugt. In einer Reihe geht es um Kriterien der Rationalität und um Möglichkeiten ihrer Verwirklichung. In einer anderen Reihe geht es um die Frage, wer entscheidet. Hier wird dann ein "subjektiver" Faktor berücksichtigt und die Entscheidung als Äußerung eines Willens angesehen, der nicht in Berechnungen aufgelöst werden kann. Letztlich können, hört man, nur Personen entscheiden. Daraus folgt: je wichtiger die Entscheidungen, desto wichtiger die Personen. Von den Entscheidungen, die ihnen zugemutet und zugerechnet werden, erhalten Personen ihren Rang. Die Mythologie der Hierarchie ist ein Nebenprodukt der Art, wie man Entscheidungen begreift, und dies gilt unabhängig von der Art und Weise, wie Entscheidun-

---

[14] So Jürgen Ruesch/Gregory Bateson, Communication: The Social Matrix of Psychiatry, New York 1951, 2. Aufl. 1968, S. 59. Und Karl E. Weick, Sensemaking in Organizations, Thousand Oaks Cal. 1995, S. 185 zieht aus der gleichen Einsicht den Schluß: "What is crucial about this is that a decision is an act of interpretation rather than an act of choice".

gen in vertikal differenzierten Organisationen tatsächlich zustandekommen. Dasselbe gilt übrigens für Kollektiventscheidungen, die im Wege von Abstimmungen nach dem Mehrheitsprinzip zustandekommen. Wie man seit Condorcet weiß (oder wissen kann), enthält das Mehrheitsprinzip keine Garantie für die Transitivität sozialer Präferenzen. Es kann also zu irrationalen Resultaten führen. Dass man dies hinnehmen muss, ist einsichtig, wenn man davon auszugehen hat, dass Entscheidungen, so oder so, getroffen werden müssen, weil soziale Systeme anders den zeitlichen Veränderungen ihrer Umwelt nicht Rechnung tragen können. Trotzdem berührt merkwürdig, dass die klassische Theorie zu einer derart scharfen Konfrontation von Rationalität und Irrationalität führt - und es dabei belässt. Man braucht die Definition von Entscheidungen als Auswahl im Rahmen von Alternativen nicht in Zweifel zu ziehen, aber man muss sie ergänzen. Man muss zusätzlich fragen, wie es zu den Alternativen kommt in einer Welt, die so ist, wie sie ist; und außerdem: wie es überhaupt möglich ist, durch eine Entscheidung etwas zu bewirken, was vorher nicht da war, in einer Welt, in der geschieht, was geschieht, und nicht geschieht, was nicht geschieht. Diese Frage soll uns nicht zurückwerten in die alte und unentscheidbare Kontroverse zwischen Determinismus und Indeterminismus. Statt dessen tragen wir nach der Form, in der Entscheidungen mit Zeit umgehen, wenn sie in ihre Gegenwart, die als Resultat einer unabänderlichen Vergangenheit gegeben ist, Alternativität hineinkonstruieren; und wenn sie meinen in ihre gegenwärtig noch unbekannte Zukunft etwas Neues einführen zu können, indem sie bewirken, dass die Welt nach der Entscheidung anders aussieht als vor der Entscheidung.

Eine zweite Überlegung führt ebenfalls auf das noch zu klärende Verhältnis von Entscheidungen zur Zeit. Eine Entscheidung wird insofern zeitfest identifiziert, als sie *vor* der Entscheidung dieselbe Entscheidung ist wie *nach* der Entscheidung. Es muss über den Standort einer Müllverbrennungsanlage entschieden werden. Vor der Entscheidung stehen mehrere Möglichkeiten zur Auswahl. Dabei wird scholl vorher überlegt, wie die Entscheidung nach der Entscheidung zu rechtfertigen sein wird. Die Entscheidung selbst transformiert eine offene Kontingenz in eine geschlossene Kontingenz. Die gewählte Variante kann verteidigt oder bereut werden, sie bleibt aber immer eine, zu der es andere Möglichkeiten gegeben hätte. Wie ist es aber möglich, dass trotz dieser krassen Differenzen von Vorausschau und Rückschau die Entscheidung als eine und dieselbe identifiziert werden kann?

Um diesen Fragen Rechnung zu tragen, könnte man Entscheidungen definieren als *Einführung von Zeit in die Zeit.* Zeit ist ja zunächst als eine Art Hintergrundrauschen des ständigen Kommens und Vergehens gegeben. In diese ursprüngliche Zeit kann ein Beobachter die Unterscheidung von Vorher und Nachher einführen, wenn er Zeitpunkte oder Ereignisse identifiziert, die diesen Unterschied machen (das heißt: ohne die er entfallen würde). Da es endlos viele Möglichkeiten für solche Zäsuren gibt, bleibt Zeit im Sinne einer Vorher/Nachher-Differenz beobachterrelativ. Handlungen sind nur möglich, wenn man sie bestimmt als ein Ereignis, das im Hinblick auf Vorher und Hinterher einen Unterschied macht. Das bereitet noch keine besonderen Schwierigkeiten und führt auch nicht zu einer Rückprojektion dieses Unterschieds in die allgemeine Zeit des Kommens und Vergehens.

Diese Einführung von Zeit in die Zeit geschieht erst dadurch, dass man das Vorher als Vergangenheit und das Nachher als Zukunft interpretiert. Genau damit wird, so unsere These, aus der Handlung eine Entscheidung. Wie ist das möglich? Und was sind die Konsequenzen?

Als erstes ist leicht zu sehen, dass die Vorher/Nachher-Unterscheidung dadurch der Beliebigkeit ihrer Punktuierung entkleidet und re-universalisiert wird. Alle anderen Vorher/Nachher-Unterschiede sind dann entweder vergangene oder zukünftige Unterschiede. Man mag gleichzeitige Entscheidungen anderer konzedieren, aber die bleiben dann, weil gleichzeitig, unbeobachtbar und insofern irrelevant. Sie wirken sich allenfalls auf künftige Entscheidungen aus, wenn man sie, weil vergangen, beobachten kann. Die Weltzeit ist jetzt eine stets gegenwärtige Zeit, die aber durch Rücksicht auf momentan inaktuelle Zeithorizonte des schon Vergangenen und des noch Zukünftigen mitbestimmt ist; denn ohne diese Differenz wäre die Gegenwart gar keine Gegenwart, sondern nur der jeweils erfahrene Lebensvollzug.

Es gibt derzeit keine überzeugende Theorie der Zeit. Dass die Vorstellung eines Flusses nicht ausreicht, da auch das Feste der Zeit unterworfen ist, wusste schon Aristoteles. Deshalb das Insistieren auf einem Maß, das diese Differenz übergreift. Aber die Unterscheidung von Vorher und Nachher ist nicht nur, ja nicht einmal primär eine Frage des Messens, obwohl Datierungen hilfreich sind, wenn man Vorher und Nachher unterscheiden will. Dies Problem kann hier nicht gelöst, ja nicht einmal angemessen formuliert werden. Es könnte aber sein, dass man zuerst klären muss, was eine Entscheidung ist, bevor man zu einem angemessenen Begriff von Zeit kommen kann. Denn schließlich leugnet jede Entscheidung ihre eigene Determination durch die Vergangenheit und sie entwirft zugleich eine Zukunft, die von dem abweicht, was ohne die Entscheidung zustandekommen würde. Wie muss man Zeit begreifen, wenn man begreifen will, dass dies möglich ist? Gleichviel ob man die Weltzeit als chronologisierten Prozess begreift oder als eine in diesem Prozess sich ständig erneuernde Differenz von Vergangenheit und Zukunft: die Vergangenheit ist in jedem Falle unabänderlich und die Zukunft in jedem Falle unbekannt (weil noch nicht beobachtbar). Entscheidungen zeichnen sich dadurch aus, dass sie diese Bedingung nicht annehmen, sondern eine andere Zeit in die Zeit hineinkonstruieren. Die Unabänderlichkeit der Vergangenheit wird nicht in Frage gestellt, aber zugleich wird sie so gedeutet, dass sie für die Gegenwart Optionen offen lässt. Die Zukunft ist und bleibt unbekannt, aber zugleich kann man Unterscheidungen in sie hineinprojizieren - etwa eine Seeschlacht, die man gewinnen oder verlieren kann. In einer sehr formalen Hinsicht werden mithin Vergangenheit und Zukunft gleich behandelt: Die Zustände, die sind, wie sie sind, oder sein werden, wie sie sein werden, werden in Unterscheidungen aufgelöst. Das ermöglicht jene Wiedereinführung der Zeit in die Zeit, vor der oben die Rede war. Man lässt die Zeit nicht einfach laufen. Die Zeithorizonte Vergangenheit und Zukunft werden aufeinanderbezogen und dadurch integriert. Das ändert nicht das geringste daran, dass die Entscheidung die Vergangenheit nicht ändern und die Zukunft nicht bestimmen kann. Und trotzdem beginnt dank dieses Wiedereintritts der Zeit in die Zeit mit jeder Entscheidung eine neue Geschichte.

4.

Entscheidungen setzen, so können wir zusammenfassen, einen Unterschied zwischen Vergangenheit und Zukunft voraus, und sie machen zugleich einen Unterschied zwischen Vergangenheit und Zukunft. Sie bewirken, dass dieser Unterschied infolge der Entscheidung anders ausfällt, als es ohne Entscheidung der Fall wäre. „Sie bewirken" - das heißt: die Veränderung der Differenz wird auf sie zugerechnet, wie immer die faktisch unübersichtlichen, hochkomplexen Kausalverhältnisse tatsächlich verlaufen. Die Entscheidung macht sich selbst, anders gesagt, durch Zurechnung auf sich selbst sichtbar. Man kann auch sagen: entscheidbar.

Dies hat weitreichende Folgen für die Entscheidungstheorie.[15] Entscheidungen müssen jetzt auf ein Systemgedächtnis zurückgreifen, das regelt, was erinnert und was vergessen werden kann. Dabei ist die wichtigste Funktion des Gedächtnisses das Vergessen, denn das macht die Kapazitäten des Systems frei für neue Operationen.[16] Tatsächlich ist denn auch jedes Identifizieren, Kondensieren, Generalisieren, kurz jede Aufbereitung für Wiederverwendung an korrespondierende Leistungen des Weglassens, wenn nicht der Repression gebunden; und dafür gibt es zunächst keine andere Regel als der Erfolg im Wiederverwenden, also die Rekursivität der Operationen des Systems.

Die Zukunft bleibt unbekannt (anders wäre sie nicht als Zukunft erkennbar), aber das Unbekanntsein der Zukunft ist zugleich die wichtigste Ressource des Entscheidens.[17] Entscheidungen stützen sich hauptsächlich darauf, dass niemand wissen kann, wie die Zukunft aussieht. Zwecke kann man nur setzen, weil man nicht weiß, wie das aussehen wird, was die Zukunft verhüllt. Selbstverständlich gibt es relativ stabile Annahmen, zum Beispiel die, dass die Alpen auch morgen noch da sein werden. Aber Dasein oder Nichtdasein der Alpen ist kein Thema

---

[15] Die folgende Skizze ist inspiriert (mehr kann man kaum sagen) durch den mathematischen Begriff des „re-entry" einer Unterscheidung in sich selber, entwickelt von George Spencer Brown, Laws or Form, Neudruck der 2. Aufl. New York 1979, S. 56 ff. Ein re-entry bringt das System in den Zustand eines unresolvable indeterminacy, das heißt: in den Zustand einer selbsterzeugten Unbestimmtheit, in dem die alten Operationsweisen (bei Spencer Brown: Arithmetik und Algebra) versagen. Es benötigt jetzt Hilfen, die man imaginäre Funktionen nennen könnte, nämlich eine memory function für die Erfassung der Vergangenheit und eine oscillator function für die Projektion einer Zukunft.

[16] Vgl. Heinz Förster, Das Gedächtnis: eine Quantenphysikalische Untersuchung, Wien 1948.

[17] Oder anders formuliert: „Choice is an exploitation of unknowledge" - so G.L.S. Shackle, Imagination and the Nature of Choice, Edinburgh 1979, S. IX.

für Entscheidungen. Wenn man dagegen eine Untertunnelung projektiert, erzeugt man eine Nische des Unbekanntseins der Zukunft, und nur dank dieser
Wiedereinführung der Zeit in die Zeit kann man überhaupt entscheiden. Je mehr
sich die Gesellschaft auf Nischen dieser Art einstellt, desto offensichtlicher wird,
dass in der Zukunft weitere Entscheidungen fällig werden. Da aber auch mit
diesen Entscheidungen eine jeweils neue Geschichte beginnen wird, potenziert
die Entscheidungsperspektive das für sie unerlässliche Unbekanntsein der Zukunft. Entgegen allem, was die Natur- und Kulturphilosophen seit Bacon und
Vico lehren, ist die Geschichte eben deshalb unvorhersehbar, weil (oder maßvol-
ler: soweit) sie von Menschen gemacht wird.[18] Und es liegt auf der Hand, dass
dem nicht durch Information abzuhelfen ist, sondern nur durch Imagination.

Dennoch kann man der Zukunft Struktur geben, indem man Erwartungen formuliert und damit Differenzen in sie hineinprojiziert, die einen Spielraum für
Oszillationen spezifizieren. Die Erwartungen werden erfüllt - oder nicht erfüllt.
Die klassische Teleologie und ebenso die Theorie des intentionalen Handelns
erweisen sich damit als ein Anwendungsfall dieser Oszillatorfunktion. Die primäre Leistung liegt nicht in der informierten Zuverlässigkeit einer Voraussage, sondern in der Spezifikation von Unterscheidungen, die einem flip/flop Mechanismus Struktur geben. Dann kann man auch versuchen, „strategisch" zu denken,
also damit zu rechnen, dass sich Erwartungen nicht erfüllen oder dass andere
Unterscheidungen sich vordrängen: Der Anzug ist zwar aus hochwertiger Wolle
und so haltbar, wie der Verkäufer versprach; aber leider ist die Farbe nicht licht-
beständig.

Vielleicht ist inzwischen deutlicher erkennbar, was mit der dunklen Formulierung einer Wiedereinführung der Zeit in die Zeit gemeint war. Was geleistet
werden muss, ist eine wechselseitige Integration von Gedächtnisfunktion und
Oszillatorfunktion. Die Unterscheidungen, mit denen ein System sich künftigem
Oszillieren überlässt, müssen abgestimmt werden auf das, was das System dem
Vergessen überlasst bzw. erinnert. Für die Losung dieses Problems dürfte es
kaum verlässliche Regeln geben. Immerhin kann man es als Testfrage benutzen,
wenn man zum Beispiel überlegt, ob das betriebliche Rechnungswesen eines
Unternehmens als Gedächtnis ausreicht oder ob das, was es vergisst, wichtiger
sein könnte für die Auswahl der Erwartungen, die die Oszillatorfunktion erfüllen.

5.

Selbstverständlich sollen diese empirischen und begrifflichen Hinweise auf das
Entscheidungsverhalten von Einzelpersonen und Organisationen nicht zu der
These führen, die „Informationsgesellschaft" sei zu hektisch und zu turbulent,
als dass es auf Informationen noch ankommen könne. Jede Entscheidung um-

---

[18] „If history is made by the man, it cannot be foreknown", liest man bei Shackle a.a.O. S.
134.

gibt sich mit Informationen, setzt Kenntnisse voraus und beschafft sich bei Bedarf notwendiges Zusatzwissen. Aber das ist eine triviale Feststellung, die für alle Gesellschaften gilt. Auch elaborierte Informationssysteme sind nichts, was die moderne Gesellschaft auszeichnet. Die Tontafelnotizen der sumerischen Tempelwirtschaften konnten Transaktionen mit zigtausend Beteiligten festhalten, aber auch darauf aufmerksam machen, dass in einem Lager ein halbes Pfund Wolle fehlte.[19] Und Ähnliches wird für die Knotenschrift, das quipus-System, der Inkas berichtet. Gewiss waren aber die damals zu treffenden Entscheidungen einfacher und konnten durch ein eigens für sie entwickeltes Informationssystem bedient werden.

Wenn man nun fragt, was sich seitdem geändert hat, wird es nicht ausreichen, auf die Zunahme und den Komplexitätszuwachs der verfügbaren Informationen hinzuweisen. Das ist sicher nicht falsch, gibt aber keinen Aufschluss über die Motorik des Wandels. Das gilt auch, wenn man die Veraltensgeschwindigkeit der Daten in Rechnung stellt, aus denen Informationen gezogen werden können, also den Begriff der Komplexität auch zeitlich versteht. Die Veränderung scheint vielmehr darin zu liegen, dass immer mehr gesellschaftliche Strukturen durch Entscheidungen erzeugt und durch Entscheidungen geändert werden können. Das gilt heute für so gut wie alle Bereiche der gesellschaftlichen Kommunikation: für die Wahl von Regierungen und für das durchgehend positive Recht, für den Stand der Forschung, von dem weitere Forschung auszugehen hat, ebenso wie für Kapitalinvestition im Inland oder im Ausland, für das Angebot und für die Wahl einer Berufsausbildung und für alles, was als Realität angenommen wird, weil die Massenmedien darüber berichten. Selbst Religion ist zur Sache von Angebot und Entscheidung geworden und ebenso Eheschließung mitsamt der Frage, ob und wann man Kinder haben will und wieviel.

Diese Explosion von Entscheidungsnotwendigkeiten, die ihrerseits Konsequenz von Entscheidungen sind und absehbar weitere Entscheidungen nach sich ziehen werden, verlangt neue Formen dynamischer, nicht mehr struktureller, geschweige denn ontologischer, weltgegebener Stabilität. Sie führt zum Entstehen und zur gesellschaftsweiten Ausdehnung der Wahrnehmung von Risiken, so dass man die moderne Gesellschaft nicht nur als "Informationsgesellschaft" sondern, komplementär dazu, auch als „Risikogesellschaft" bezeichnet.[20] Außerdem hat diese Erweiterung der Bedeutung von Entscheidungen den Sinn von „Partizipation" geändert. Teilnahme heißt jetzt: Einfluss auf Entscheidungen haben und nicht mehr: seinen Platz in einem größeren Ganzen finden. Damit wird der Be-

---

[19] Dies Beispiel bei Mogens Trolle Larsen, Introduction: Literacy and Social Complexity, in: John Gledhill/Barbara Bender/Mogens Trolle Larsen (Hrsg.), State and Society: The Emergence and Development of Social Hierarchy and Political Centralization, London 1988, S. 173-191 (188).

[20] Hierzu auch Niklas Luhmann, Modern Society Shocked by its Risks, Hongkong University, Department or Sociology, Occasional Paper 1995.

griff, wie man in den letzten Jahrzehnten deutlich sehen kann, politisiert und mit Erwartungen überladen, die nicht erfüllt werden können.

Ferner zerreißt, verschleiert nur durch den unscharfen Gebrauch des Wortes Information, der Zusammenhang zwischen den riesigen Mengen an gespeicherten Daten und den Entscheidungen, die sich an Informationen orientieren sollen. Die gespeicherten Daten, die Bücher in den Bibliotheken, die Dokumente in den Archiven, die Schaltzustände der Computer, sind zunächst ja nur virtuelle Information, die nur Information wird, wenn man sie nachfragt und sich durch Auskunft oder Ausdruck überraschen lässt. Zur Anfrage oder Abfrage bedarf es jedoch einer Entscheidung.

Die Differenz von virtueller und aktueller Information ermöglicht eine Überbrückung von weltweiter Verfügbarkeit auf der einen Seite und stets nur lokaler und kontextgebundener Erzeugung von Information auf der anderen. Erst die Abfrage macht, das muss pointiert herausgestellt werden, eine Information zur Information. Die Informationsgesellschaft besteht demnach, strukturell und operativ gesehen, aus Abfrageresultaten, die nirgendwo vorhanden sind, sondern mit dem Ereignis der Kommunikation ihren Charakter als Information gewinnen und verlieren. Da viel mehr Wissen vorhanden ist, als irgendjemand wissen kann, muss Wissen deshalb in Information rückverwandelt werden, um gewusstes Wissen werden zu können. Auch das kann man jedoch nur erkennen, wenn man zuvor die Begriffe Wissen und Information deutlich unterscheidet.

Damit schließt sich der Kreis unserer Überlegungen, und wir kehren zurück zu der Frage, in welchem Sinne die moderne Gesellschaft als „Informationsgesellschaft" bezeichnet werden kann. Nur dem Anschein nach sind es die Rationalitätsvorteile, die beim Verkauf von Informationssystemen versprochen werden. Sie lassen sich in die Form von Kosten/Nutzen-Rechnungen nicht nachweisen. Mit mehr Recht macht sich die moderne Gesellschaft mit dem Begriff der Information und der Suggestion, auf Information angewiesen zu sein, aufmerksam auf die prekäre Instabilität ihrer Entscheidungsgrundlagen. Die Entscheidungen müssen sich von Überraschungen abhängig machen, weil sie Überraschungen sind.

Es wird gerühmt, was man heute alles wissen und errechnen kann. Wie einst bei der Einführung von Schrift[21] steht der expressive, nicht der kommunikative Gehalt im Vordergrund. Computer machen Eindruck, gerade weil man nicht sehen kann, wie sie arbeiten. Aber die Form der Information hat auch eine andere Seite. Sie reproduziert Wissen als Überraschung. Alles, was sie bestimmt, könnte auch anders bestimmt sein. Ihre Kosmologie ist eine Kosmologie nicht des Seins, sondern der Kontingenz. Das wiederum führt zu einer Dominanz der Zeitdimension in der gesellschaftlichen Kommunikation. Insofern konvergieren Information und Entscheidung, und beide erzeugen den Eindruck, dass die mo-

---

[21] Vgl. zum Beispiel M.T. Clanchy, From Memory to Written Record: England 1066-1307, London 1979.

derne Gesellschaft ein System mit selbsterzeugter Ungewissheit ist. Dann bleibt nur der Trost, dass man wenigstens entscheiden und sich über Entscheidungen informieren kann. Es ist nur zu gut zu verstehen, dass darauf mit dem Appell an "ethische" Prinzipien und Regeln reagiert wird. Doch führt diese Ausflucht nicht in eine andere, bessere Welt, sondern nur zu der Frage, auf Grund welcher Informationslage und von wem denn über diese Prinzipien und Regeln entschieden wird.

Kontinuität contra Geschichte. Das Thema Reform und Aggiornamento im Römischen Katholizismus des 20. Jahrhunderts

Alberto Melloni

Das 20. Jahrhundert hat das Problem der Kirchenreform neu aufgeworfen. Der Weg, den der Römische Katholizismus in diesem Prozess des Werdens beschritt, ist charakterisiert durch zahlreiche Spannungen und Erkenntnisse, die sich teils aus der Konfrontation mit der Moderne ergeben, teils aus langfristigen Entwicklungen.

Reformatio in langfristiger Perspektive

Die Idee der Reform – für die die denkwürdige Studie von Gerhard B. Ladner aus dem Jahr 1959[1] immer noch unverzichtbar ist – war ursprünglich gekennzeichnet durch semantische Permeabilität auf der einen und entschiedenen Widerstand gegenüber Fragmentierung auf der anderen Seite. Kosmologische Vorstellungen, vitalistische und Endzeitvisionen sowie die Ideologie der Konversion verliehen der Reformidee Bedeutungsnuancen, die diese nie wieder verlor. Reform beinhaltet sowohl den aus der griechischen Philosophie stammenden Mythos von der ewigen Wiederkunft, als auch das das Naturgesetz vom unendlichen Kreislauf von Leben und Tod, als auch die Erwartung eines messianischen Zeitalters mit einem Gottesgericht, auf das man sich vorzubereiten habe, als auch schließlich den Ruf nach einem neuen Leben, der typisch für philosophisch-religiöse Lehren ist. Obwohl der Begriff von Seneca, Ovid, Livius und Plinius beeinflusst wurde, behielt er in der christlichen Tradition seine aus der Bibel stammende Kernbedeutung bei. Es war Josiah, der 620 v. Chr. die Grundlage für eine Reform legte, die eine gegebene Ordnung (König, Heilige Schrift, Volk) wiederherstellen soll. Das Neue Testament stattete Reformatio mit einer besonders kraftvollen inneren Dimension aus, besonders durch die Übersetzung der Vulgata. Tatsächlich bedeutet Reform Heilung von Dingen, die „defuncta et deformata" im Innersten des Menschen existieren (Rm 12,2). Das bedeutet immer eine Veränderung zum Positiven – eine Bedeutungsvariante, die bereits in den Schriften von Tertullian in der Formulierung „melius reformare" auftaucht.[2]

---

[1] G.B. Ladner, The Idea of Reform. Its Impact on Christian Thought and Action in the Age of the Fathers, Cambridge Mass. 1959.

[2] Th. Baumeister, Martyrium - Mönchtum - Reform. Tertullian und die Vorgeschichte des Mönchtums, in: Reformatio Ecclesiae. Beiträge zu kirchlichen Reformbemühungen von der Alten Kirche bis zur Neuzeit. Festgabe für Erwin Iserloh, Paderborn u.a. 1980, S. 23-34.

Zwar hat die christlichliche Reformtradition eine Reihe von Merkmalen aus der Philosophie der Palingenese oder des Zyklus der Zeitalter übernommen. Doch bezieht sie sich auf einen Zustand, der zwar im Verlauf der Geschichte verloren bzw. korrumpiert wurde, aber wiederum im Verlauf der Zeit wiederhergestellt werden kann. Reform bezeichnet damit einen Prozess innerer Reinigung, der zu einer Erneuerung dessen führen soll, was gealtert ist dabei auf einem, die Perfektion repräsentierenden Vorbild basiert, nämlich Gott selbst. Obgleich mit Reform auch das Ziel verbunden ist, das öffentliche Leben zu perfektionieren und dadurch Einfluss auf die Gesellschaft gewinnen, meint Reform zuerst und vor allem Konversion. Diese Konversion besitzt notwendigerweise zwar immer Rückwirkungen auf die Umwelt, hat aber auch innere Wurzeln, die sich in Buße, Askese und im Gebet ausdrücken.

Auch wenn in den Quellen die Begriffe Erneuerung und Wiedergeburt als Synonyme für die Idee der Reform gebraucht wurden, stimmen die Begriffe doch nicht voll überein. Tatsächlich prägte sich diese Bedeutungsvariante von Reform durch die Auseinandersetzung zuerst mit den Donatisten und später mit den Pelagiern aus. Bekanntermaßen wurden einige der grundlegenden Begriffsinhalte von Augustinus definiert. Als erstes stellte er fest – später wurde das die übliche Sicht –, dass Reform eine Rückkehr der Kirche Kains zur Kirche Abels bedeute. Will sagen: die Wiederherstellung einer früheren Ordnung, indem man eine Verkrustung abträgt [difficile da capire]. Zweitens pries der afrikanische Bischof das Mönchsleben als reformatio, durch die man [manca il soggetto?] dem „Gesetz" Christi unterworfen wurde. Damit führte er das Prinzip ein, demzufolge es in einer alternden Welt möglich sei, einen Platz auszumachen, wo die reformierte Jugendlichkeit des Glaubens praktiziert werden konnte. Ausgehend hiervon entwickelte das Mönchstum Elemente, um das Prinzip der Reform zu umhegen und einzukappseln. Zugleich entstand dabei eine erneuerte christliche Erfahrung.

Umgekehrt übertrugen die Gregorianer mit der Reform des 11. Jahrhunderts die Idee eines Mönchtums auf europäische Ebene[3], auf Grundlage derer neue Normen[4] der Gemeinschaft und der Kirche als Ganzes neues Leben und alten Glauben gaben. Es geht mithin um die „reformatio ecclesiæ", die im Namen der wiederherzustellenden „ecclesiæ primitivæ forma" betrieben wurde[5], dem gemeinsamen Leitmotiv der Lateinischen Christenheit. Reformieren wird zu einem Äquivalent für Herrschen. Diese Gleichsetzung hat eine bedeutende Rolle gespielt, als es daran ging, die Ideologie von der päpstlichen Monarchie und die Theorie

---

[3] Reformidee und Reformpolitik im spätsalisch-frühstaufischen Reich. Vorträge der Tagung der Gesellschaft für mittelrheinische Kirchengeschichte vom 11. bis 13. September 1991 in Trier, hrsg. von Stefan Weinfurter unter Mitarbeit von Hubertus Seibert, Mainz 1992.

[4] G. Picasso, „Reformatio Ecclesiae" e disciplina canonica, in: Chiesa Diritto e Ordinamento della „Societas Christiana" dei Secoli XI e XII (Proceedings of the 9th International Study Week, Mendola, 28th August – 2nd September, 1983), Mailand 1986, S. 70-85.

[5] Siehe G. Miccoli, Chiesa gregoriana, Roma 1999.

von der Unfehlbarkeit der reformerischen Kraft des Papstes zu entwickeln. Hierauf hat ja Brian Tierney hingewiesen.[6]

In den Jahrhunderten, die diese Veränderungen von der noch bedeutsameren Zäsur des Lutherischen Protestes trennen, gewann das Thema Reform zwar an Breite, verlor zugleich aber an Tiefe. Je stärker das Bedürfnis nach Reform „in capite et in membris" war, desto leichter schien es, könne man dem entkommen. Davon jedenfalls war die kirchliche Obrigkeit überzeugt. Sie übersah dabei die Warnsignale, was geschehen könne, wenn Reformen ausblieben.[7] Das an Papst Leo X gerichtete Pamphlet von Querini und Giustiniani am Vorabend des 16. Jahrhunderts illustriert das ja hinreichend. Das war die Art von geistigem Immobilismus, auf den Luther reagierte[8] – im festen Glauben, dass die Degeneration nicht nur die Kirchenleitung, sondern auch die Kirchendoktrin erfasst habe. Und der Erfolg des Begriffspaars, der zwar später auftauchte, dann aber das Losungswort des Protestantismus wurde (*ecclesia semper reformata, semper reformanda*),[9] entsprach der Intensität, mit der man versuchte, eine *emendatio ecclesiæ* zu regieren, die diesen Namen auch verdiente.[10] Für die Papstkirche sollte die Idee der Reform an einem viel herkömmlicheren Ort Gehör finden: dem Konzil.[11] Auf dem Konzil von Trient gingen die Bemühungen, Reform auf ein System zur Regelung von sittlichem Verhalten zu reduzieren, soweit, dass sie die Agenda der Versammlung bestimmte.[12] Tatsächlich folgten während des Konzils auf Sitzungen zur Doktrin auch solche zur Kirchenreform: Erstere waren bestimmt durch dogmatische Formulierungen, letztere gelenkt durch ein Gesetz, das das „regimen christianum" mit einer gesellschaftlich leicht verständlichen Ordnung versehen sollte.[13]

---

[6] B. Tierney, Origins of Papal Infallibility, 1150-1350: a study on the concepts of infallibility, sovereignty and tradition in the Middle Ages, Leiden 1972.

[7] Alberigo, L'amore alla chiesa op. cit., S. 180-181. S. Tramontin, Un programma di riforma della Chiesa per il Concilio Lateranense V: il Libellus ad Leonem X dei veneziani Paolo Giustiniani e Pietro Quirini, in: Venezia e i concili, Venezia 1962, S. 67-93; R. Bäumer, Leo X. und die Kirchenreform, in:Papsttum und Kirchenreform. Historische Beiträge. Festschrift für Georg Schwaiger zum 65. Geburtstag, St. Ottilien 1990, S. 281-300.

[8] J. Wicks, Luther's Reform. Studies on conversion and the Church, Mainz 1992.

[9] H.A. Oberman, Werden und Wertung der Reformation. Thesen und Tatsachen, in: Reformatio ecclesiae op. cit., S. 487-503; K. Aland, Ecclesia reformanda. Philipp Jakob Spener und die Anfänge des deutschen Pietismus, in: Reformatio ecclesiae op.cit., S. 831-846.

[10] J.C. Olin, Catholic Reform. From cardinal Ximenes to the Council of Trent 1495-1563, New York 1990.

[11] Quellen zur Kirchenreform im Zeitalter der großen Konzilien des 15. Jahrhunderts, ausgewählt und übersetzt von Jürgen Miethke und Lorenz Weinrich, Darmstadt 1995.

[12] G. Fransen, Hermeneutics of the Councils and other Studies, Leuven 1985, S. 278-318.

[13] G. Alberigo, La riforma come criterio della storia della chiesa, AISIG 6 (1980) S. 25-33 and L'amore alla Chiesa: dalla riforma all'aggiornamento, in: Con tutte le tue forze. I nodi della

Die Ergebnisse, die die semantische Trennung des Begriffs „deformata reformare" zeitigte, sind hinreichend analysiert worden. Als Resultat der Lutherischen Forderungen wurde Reform auf der einen Seite zum festen Bestandteil der protestantischen Identität.[14] Calvin benutzte das protestantische Ideengut dann zur Neuinterpretation und schuf ein eigenes politisch-religiöses System.[15] Auf der anderen Seite zog sich die Kirche in nachtridentinischer Zeit – als sie die Frage von sittlichem Verhalten und Disziplinierung für abgeschlossen hielt – in eine Verteidigungsposition zurück und versuchte die Lehre als „unum necessarium" zu bewahren.[16]

Moderne und Immobilismus

Aufgrund der Trienter Erfahrung verharrte also der Römische Katholizismus in einer mentalen Blockadehaltung. Als dann noch die Gegenreformation Terrain gewann, indem sie kirchlichen Machtmissbrauch/Sittenmissbrauch beseitigte, verschwand der Begriff Reform sogar fast gänzlich aus dem päpstlichen Sprachwortschatz.[17] Hier lief Reform in beständiger Gefahr, als Anzeichen für eine verderbliche konfessionelle Andersartigkeit gesehen zu werden, der der Katholizismus die Doktrin einer Kirche als „societas perfecta" entgegenhielt.[18] „Perfecta" hatte keine moralische Bedeutung. Gemeint war damit vielmehr, dass sich die Ordnungsprinzipien der Gesellschaft direkt aus dem Christentum selbst ableiteten. So zumindest legte man das „ius divinum" aus. Dadurch wurde die Kirche zugleich strukturiert und immobilisiert: Die Wissenschaft von der Kirche (Kirchenlehre) ist heute fast schon eine autonome theologische Disziplin, typisch für das nachrevolutionäre Jahrhundert.[19]

---

fede cristiana oggi. Omaggio a Giuseppe Dossetti, hrsg. von A. und G. Alberigo, Genova 1993, S. 169-194.

[14] J. Delumeau, Naissance et affirmation de la réforme, Paris 1965.

[15] B. Van Der Bennie, The idea of Reform, in: Calvin: Erbe und Auftrag. Festschrift für Wilhelm Heinrich Neuser zum 65. Geburtstag, Kampen 1991, S. 18-30.

[16] F. Kalde, Die Paarformel „fides-mores". Eine sprachwissenschaftliche und entwicklungsgeschichtliche Untersuchung aus kanonistischer Sicht, St. Ottilien 1991.

[17] A. Borromeo, Tridentine discipline: the Church of Rome. Between catholic reform and counter-reformation, in: Die Dänische Reformation vor ihrem internationalen Hintergrund, Göttingen 1990, S. 241-263.

[18] V. Mascione, La chiesa come „societas iuridice perfecta" ed il Concilio Ecumenico Vaticano II: portato giuridico di un rinnovamento nel rapporto con la comunità politica, in:Rapporti Attuali tra Stato e Chiesa In Italia. Minutes of the XXVI National Conference of the Unione Giuristi Cattolici held in Rome between 6th and 8th December, 1975, Milano, 1975, S. 297-312.

[19] C. Fantappiè, Le dottrine teologiche e canonistiche sulla costituzione e sulla riforma della Chiesa nel Settecento, in: Il diritto ecclesiastico 112 (2001) S. 795-834.

Trotz alledem: Seit den Ideen von Mohler und der Tübinger Schule im Europa der Restauration wurden die Grenzen dieser immobilen und überladenen Barocktheologie für eine ganze Reihe von Theologen offenbar. Letztere waren fest davon überzeugt, dass man die Kirchenorganisation untersuchen müsse, wie sie das Neue Testament beschrieb und in der Frühkirche zum Tragen gekommen war. Nur so ließen sich spezifische Entwicklungsschritte herausfinden und analysieren. Nach dieser Untersuchung ließe sich dann die gegenwärtige Kirche verbessern – ein Prozess, der früher bei einem selbstreferenziellen Zugang zur Wahrheit undenkbar gewesen wäre.[20] Die kollektiven Erwartungen, die aus dieser Denkweise resultierten, näherten sich den reformatorischen Bewegungen des Oxford Movement[21] und der Lithurgiebewegung an, die beide Reform als Synonym für die Notwendigkeit einer Restauration betrachteten. Indem sie die Frühkirche beschwören und diese als Maßstab zur Legitimation ihres Rufs nach Reform der Gegenwart benutzten,[22] eröffneten diese Bewegungen jedoch noch keine fortschrittliche Perspektive.[23] Im Gegenteil: Wie das Beispiel von Pater Guéranger zeigt, schlugen sie vor, überflüssige Ergänzungen und jeglichen „modernen" Missbrauch der Realität (in diesem Fall der lithurgischen Realität) zu beseitigen, damit die Kirche in ihrer ursprünglichen Reinheit wiederhergestellt werden könne.[24]

Es war diese besondere strategische Entscheidung, die verschiedene Bewegungen unter einem gemeinsamen thematischen Fokus zusammenbrachte. Voraussetzung war, dass die beabsichtigte Reinheit nicht allein von der theologischen Lehre bewerkstelligt werden konnte, sondern diese darüber hinaus „in capite et in membris" die Instrumente des historischen Wissens und der Untersuchung der Vergangenheit benötigte. Auf diesem Gebiet tätigte der Katholizismus erhebliche Investitionen in den Amtsjahren von Leo XIII: von der Öffnung des Vatikanischen Archivs bis hin zur Entfachung intellektuellen Feuers im Bereich der historischen, archäologischen und biblischen Studien. Kanonistische Studien stellten in dieser Hinsicht eine Ausnahme dar, da diese noch vor dem Beginn des

---

[20] Siehe: Vor 150 Jahren Erschien Johann Adam Möhlers Grundlegendes Werk „Symbolik", in: Catholica 36 (1982), Heft 1.

[21] O. Chadwick, The spirit of the Oxford Movement. Tractarian essays, Cambridge 1990.

[22] P.C. Bori, Chiesa primitiva, Brescia 1969.

[23] See the contribution by Ch. Meier and R. Koselleck in: Geschichtliche Grundbegriffe. Historisches Lexikon zur politisch-sozialen Sprache in Deutschland, ins Italienische übersetzt als Progresso. I concetti della politica, Padova 1995.

[24] See A. Schilson, Rinnovamento dallo spirito della restaurazione. Uno sguardo all'origine del movimento liturgico in Prosper Guéranger, in: Cristianesimo nella storia 12 (1991), S. 569-602 and F. Brovelli, Per uno studio de „L'Année Liturgique" by P. Guéranger. Contributo alla storia del movimento liturgico, Roma 1981.

20. Jahrhunderts[25] den Weg des „Fortschritts" gewählt hatten, indem sie darauf zielten, den alten Corpus Iuris Canonici durch einen modernen Text zu ersetzen, der sich am Napoleonischen Vorbild orientierte, aber erst 1917 verkündet wurde. Im Gegensatz dazu hatten Bibelexegese und historisch-theologische Untersuchungen die Offenheit für eine Herangehensweise gemein, die sich auf kritisch-historische „Erkenntnismöglichkeit" und das Wissen um die Vergangenheit stützte.[26]

Nach einer Apologetik der Kontinuität (die von Christus gegründete Kirche blieb intakt und wurde unverändert in die Papstkirche überführt) suchten und entdeckten diese Forscher Enwicklungslinien, die auf den gedanklichen Vorarbeiten von John H. Newman basierten, und legten die Fundamente für eine neue Epoche. In diesem Gewimmel von Ideen sah Pius X jedoch eine tödliche Gefahr globalen Ausmaßes für den Katholizismus. Anstatt auf die Kraft der Ökumene zu setzen, sah er darin einen Infiltrationsversuch und startete eine weitreichende Repressionskampagne, die fast für eine gesamte Generation von Gelehrten einem Scherbengericht gleichkam.[27] Zwischen 1907 und 1914 wurden diese Gelehrten – die nach einer angemessenen Antwort für die Bedürfnisse der Gegenwartskultur suchten, indem sie die kritisch-historische Methode einführten – auf Bannlisten geführt, die weder künftige Kardinäle (Giovanni Mercati), noch künftige Päpste (Angelo G. Roncalli) verschonte.[28]

Die Verdammung und Verfolgung des „Modernismus" signalisierte eine Zäsur in der Neudefinition der Reformidee und spaltete die Schicksale der Kirchenbewegungen auf, die seit der Mitte des vorangegangenen Jahrhunderts parallele Entwicklungen genommen hatten. Der Lithurgiebewegung wurde weiterhin ein gewisser Grad an Anerkennung durch das kirchliche Establishment wegen ihres erklärt restaurativen und reformatorischen Charakters zuteil. Das hielt man mit dem institutionellen und doktrinären Immobilismus der Amtskirche für vereinbar.[29] Im Gegensatz dazu wurden die anderen Bewegungen unter Verdacht gestellt. Es ist hier nicht der Ort, die Bibelbewegung, die Ökumenische Bewegung und die Bewegung zur theologischen Erneuerung genauer zu untersuchen, die, ausgehend von Gardeil und Chenu, bis hin zu Congar reichten und auch die

[25] C. Fantappiè, Alle origini della codificazione pio-benedettina. Nuovi sviluppi delle teorie canonistiche sotto il pontificato di Leone XIII, in: Quaderni fiorentini per la storia del pensiero giuridico moderno 25 (1996), S. 347-407.

[26] Siehe: Religius Studies in the 20th Century: Preliminary Essays, hrsg. v. M. Faggioli und A. Melloni, Münster 2004 (im Druck).

[27] Pio X e il suo tempo, G. La Bella (ed.), Bologna 2003.

[28] P. Colin, L'audace et le soupçon: la crise dans le catholicisme français 1893-1914, Paris 1997.

[29] M.-D. Chenu, Réformes de structure en Chrétienté, in: La Parole de Dieu. L'Evangile dans le temps, II, Paris 1963, S. 37-53.

Denkschulen im deutschen und angelsächsischen Raum umfassten. An dieser Stelle kann allein auf einen Umstand hingewiesen werden: Der Wendepunkt für das reformatorische Denken über den Status der Theologie und der Kirche kam mit der Historisierung der Probleme.

M.-D. Chenu verstand das. Er sah die Einleitung einer seiner Bücher auf den *Index librorum prohibitorum* gesetzt. Chenu hatte darin argumentiert, dass, wenn man die historischen Studien des Heiligen Thomas in den Kontext der eigenen Zeit stellte, dies der Schlüssel für die Dominikanerschule von Saulchoir sei.[30] Paradoxerweise erkannte Rom mit dieser Repressionsmaßnahme an, dass diese Thesen – geäußert in einem randseitigen Zusammenhang – eines der wichtigsten Themen für die Kirche im 20. Jahrhundert waren.

Thomas in dessen eigenen historischen Kontext zu stellen, um die Beredsamkeit des Glaubens in diesem besonderen historischen Zusammenhang zu begreifen, bedeutete, das Thema Kirchenreform nicht nur in einem restaurativen Sinn neu aufzuwerfen. Es war zugleich auch eine für die Kirche unverzichtbare Methode, die das Evangelium über den Lauf der Zeit zum Sprechen brachte.

In den zwei folgenden Jahrzehnten mündete das, was Chenu beabsichtigt hatte, in einen unaufhaltsamen Prozess der Aneignung historisch-theologischen Wissens ein. Die Anzeichen hierfür – von der Geschichte des Trienter Konzils eines Hubert Jedin[31] bis hin zur Aufnahme alttestamentarisch-archäologischer Befunde – waren vielfältig und die Anwendungsbereiche fast endlos. In der Praxis stellten die harschen repressiven Methoden des Vatikans gegen diese Studien und ihre Autoren, die des Neomodernismus verdächtigt wurden, jedoch sicher (immerhin handelte es sich um Menschen mit großem Intellekt), dass in der Stille der Verdammung viel tiefergehende Veränderungen stattfanden.[32] Tatsächlich war die Verurteilung von Chenu nur die erste Episode in einer Reihe von Aktionen der Kirchenobrigkeit gegen die sog. Neue Französische Theologie. Deren Vertreter wurden ebenso zum Schweigen gebracht wie nach dem Zweiten Weltkrieg die Jesuitenbrüder von Lyon, die Dominikaner in Paris, die Theologen, die in den USA nach Gewissensfreiheit riefen, und einzelne Theologieprofessoren mehr oder weniger überall auf der Welt.[33]

---

[30] Zu diesem Thema siehe: Giuseppe Alberigo, Introduction, in: Marie-Dominique Chenu, Une école de théologie: le Saulchoir [1937], Paris (Cerf) 1985; siehe auch: R. Guelluy, Les antécédents de l'encyclique „Humani Generis" dans les sanctions romaines de 1942: Chenu, Charlier, Draguet, in: Revue d'histoire ecclésiastique 81(1986), S. 421-497.

[31] Siehe: Annali ITC (2000).

[32] Zum Verhältnis mit dem Vatikan siehe: □. Fouilloux, „Mouvements" théologico-spirituels et concile (1959-1962), in: □ la veille du Concile Vatican II. Vota et Réactions en Europe et dans le Catholicisme oriental, hrsg. v. M. Lamberigts-Cl. Soetens, Leuven 1992, S. 185-199.

[33] É. Fouilloux, Une église en quête de liberté: la pensée catholique française entre modernisme et Vatican II, Paris 1998.

Einer der so bestraften Männer – Yves Congar – hatte die allgemeine Bedeutung dieses Themas in seinem bekannten Werk „Vrai et fausse réforme dans l'Eglise" von 1950 behandelt, das für den Autor zu ernsten Problemen führte. Sowohl aus taktischen als auch konfessionellen Gründen hielt Congar Distanz zu radikalen Konzepten für eine Kirchenreform nach protestantischem Vorbild, wies aber mit Nachdruck auf die Notwendigkeit einer echten Kirchenreform hin. So sollte eine Situation vermieden werden, in der „Traditionen", die aus Anpassungen bzw. aus dem Druck zur Anpassung an die dominierende Kultur resultierten, damit endeten, die nicht verhandelbare Substanz der „großen Tradition" zu ersticken. Als Congar zum Schweigen gebracht und ihm jede Form der Lehre verwehrt wurde,[34] hätte ein oberflächlicher Beobachter zu Mitte der 50er Jahre denken können, dass die Reform des Katholizismus mit der Enzyklika Humani generis von Pius XII und den Maßnahmen zu ihrer Umsetzung an ihr Ende gekommen sei.

Aggiornamento und Reform

Das von Johannes XXIII ganz unerwartet drei Monate nach seiner Wahl zum Papst einberufene Zweite Vatikanische Konzil brachte im Gegenteil nach der friedlichen Eröffnung am 11. Oktober 1962 ernste Spannungen mit sich und führte das Thema Kirchenreform auf neue Weise wieder ein.[35] Tatsächlich benutzte der Papst den Begriff Reform nicht, um die Zielsetzung des Konzils zu bestimmen. Aber das war nicht einer Scheu oder zögerlichen anti-evangelischen Verlegenheit seinerseits geschuldet. Der Begriff „aggiornamento" wurde deswegen vorgezogen, weil er am besten passte (selbst von der Öffentlichkeit, die ihn umschreibend benutzte). Einer These von Giuseppe Alberigo zufolge war der Gebrauch des Begriffs „aggiornamento" ein Weg für Papst Johannes, um einerseits die moralistischen Einengungen, die der Begriff Reform in der langen nachtridentinischen Zeit in unerbittlicher Manier erfahren hatte, zu überwinden. Andererseits ließ sich so die abstrakte Bedeutung der Wahrheit, die ihr Korollarium war, neu überdenken. Wie das die Eröffnungsrede des Konzils analysierte, zeigte „aggiornamento" dem Konzil einen probaten Weg auf, der zu der Erkenntnis führte, dass die Doktrin in einer Weise formuliert werden müsse, die der eigenen Zeit entspreche. Zugleich machte die Einleitungsrede klar, dass davon die Heilsfähigkeit der Lehre unberührt werde. Deshalb, also aus Treue zur

---

[34] Cardinal Yves Congar (1904-1995), sous la direction de A. Vauchez, Paris 1999 und zu den Vorstellungen Congars von Tradition siehe J. Famerée, Histoire et Eglise. L'ecclésiologie du père Congar de „Chrétiens désunis" à l'annonce du Concile (1937-1959), Louvain-la-Neuve 1991.

[35] Siehe dazu: Geschichte des Zweiten Vatikanischen Konzils, hrsg. v. G. Alberigo-K. Wittstadt, 5 Bde. Mainz 2000ff. Auch in anderen Übersetzungen erhältlich.

Tradition, sei eines erlässlich: Ausschließlich „tradititionelle" Gleichgewichte müssten unerschrocken verschoben werden.[36]

Nicht zufällig wurde die historische Argumentation für das Zweite Vatikanum für viele Diskussionen, Reformentscheidungen[37] und die mutigen ökumenischen Vorstößen so entscheidend.[38] Indem man den besonderen Rahmen der Analyse zu Nuetzen machte, konnte die der Reformgedanke wiederaufgegriffen werden, ohne die Bedeutung des Begriffs auf äußerliche und materielle Aspekte des christlichen Lebens einzuengen. Zugleich zollte man dabei dem Konzil von Trient Respekt.

Nicht zufällig auch handelte die Art von Traditionalismus, die den Konzilsreformen ablehnend gegenüber stand – den liturgischen Reformen zuallererst[39] – im Namen einer jüngeren Tradition. Durch diese versuchte man – oder wollte zumindest versuchen –, möglichst viel immobile Kontinuität zu bewahren.

Und schließlich war es kein Zufall, dass das Streben nach einer reformierten Bedeutung von Reform lange Zeit brauchte, um umgesetzt zu werden und eine aufnahmefähige Zuhörerschaft zu finden.[40] Anstatt das Losungswort einer konfessionellen Identität zu sein, wurde das Thema Diskontinuität der Kern der Kirchennagenda und die Erinnerung an kirchliches Verschulden.

---

[36] A. Grillmeier, Die Reformidee des II. Vatikanischen Konzils und ihre Forderung an uns, in: Wahrheit und Verkündigung. Für M. Schmaus, II, München 1967, S. 1467-1488.

[37] Ebenda.

[38] G. Cereti, Riforma della chiesa e unità dei cristiani nell'insegnamento del Concilio Vaticano II, Verona 1985.

[39] A. Bugnini, La riforma liturgica (1948-1975), Roma 1983.

[40] Siehe dazu vor allem: „Concilium", Riforma della chiesa and „Communio" (1990), 25 anni dal concilio: la riforma della chiesa...

Geplante Neuheit: die Normalität der Reform

Elena Esposito

1.

In diesem Aufsatz möchte ich zuerst die verschiedenen unwahrscheinlichen Seiten des modernen Reformbegriffs und seines Gebrauchs hervorheben – wie immer, wenn einem Begriff großer Erfolg beschieden ist, wird diese Unwahrscheinlichkeit so normal, daß sie als solche nicht mehr wahrgenommen wird. Erst vor kurzem haben die Schwierigkeiten bei der Realisierung von Reformen ein gewisses Interesse für die Eigentümlichkeiten des Begriffs entstehen lassen.

Wenn gemeinhin von Reform die Rede ist, meint man nicht bloß Veränderung, sondern setzt implizit voraus, dass es sich um eine *Neuerung* handelt. Der Begriff Reform bedeutet jedoch keineswegs immer Innovation: Im Mittelalter wurde zum Beispiel die mit *reformatio* verbundene *renovatio* als Reaktualisierung eines bewährten Vorbilds aus der Vergangenheit verstanden. Vor Augen hatte man ein Idealbild etwa des Reichs oder der Kirche, das man in der Gegenwart nachzuholen versuchte. Man kann reformieren, auch indem man sich der Vergangenheit zuwendet und eine „Formveränderung" anstrebt, die *regeneratio,* aber vor allem *recreatio, reparatio, restauratio, revocatio* bedeutet[1]. Bei genauem Nachdenken ist diese auf die Vergangenheit (die man kennt und bewerten kann) bezogene Haltung viel plausibler als die uns vertraute Haltung, bei der der Bezugspunkt die Zukunft ist. Es sei denn, man setzt allein aus einem Übermaß an Optimismus auf Verbesserungen.

In der Tat ist das Ziel, eine Verbesserung zu erreichen, eine weitere merkwürdige Eigenschaft der Reformen. Wie man sich nicht darauf beschränkt, eine Veränderung zu planen, sondern eine Neuerung anstrebt, so wird diese Veränderung nicht als neutrale Umgestaltung dargestellt, sondern als eine *Verbesserung.* Aber auch die Betonung auf Verbesserung ist nicht selbstverständlich und war etwa auch der mittelalterlichen Auffassung von Fortschritt fremd. Mit Fortschritt meinte man damals einfach einen Prozess, durch den etwas im Inneren heranwächst. Das bedeutete jedoch nicht, dass es eine Veränderung im Sinne einer Umwandlung in etwas Anderes – und noch weniger in etwas Besseres – gab. Das ist umso wichtiger, wenn man sich mit einer Zukunft auseinandersetzt, von der

---

[1] Vgl. František Graus, „Epochenbewußtsein im Spätmittelalter und Probleme der Periodisierung", in R.Herzog und R.Koselleck (Hrsg.), Epochenschwelle und Epochenbewußtsein, Fink, München, 1987, S.131-152 (160); Johannes Spörl, „Das Alte und das Neue im Mittelalter. Studien zum Problem des mittelalterlichen Fortschrittsbewußtseins", Historisches Jahrbuch, 50, 1930, S. 297-341 und 498-524 (309). Siehe auch den Begriff „aggiornamento" in Alberto Mellonis Beitrag in diesem Band.

man nichts weiß – ein Umstand, der sowohl Veränderung als auch Bewahrung der existierenden Strukturen ratsam macht. Man kann annehmen, dass diese optimistische Färbung des Fortschritts keine Eigenschaft der Welt ist, sondern mit den Reformversuchen selbst verbunden ist, die dazu tendieren, die Welt als voll von Mängeln und Fehlern und die Reform als deren Lösung darzustellen. Die Welt wird schlecht dargestellt, um die in Aussicht gestellte Zukunft um so reizender zu machen.

Die merkwürdigste Eigenschaft des Begriffs Reform besteht allerdings in den paradoxalen Aspekten von Planung als einer als Neuerung verstandenen Veränderung: eine Planung der Neuheit also, die ernst gemeint an ihrer eigenen Widersprüchlichkeit scheitern müsste. Das passiert aber nicht und Reformen werden nicht nur vorgeschlagen, sondern sogar als Rationalisierung dargestellt. Wie lässt sich das erklären? Es hat möglicherweise mit dem Verhältnis zwischen Reform und Beobachtung zu tun. Die angestrebten Veränderungen sind keine stillen Wandlungsprozesse, die sich von selbst ereignen und die Dinge verändern wie zum Beispiel evolutionäre Veränderungen. Reformen bedeuten vielmehr Veränderungen, die sich von selbst vermutlich nicht ereignet hätten und erst durch aktives Zutun eines Akteurs realisiert werden, dem die Reform als bewusste Entscheidung zugeschrieben wird[2]. Es handelt sich also immer um *beobachtete* Veränderungen und dieser Bezug auf Beobachtung ist offensichtlich wichtiger als logische Kohärenz selbst, welche echte Neuheiten nur der Evolution zuschreiben würde – also nur dem Bereich der unbeobachteten Umwandlungen.

So verschiebt sich das Zentrum der Aufmerksamkeit auf eine Weise, die uns vielleicht Anhaltspunkte für die Analyse des Reformbegriffs anbieten kann. Der Vorteil von Reformen ist, dass sie beobachtet werden können (oder müssen), und was beobachtet wird, ist nicht die Welt, sondern vor allem das System, das sie realisiert und dem die Veränderungen zugeschrieben werden. Es ist dann vielleicht das System und nicht die Welt, dem die Reformen nützlich sind – jenseits ihrer bekanntlich schwer abzuschätzenden Ergebnisse[3]. Reformen dienen vielleicht zuerst dem System, um sein Verhältnis zu sich selbst zu bestimmen, und nicht so sehr, um den Zustand der Welt zu verändern. Das kann Optimismus rechtfertigen; abgesehen von ihrem Ergebnis sind Reformen auf diesem Niveau anscheinend nützlich. Ihr einziges unzweifelhaftes Ergebnis ist ein ständiger Bedarf an neuen Reformen – also an neuen Möglichkeiten der Selbstbeobachtung. Wenn dem so ist, dann ist auch die Undurchsichtigkeit der Zukunft kein Hindernis, sondern einen Vorteil. Für Entscheidungen ist bekanntlich[4] das Fehlen von Sicherheiten über die Zukunft eine Ressource. Sonst gäbe es nichts

---

[2] Vgl. Niklas Luhmann, Organisation und Entscheidung, Westdeutscher, Opladen 2000, Kap.II.

[3] Vgl. etwa Niels Brunssons und Giancarlo Corsis Beitrag in diesem Band.

[4] Ausgehend wenigstens von Shackle: siehe zum Beispiel George Lennox Sherman Shackle, Time, Expectations and Uncertainty in Economics, edited by James Lorne Ford, Edward Elgar, Aldershot (England) 1990.

zu entscheiden und keinen Bezugspunkt, an dem sich das System orientieren könnte.

2.

Die Hypothese, von der wir ausgehen und die wir diskutieren möchten, ist, dass die Analyse des Begriffs Reform sich auf das System bezieht, das die Reformen zu realisieren beabsichtigt und nach Erneuerung sucht, und nicht auf die eventuell zu verändernde Welt. Nur so können die vielen merkwürdigen Seiten des Begriffs erklärt werden – zu allererst das Streben nach Erneuerung, das Reformen motiviert und rechtfertigt. Es ist nicht selbstverständlich, dass das Neue besser als das Alte ist. Noch weniger selbstverständlich ist es, dass dieser Vorzug so breit und unumstritten akzeptiert wird.

Die Schwierigkeiten liegen weniger in der ideologischen Einstellung oder in der Bezugnahme auf Werte. Sie bestehen vielmehr in den Eigenschaften des Neuen, vor allem wenn man sich daran orientiert. Nimmt man als Bezug die Welt und den Zustand ihrer Entitäten, hat man in der Behandlung des Neuen mit einem ontologisch besonders zerbrechlichen „Objekt" zu tun. So bemerkt Valery: „Il est étrange de s'attacher ainsi à la partie périssable des choses, qui est exactement d'être neuves"[5]. Das Neue vergeht notwendigerweise. Diese Vorläufigkeit bildet seine Natur und zugleich das Risiko desjenigen, der sich darauf bezieht. Das weiß man schon seit einigen Jahrhunderten, seitdem das typisch moderne Syndrom der Suche nach Neuheit sich abzuzeichnen begann. Schon Graciàn – nach der Feststellung, „die Neuheit gefällt jedem" – warnte: „Der ruhmvolle Erfolg der Neuheit dauert kurz (…), und die begeisterte Aufnahme des Neue (wird) sich in der Langeweile umwandeln (...), mit der man das Alte betrachtet"[6]. Auf ontologischer Ebene ist der Bezug auf das Neue so unstabil, dass dieser selbstwidersprüchlich wird. Das geht so weit, dass die Neuheit „zunächst ein ontologisches Unding (ist): Etwas *ist*, obwohl, ja weil es alles *nicht ist*, was bisher war"[7]. Es ist schwierig, etwas als Bezugspunkt zu nehmen, das sich durch eine Negation definiert.

Für eine ontologisierende Herangehensweise bildet also der Begriff Neuheit ein nahezu unlösbares Rätsel, erschwert dadurch, dass es nicht nur nicht gelingt, das Objekt zu fixieren. Auch ist der Begriff besonders flüchtig. Das Neue definiert sich durch Negation des Überkommenen. Wie wäre es aber möglich, sich dessen bewusst zu sein und das Neue als solches zu beobachten, wenn es nicht das Alte, das es vernichten soll, zugleich bewahren würde? Wie könnte man das Neue feststellen, wenn nicht durch Anwendung überkommener Kategorien? Die Neuerung muss zugleich abweichend und einigermaßen vertraut sein, sonst könnte

---

[5] Paul Valery, „Choses tues", in Tel quel, vol.1, nrf, 1960.

[6] Baltasar Graciàn, Oráculo Manual y arte de Prudencia, in: Obras completas, Band II, Biblioteca Castro, Madrid 1647, S. 185-304, n. 269.

[7] Niklas Luhmann, Die Kunst der Gesellschaft, Suhrkamp, Frankfurt a.M. 1995, S.323.

man sie nicht erfassen – eine unbeobachtete Neuheit wäre keine Neuheit[8]. Auch diese Schwierigkeit war in vormodernen Zeiten bekannt, in denen man sich davor hütete, sich solchen inkonsistenten Bezügen wie Neuheit zu anvertrauen. Im Mittelalter gab es ein scharfes Bewusstsein für das Problem. Man fragte sich nämlich, ob es überhaupt möglich und erlaubt sei, Neues zu denken und zu schreiben. Sicherheit und Wahrheit standen in direktem Bezug zur Autorität, dem das Bewusstsein der Veränderung der Zeiten gegenüberstand. Wie könnte man sie aber zur Kenntnis nehmen, ohne sich dadurch vom korrekten normativen Bezug zu entfernen, also ohne abzuweichen?[9]

Angesichts aller diesen Schwierigkeiten liegt es nahe, einen derart unsicheren und schwer behandelbaren Gegenstand wie Neuerung ganz abzulehnen. Tatsächlich ist das in allen Gesellschaften außer in den modernen westlichen Gesellschaften getan worden. Die Unbeständigkeit war nicht nur unbequem und lästig, sondern auch zutiefst bedrohlich sowohl für den Frieden des Einzelnen als auch für die umfassende Ordnung der Welt. Die stratifizierten Gesellschaften setzten in den Verhältnissen unter Personen sowie im allgemeinen Aufbau des Kosmos eine feste Ordnung der Dinge voraus, die auch normativen Wert besaß. Ordnung und Stabilität stellten Perfektion dar; was sich davon entfernte, war an sich korrupt[10]. Mit seiner ontologischen Verschwommenheit konnte der Begriff Neuheit nicht eindeutig lokalisiert werden. Das genügte, um Neuheit als Bedrohung erscheinen zu lassen, die unabhängig von Inhalten befürchtet und verachtet war. Die Konfrontation mit dem bisherigen Zustand reichte aus, um Ablehnung zu motivieren – ganz abgesehen von den Gründen. Im Mittelalter hatte das Wort „novitas" eine deutliche negative Konnotation: „Hora novissima tempora pessima" war ein Schlagwort[11]. Und noch Montaigne behauptete, dass Veränderungen befürchtet werden müssten. Für wirklich gut müssten nur die Dinge gehalten werden, dessen Geburt keinem bekannt sei – also nie neu gewesen seien[12].

Natürlich waren die Dinge auch damals nicht so einfach. Veränderung ist allgegenwärtig und ständig tauchen zuvor unbekannte Dinge auf. Wie kann man

---

[8] Vgl. dieses Thema – in Bezug auf Hegel und verbunden mit einem Versuch, die grundlegenden logischen Strukturen zu analysieren, Gotthard Günther, „Die historische Kategorie des Neuen", in W.R.Beyer (Hrsg.), Hegel-Jahrbuch 1970, Anton Hain, Meisenheim am Glan 1970, S.34-61, auch in Ders., Beiträge zur Grundlegung einer operationsfähigen Dialektik, Band 3, Meiner, Hamburg, 1980, S.183-210.

[9] Vgl. mit vielen Belegen Spörl, a.aO., S.315.

[10] Vgl. Niklas Luhmann, Die Gesellschaft der Gesellschaft, Suhrkamp, Frankfurt a.M. 1997, S.634 ff. und 893 ff.

[11] Vgl. Graus a.a.O., S.150; Spörl aa.O., S.299; Walter Freund, Modernus und andere Zeitbegriffe des Mittelalters, Böhlau, Köln/Graz 1957, S.108.

[12] Michel de Montaigne, Essais, 1580-1588 (Deutsch: Essais I-III, [Versuche] nebst des Verfassers Leben nach der Ausgabe von Pierre Coste, ins Deutsche übersetzt von Johann Daniel Tietz, Diogenes, Zürich, 1996), I.XLIII.

Neuheit ablehnen, ohne diesen offensichtlichen Tatbestand zu negieren? Die Frage lässt sich auf zwei Ebenen beantworten. Zuerst war die Kennzeichnung der Neuheit auf die Sach- und nicht auf die Zeitdimension bezogen: Das Neue war eher ein Wert- als ein Zeitbegriff. Das bedeutet, dass der Begriff zuerst Abweichung unabhängig von zeitlicher Lokalisierung bezeichnete, so dass Korruption oder Ordnungsstörung für neu gehalten werden konnten, auch wenn sie der Vergangenheit angehörten. Nicht alles Neue musste notwendigerweise zur Gegenwart gehören. Andererseits brauchten Dinge, die chronologisch zur Gegenwart gehörten, deshalb noch nicht neu zu sein. Wurden sie als richtig und korrekt eingeschätzt, gab es keinen Grund, sie nicht als alt zu bezeichnen. Um „richtig" zu sein, musste zum Beispiel das Recht alt sein, so dass die Vorstellung eines neuen Rechtes als Widerspruch erschien[13]. *Antiquitas* und *aetas nostra* konnten sich überlagern.

In vielen Fällen, und immer wenn man es mit vermeintlich richtigen Entwicklungen zu tun hatte, hielt man die Neuheit für nur scheinbar. Nichts Eigenes sei entstanden, sondern es seien bloß Dinge in Erinnerung gerufen worden, die den Alten schon bekannt gewesen, danach aber in Vergessenheit geraten seien. Und auch, als man es vermeintlich mit Wahrheiten zu tun hatte, die den großen Vorläufern angeblich unbekannt gewesen waren, bedeutete dies für die Zeitgenossen nicht, dass etwas Neues hervorgebracht worden war. Wie ausgezeichnet die Alten auch immer gewesen sein mochten; sie hatten nicht alles verstanden und nicht alle Probleme gelöst. Man müsse in diesen Fällen nun einen eigenen Beitrag leisten, so die feste Überzeugung. Das bedeutete aber nicht, dass man mit der Tradition brechen oder eine echte Neuheit hervorbringen wollte. Im Gegenteil: Aus dieser Sicht musste die Entdeckung der Neuheit als Bestätigung der Tradition angesehen werden – als Ergänzung zu den von den Alten nicht erfassten Aspekten der Wahrheit. So eröffnet sich ab dem 11. Jahrhundert eine mehrdeutige Bewertung von Tradition und Neuheit, von Konformität und Abweichung, die im nachhinein als Konformität zweiten Grades rekonstruiert wurde. Diese Konstellation erlaubte es, zum Beispiel „novi magistri" auf die gleiche Höhe von *auctores* zu erheben und die Jahrhunderte zwischen Personen wie Dante oder Petrarca und den großen alten Denkern souverän zu ignorieren. Die auctores waren alle Zeitgenossen, in einer zeitlichen Indifferenz, die auch erlaubte, die bedrohliche Aspekte der Neuheit zu neutralisieren. Das eröffnete zugleich einen gewissen Raum für Kritik und für die Möglichkeit, ein Autor wie Thomas von Aquin wegen seines innovativen Charakters und nicht nur wegen seiner systematischen Zusammenfassung des tradierten Wissens zu schätzen. Die Ordnung der Welt blieb auf jedem Fall unberührt.

3.

Im 17. Jahrhundert veränderte sich die Situation völlig. Infolge eines graduellen Prozesses, der je nach Gesellschaftsbereich zu verschiedenen Zeitpunkten be-

---

[13] Vgl. Freund a.a.O., S.15; Spörl a.a.O., S.315.

gann und auf den unterschiedlichen Feldern (von der Wirtschaft zur Kunst, von der Wissenschaft zum Recht) jeweils anderen Wege folgte, gelangte man zu einer zunehmenden Akzeptanz und schließlich zur Aufwertung des Begriffs Neuheit, die eben im Verlauf des 17. Jahrhunderts als irreversibel betrachtet werden kann[14]. Trotz einer gewissen Missbilligung von Seiten der Moralisten und verschiedener Hüter der Tradition, kommt man nicht umhin, eine verbreitete Haltung festzustellen, für die es selbstverständlich war, dass das Neue gefällt – und zwar *nur* das Neue. Die Veränderung ist nämlich viel radikaler, als das auf den ersten Blick erscheint. Es handelte sich nicht nur darum, ein weiteres Objekt zu dem Kanon der akzeptierten Dinge hinzuzufügen, so dass die Neuheit nun zum Beispiel neben der Devotion, der Bescheidenheit oder der Umsicht (*prudentia*) geschätzt werden konnte. Das Neue ist gleichsam ein mit der vertrauten Ordnung einer stratifizierten Gesellschaft unvereinbares Objekt und kann nicht zur Welt „hinzugefügt" werden, ohne diese in ihren Grundlagen auszuheben. Wenn das Neue gefällt, gefällt nur das Neue, und alles anderes muss von Neuem abgewägt werden. In ontologischer Perspektive betrachtete ist die Neuheit ein „Unding". Was passiert aber den „Dingen", wenn ein Unding in Erwägung gebracht werden kann, und gefällt? Es ist keine Überraschung, dass sie nicht mehr gefallen. Zumindest gefallen sie nur mehr in einer neuen, dem revolutionären Eindringen des Prinzips der Neuheit untergeordneten Form.

Die Behauptung, „das Neue gefällt", ist in wenigstens in zweierlei Hinsicht merkwürdig, die sich nicht ohne Probleme in die traditionelle ontologische Struktur einfügen lassen. Auf der einen Seite besteht natürlich eine Instabilität auf der zeitlichen Ebene: Etwas Wechselhaftes wird als Bezugpunkt genommen. Man nimmt Variation und nicht mehr Stabilität, Gegenwart und nicht mehr Vergangenheit als Kriterium. Aus der Generalität einer Vergangenheit, die ohne Diskontinuitäten in die Gegenwart einfließt und die in einer trotz der scheinbaren Variation der Dinge stabil bleibenden Ewigkeit ihren Halt findet, geht man zur Singularität einer Gegenwart über. Diese gilt nur für sich selbst, in ihrer Rolle als Angelpunkt zwischen einer Vergangenheit, die es nicht mehr gibt, und einer Zukunft, die es noch nicht gibt. Wenn man sich vom Generellen zur Singularität bewegt, geht man unvermeidlich vom Bezug auf die Notwendigkeit zum Bezug auf die Kontingenz über. Dasselbe passiert auf einer anderen Ebene, wo die Wertschätzung des Neuen merkwürdig anmutet: die soziale Dimension. Auch hier wird eine unvorgesehene Perspektive eingefügt, die sich auf Singularität stützt. In der Bewertung des Neuen bezieht man sich auf den Umstand, dass es „gefällt", also auf einen als innere Aneignung verstandenen und auf die Einmaligkeit der individuellen Perspektive bezogenen Genuss[15]. Anders gesagt: Es ist nicht nur merkwürdig, dass Neuheit nunmehr zum Kriterium des Gefallens ge-

---

[14] Zu diesem Prozeß und seinen semantischen Belegen siehe Luhmann 1995b. Zur Evolution des begrifflichen Behandlung des Neuen vgl. Elena Esposito, Die Verbindlichkeit des Vorübergehenden. Paradoxien der Mode, Suhrkamp, Frankfurt a.M. 2004, Kap.5.

[15] Vgl. für den Fall der Kunst Luhmann, Die Kunst der Gesellschaft, a.a.O., S.117 und 325.

worden ist, sondern auch, dass das Gefallen selbst das Kriterium ist, an dem die Akzeptanz des Neuen gemessen wird. Das individuelle Genießen wird zur Geltungsquelle. Diese Haltung wäre in der traditionellen Welt undenkbar gewesen, die sich auf Singularitäten nur in den Fällen bezog, wo sie exemplarischen Wert annehmen konnten, wie in den Leben der Heiligen oder der großen Persönlichkeiten. Kunst selbst musste nicht gefallen; sie musste erstaunen. Die Singularität als solche, ohne allegorische oder moralische Konnotationen, erschien als gänzlich uninteressant. Sie war reine Kontingenz und warum hätte man sich für erratische Orientierungen an Besonderheiten interessieren sollen? Es handelt sich offensichtlich auch in diesem Fall um eine Haltung, die die strukturellen Bedingungen der stratifizierten Gesellschaft reflektiert, wo die Besonderheit des Individuums keinen Wert besaß. Die kommunikative und soziale Relevanz des Einzelnen war seiner Stellung innerhalb einer bestimmten Familie untergeordnet.

Die wirklich bahnbrechende Folge der Aufwertung des Neuen ist meines Erachtens gerade das Eindringen der Kontingenz in Form von Singularität bei den Kriterien und Zeitbezügen. Das hob die Stabilität der gegebenen Ordnung auf und zwang zu einer radikalen Revision der Semantik[16]. Derselbe Prozess kann aus einer anderen (aber kongruenten) Perspektive beobachtet werden, wenn man sich auf den Übergang zur funktionalen Differenzierung bezieht. Die Struktur der Gesellschaft ging von Stabilitätsaussichten, die Zeithorizonte und Beobachtungsperspektiven harmonisierten, zu einer Lage über, die eher Variation privilegiert. Die Pluralität ohne zentrale Ordnung der Kriterien und Orientierungen der verschiedenen Funktionssysteme ist in evolutionärer Sicht nur mit einer Lage kompatibel, wo die Leitung vom Zufall übernommen wird und Stabilität auf Veränderung beruht[17]. Jede strengere Orientierung wäre mit der Autonomie der einzelnen Funktionssysteme inkompatibel, so dass sich sogar ein gezielt auf Destabilisierung gerichtetes Funktionssystem ausbildet: das System der Massenmedien, mit der Aufgabe, das Gegebene in der unaufhörlichen Suche nach dem Neuen abzuwerten[18]. Und nicht nur vernichtet sich das Neue ständig und zwingt dazu, die von der Kommunikation „verbrauchten" Neuheiten zu ersetzen, sondern lässt es auch alles, was es früher gab, als alt erscheinen. Zwischen dem Neuen und dem Zufall besteht bekanntlich ein enger Zusammenhang: Das Neue ist nur dann neu, wenn seine Herkunft nicht zugeschrieben werden kann und es nicht voraussehbar ist, sondern dem Zufall entspringt. Die Führung der Evolution dem Zufall zuzuschreiben, gleicht dem Versuch, diese der Produktion von Neuigkeiten zuzuschreiben, d.h.: Instabilität, Singularität und Kontingenz.

---

[16] Mit Luhmanns Worten (in diesem Band): Die Kosmologie der Kontingenz nimmt die Stelle der Kosmologie des Seins ein.

[17] Für die Systemtheorie heißt das, dass die evolutionäre Funktionen der Variation, Selektion und Restabilisierung voll entkoppelt und unkoordiniert sind: Vgl. Luhmann a.a.O. (1997), S.498ff.

[18] Vgl. Niklas Luhmann, Die Realität der Massenmedien, Westdeutscher, Opladen 1995, insbesondere S.44ff., 174f.

4.

Das erklärt zum Teil die zentrale Rolle der Innovation in der modernen, d.h. der funktional differenzierten Gesellschaft. Doch das neutralisiert weder ihre Unwahrscheinlichkeit, noch löscht das ihre paradoxen Konnotationen. Warum sucht man im Umstand „notwendiger Instabilität" einen Halt gerade im Neuen? Warum ist anscheinend das ständige Streben nach Veränderung überzeugend genug, um als Kriterium für Variation zu dienen? Wie gesehen, handelt es sich in Bezug auf die Welt um ein „Kriterium/Nicht-Kriterium", das keinerlei Angaben liefert. Vermutlich deshalb, weil es im Verhältnis des Systems zu sich selbst wirksam als Kriterium fungiert. Das ist die selbstreferentielle Orientierung, die wir oben als besonders signifikant bei der Analyse von Reform und Innovation festgestellt haben. Die Reform ist gleichsam die Operationalisierung des Strebens nach Neuem in Bezug auf ein System – die operative Entsprechung einer semantischen Orientierung. Im Bezug eines Systems auf sich selbst entsprechen die Bestätigung und die Suche nach Neuem dem Entschluss, die Anschlussfähigkeit zu reorganisieren, eine Diskontinuität zu markieren, um neue Räume und neue Möglichkeiten der Strukturbildung zu eröffnen. Genau hier, in der Selbstbeobachtung eines Systems, gewinnt das „Unding" des Neuen an Festigkeit. Es ist die Trennwand, die dem System ermöglicht, genug Abstand von sich selbst zu bekommen, um sich aus der Sicht alternativer Möglichkeiten (als zu renovierende Gegebenheit) beobachten zu können und sein Verhältnis mit sich selbst einigermaßen zu kontrollieren[19].

In der heutigen Gesellschaft ist diese Kontrolle zum großen Teil Organisationen überlassen, und es sind in der Tat die Organisationen, auf die sich die Reformversuche richten. Man reformiert nicht die Politik als Kommunikationsform, sondern die Parteien oder den Staat. Man reformiert nicht die Religion, sondern die Kirche. Man reformiert nicht die Erziehung, sondern die Schule und so weiter[20]. Der Grund ist offensichtlich: Um zu reformieren, reicht es nicht aus, Veränderungen zu realisieren, sondern es muss sich um beobachtete und auf Entscheidungen zurückführbare Veränderungen handeln. Evolutionäre Veränderungen sind keine Reformen, geplante Veränderungen dagegen schon. Und diese Entscheidungen sind bekanntlich Eigenschaften von Organisationen. Die Organisationen kontrollieren sich selbst in Form von Entscheidungen über Entscheidungen, die sich inzwischen immer öfter als Reformversuche darstellen. Die bisher angestellten Überlegungen geben den Grund dafür bereits an: Indem sie sich als Reformen stellen, binden sich die Selbstkontrollversuche nur hinsichtlich der Suche nach Neuem. Und das Neue funktioniert sehr gut gerade deshalb, weil

---

[19] Natürlich ist hier eine kybernetische und keine kausale Kontrolle gemeint (vgl.etwa Niklas Luhmann, „Kommunikationsweisen und Gesellschaft", in Rammert W. (Hrsg.), Computer, Medien, Gesellschaft, Campus, Frankfurt a.M. 1989, S.11-18, S.13): Das Streben der Neuerer und Reformisten „verursacht" bekanntlich den künftigen Zustand der Welt nicht.

[20] Die komplexe Beziehung von Organisationen und Reformen ist von Giancarlo Corsi und Dirk Baecker in diesem Band behandelt worden.

es sich an Nichts bindet – außer an die Ablehnung aller Bindungen. Darin liegt der Vorteil der Wahl eines Undings als Bezugskriterium: Das Neue erlaubt, eine Orientierung zu haben, ohne zugleich die Möglichkeiten einzuschränken. Diese bleiben vielmehr ganz offen.

Anscheinend funktioniert also alles sehr gut. Die Form des Neuen entspricht in ihrer Leere und ihren paradoxen Zügen der strukturellen Eigenschaften der funktional differenzierten Gesellschaft, ihrem Mangel an zentralisierten Bezügen und der strukturierenden Rolle des Zufalls. Die Reformen, die dieser Orientierung an Organisationen entsprechen, sind die noch übrige Form von Kontrolle in einer Gesellschaft, die auf Stabilität der Welt verzichtet hat. Diese Kontrolle ist jedoch bloß selbstreferentiell, sie stellt sich nicht der Evolution entgegen, sondern sie fügt sich darin ein. Worin liegt dann das Problem, das zu einer verbreiteten Unzufriedenheit mit vermeintlich irrationalen Reformversuchen führt, und eine „semantische Hypertrophie der Variation"[21] in der modernen Gesellschaft ahnen lässt? Wie kommt es, dass eine normal gewordene Unwahrscheinlichkeit wieder als problematisch erscheint?

Auch in diesem Fall können die Schwierigkeiten auf eine Unangemessenheit der Theorie – und damit auf die die Reformprojekte begleitende Reflexion – zurückgeführt werden. Die Theorie bezieht sich nicht auf die strukturellen Bedingungen, sondern noch auf abstrakte generelle Betrachtungen, auf die Welt anstatt auf die Operation der Systeme. Das hat Folgen auch für die Art und Weise, wie Reformen zu realisieren und zu bewerten sind. Der Bezug auf das Neue ist, wie gesehen, ein leeres Kriterium und funktioniert als solches. Es hat keinen Sinn, den Bezug auf das Neue in eine Regel oder einen Wert umzuwandeln, als ob das Neue immer besser als das Alte sei. Die Unterscheidung in „alt" und „neu" reproduziert wie jede zwei-Seiten-Form ihre beide Werte in jeder Operation. Die Produktion des Neuen ist dann unvermeidlich zugleich auch Produktion des Alten (nämlich das, wovon sich die Neuheit unterscheidet), und diese Tatsache kann nicht einfach durch das Streben nach einer bedingungslosen Erneuerung bestritten werden. Der Vorzug der Neuheit liegt nicht in seinem inneren Wert, sondern in seinen Folgen für die Dynamik des Systems. Das Streben nach Neuem dient als Provokation, um das System für alternative Möglichkeiten zu eröffnen – sein Wert liegt nicht in der Welt, sondern in der Komplexität.

Erkennt man diesen Umstand nicht, kann es zu einem unkritischen Streben nach Neuem und zur Suche nach Neuem als solchem kommen, wo gerade die zentrale destabilisierende und deontologisierende Rolle des Neuen für die moderne Gesellschaft verloren geht. Das Neue ist nur die eine Seite einer Unterscheidung und keine Regel. Das Neue ist nur der Wert eines Codes und kein Programm. Die Neue als Bewertungskriterium zu nehmen, heißt gerade, die Ablehnung fester und „voller" Kriterien nicht anzuerkennen, die zur Wahl eines leeren und immer wechselnden Kriteriums geführt hat. Programme werden natürlich nötig sein: Nicht jede Neuerung ist an sich gut und die moderne Gesellschaft hat die

---

[21] Luhmann a.a.O. (1997), S. 472; Luhmann, Die Kunst der Gesellschaft, a.a.O., S. 377.

Unterscheidung in „neu" und „abweichend" gerade zur Berücksichtigung dieses Umstands geprägt[22]. Der Begriff „Abweichung" mit seiner negativen Konnotation verdeckt das Neue und neutralisiert gleichsam seine semantische Rolle. Wie uns die historische Semantik lehrt, sind sich beide Begriffe in Bezug auf die Welt so nah, dass sie fast deckungsgleich sind. Was sie unterscheidet, ist nur eine Wertdifferenz: Neuheit gefällt, Abweichung muss abgelehnt werden[23]. Die Programme können allerdings nur in Bezug auf ein System gewonnen werden, dessen Strukturen (Konsolidierung des Zufalls in der Sequenz der Operationen) erlauben, jeweils die akzeptablen von den negativen Neuheiten, die „echten" Neuheiten von den bloßen Deviationen zu unterscheiden. Wenn diese programmatische Ebene auf der Suche nach dem Neuen als solchem reduziert wird, geht der Komplexitätsgewinn einer scheinbar widersprüchlichen Stabilität via Selbstdestabilisierung verloren und wandelt sich zum Zwang zur permanenten Reform, die auf die Lernmöglichkeiten verzichtet, die man daraus gewinnen kann

---

[22] Vgl. Niklas Luhmann, „Die Behandlung von Irritationen: Abweichung oder Neuheit?", in Ders., Gesellschaftsstruktur und Semantik. Studien zur Wissenssoziologie der modernen Gesellschaft, Bd. 4, Suhrkamp, Frankfurt a.M., 1995, S.55-100.

[23] Ich sehe hier von Formen der Aufwertung und der Verherrlichung der Abweichung ab, die sie zuerst zu einer Art von Regel machen und zweitens die Erwägungen der Unterscheidungstheorie völlig vernachlässigen: Wenn Abweichung zum Kriterium wird, wovon kann man noch abweichen? Diese begriffliche Konstruktion reproduziert die akritische Lobpreisung der Neuheit.

Die Reform der Gesellschaft

Dirk Baecker

1. Verteilung

Organisationen besitzen in unserer Gesellschaft eine singuläre Stellung. Nur in Organisationen gibt es kollektives Handeln; nur in Organisationen gibt es Entscheidungen, die auf eine erwartbare Art und Weise aufeinander bezogen sind.[1] Das gilt für Organisationen unterschiedlicher Art auf wiederum sehr unterschiedliche Art und Weise, aber es gilt für alle Organisationen, Behörden und Unternehmen, Schulen und Kirchen, Armeen, Krankenhäuser und kulturelle Einrichtungen. Vielleicht gilt es für Universitäten noch am wenigsten, weil diese noch "universitas" sind in jenem alten Sinne, der auch einmal für Kommunen, Zünfte und Klöster galt: Korporationen, in denen es eher darauf ankommt, Verschiedenheit durch die Verkörperung des Zusammenhangs zu überbrücken, als überdies darauf, diesen Zusammenhang dazu zu nutzen, gemeinsame Ziele zu setzen und zu erreichen. Wenn wir noch heute im angelsächsischen Sprachraum Unternehmen als "corporations" und als "companies" bezeichnen, hat das auch damit etwas zu tun, daß es bereits unwahrscheinlich und schwierig genug war, diese Verkörperung (lat. "corpus", der Körper) und diesen Zusammenhang (lat. "compages", die Zusammenfügung, der Aufbau) sicherzustellen.

Für unser Thema hat die Monopolisierung von kollektivem Handeln und Entscheiden durch und in Organisationen bezeichnende Folgen. Wer auch immer und aus welchen Gründen auch immer in der Gesellschaft etwas ändern will, muß dazu auf der Ebene der Organisation ansetzen. Es genügt nicht, darüber zu reden, so viel Zustimmung man auch ernten mag. Und es genügt auch nicht, farbige Utopien zu entwerfen, die eine neue Gesellschaft beschwören, und die dazu passende Gesellschaftskritik vorzutragen, die die bestehende Gesellschaft in das Licht des Unerträglichen rückt. Interaktionssysteme, jene mal lockere, mal dichte Verbindung von Individuen, können ebenso wenig kollektiv handeln und entscheiden wie ganze Gesellschaften, die ihrerseits nichts anderes sind als Schemata, die anzeigen, ob und wie die Kommunikation sich fortsetzen läßt.

Es ist zuzugeben, daß dies eine ungewöhnliche Perspektive ist. Immerhin sind wir es gewohnt, aller Orten, zum Beispiel im Straßenverkehr, im Sport und im Fernsehen, Leute zu beobachten, die offensichtlich handeln, das heißt etwas tun und die Welt damit verändern. Wie also sollte man nicht auf die Idee kommen können, daß dieses Handeln, wenn es nur besser aufeinander Bezug nähme, in

---

[1] So die Unterscheidung von Niklas Luhmann, Organisation und Entscheidung. Opladen: Westdeutscher Verl., 2000; ders., Die Gesellschaft der Gesellschaft. Frankfurt am Main: Suhrkamp, 1997, S. 826 ff.

der Lage wäre, eine andere und bessere Welt hervorzubringen? Müßte es nicht, so wird immer wieder vermutet, genügen, für "Moral" und "Ethik", das heißt für ein tugendhaftes Verhalten und dessen Selbstbegründung, zu werben, um die Dinge zum Besseren zu wenden, indem nur jeder Einzelne sich daran hält? Und immerhin sind wir es ebenso gewohnt, uns selbst und unsere Mitmenschen in aller Individualität daraufhin zu beobachten, daß wir und sie laufend Entscheidungen treffen, in deren Licht wir dann beschreiben, was aus uns und aus ihnen geworden ist. Wie also sollte man nicht auf die Idee kommen, durch "Information" und "Bildung" dafür zu sorgen, daß allen diesen Entscheidungen bessere Gründe, eine klügere Auswahl unter möglichen Alternativen und eine bessere Einschätzungen ihrer Folgen zugrunde liegen, um so unserer eigenen und der Entwicklung unserer Mitmenschen größere Chancen einzuräumen, daß zufriedenstellende, vielleicht sogar beglückende Zustände erreicht werden?

In der modernen Soziologie, die auch schon fast zweihundert Jahre alt ist und ihrerseits nur auf den Punkt bringt, was sich seit dem fünfzehnten und sechzehnten Jahrhundert herumgesprochen hat, hält man diese Auffassung für obsolet. Aus dieser Auffassung spricht ein "alteuropäisches" Denken, das faktisch schon überholt war, als es von Sokrates, Platon und Aristoteles aus der Taufe gehoben worden ist: ein Vertrauen auf die Selbsterkenntnis und Selbstbestimmung der individuellen Person, das nur als kontrafaktisches Vertrauen Sinn macht und auch nur als dieses kontrafaktische Vertrauen zur Tradition werden konnte. In dem Moment, in dem die "Schrift" im ebenso konkreten wie abstrakten Sinne, also als Gedächtnistechnik und als Metapher für die Anwesenheit des Abwesenden, in die Gesellschaft eingeführt wurde, war es mit dieser Selbsterkenntnis und Selbstbestimmung der individuellen Person vorbei. Und genau in diesem Moment wurden, weil man sah, daß man nicht mehr konnte, was man noch nie gekonnt hat, diese Ideen eingeführt und zum normativen Schema der Distanzierung und Bewältigung gesellschaftlicher Zumutungen entwickelt. Selbsterkenntnis und Selbstbestimmung sind Ansprüche und Konzepte einer Gesellschaft, die bereits verschriftlicht ist und über Schrift diese Ideen zur Verfügung stellt, die den Personen deutlich machen, was von ihnen verlangt wird, und ihnen schon deswegen vor Augen führt, daß es mit der Selbsterkenntnis und Selbstbestimmung nicht sehr weit her ist. Die Soziologie buchstabiert diese Verhältnisse, diesen Knoten eines von der Gesellschaft gegen sie selbst formulierten normativen Widerspruchs, nur aus. Wenn man so will, begibt sie sich damit auf die Ebene eines "gesunden Menschenverstands", mindestens jedoch des sogenannten "Mutterwitzes", der seinerseits immer schon wußte, was es mit diesen Ideen einer individuellen Autonomie auf sich hat.

Es spricht also einiges dafür, angesichts des gesellschaftlichen Problems, unter mittlerweile über sechs Milliarden Einzelmenschen[2] Zustände der Kommunikation, Koordination und Konfliktregulierung aufrechtzuerhalten und dabei wirtschaftliche, politische, wissenschaftliche, rechtliche, künstlerische, erzieherische,

---

[2] Siehe zum aktuellen Stand www.census.gov/cgi-bin/ipc/popclockw.

religiöse und kulturelle Leistungen zu erbringen, nicht davon auszugehen, daß dieses Problem über die Einsicht der beteiligten Individuen gelöst werden kann oder je gelöst worden ist. Das Problem muß dort gelöst werden, wo es sich stellt, auf der Ebene der Gesellschaft, ihrer sozialen Strukturen, ihrer Differenzierungsformen und Kommunikationsmedien. Diese Ebene jedoch ist im strikten Sinne des Wortes niemandem erreichbar. Man fühlt sich an die Worte von Gregory Bateson erinnert, der einmal gesagt hat, der einzige Computer, der die Strömungen des Ozeans berechnen könne, sei der Ozean selbst.

Aber wer oder was ist diese Gesellschaft? Und was hat diese Gesellschaft mit unserem Thema, der Beschreibung der Möglichkeit und Zielsetzung von Reform, zu tun?

Wir gehen mit der Soziologie davon aus, daß uns die Gesellschaft, von der wir hier sprechen, nur in der Gestalt von zwei Differenzierungsformen, also: nur in der Gestalt der Differenz zweier Differenzen, gegeben ist.[3] Zum einen ist die Gesellschaft differenziert in Interaktion, Organisation und Gesellschaft, also in Kommunikation unter Anwesenden, Kommunikation unter Mitgliedern (einer Organisation) und Kommunikation unter Kommunikationen, und zum anderen ist letztere Gesellschaft differenziert in Funktionssysteme wie Kunst und Religion, Politik und Recht, Wirtschaft und Wissenschaft. Die Gesellschaft "ist" die Differenz dieser beiden Differenzierungsformen und das heißt: Wo auch immer man ansetzt, um was auch immer zu verbessern oder auch nur zu ändern, muß man sich für eine Seite einer Differenz entscheiden und damit die andere Seite der gewählten Differenz sowie die andere Differenz in diesem Moment auf sich beruhen lassen. Was auch immer man tut, um etwas zu tun: Gleichzeitig passiert vieles andere, was dem eigenen Tun günstig oder auch ungünstig ist, in der Regel jedoch (und gottlob) ihm gleichgültig gegenübersteht (also auch nicht von ihm erreicht und verändert werden kann). Man mag seine Freunde und seine Parteigenossen, seine Kollegen und seine eigenen Kinder überzeugen (das ist schon unwahrscheinlich genug), welche Konsequenzen daraus in Behörden und Unternehmen, in Kunst und Wissenschaft gezogen werden, ist mehr als offen. Man mag eine wissenschaftlich unumstößliche Einsicht in den Reformbedarf der sozialen Sicherungssysteme entwickeln (schon unwahrscheinlich genug, weil es in der Wissenschaft keine unumstößlichen Einsichten gibt), ob sich deswegen politische Parteien und Regierungsämter in der Lage sehen, daraus einen politischen Willen zu entwickeln, ist mehr als offen. Man mag sich als Kanzler hinstellen und den Neuanfang deklarieren (ebenfalls unwahrscheinlich, denn welcher Kanzler wäre politisch leichtsinnig genug, sich an einer solchen Ansage messen zu lassen?), ob das andere Effekte auslöst als eine gewisse Aufregung in den Massenmedien, ist mehr als offen.

---

[3] Siehe wiederum Luhmann, Die Gesellschaft der Gesellschaft. Kap. 4: "Differenzierung".

Die Gesellschaft ist "unerreichbar",[4] weil sie nur in der Form dieser beiden Differenzen vorliegt. Man mag dies als Anlaß zu einer tiefen Resignation betrachten, man kann es jedoch als heilsame Fügung betrachten, weil nur so die Gesellschaft in der Lage ist, die vielen Fehler, die auf der Grundlage unserer beschränkten Rationalität (= beschränkten Informationsverarbeitungsfähigkeit)[5] von uns Individuen gemacht werden, wieder auszugleichen beziehungsweise ins Leere laufen zu lassen. Das ist eines der stärksten Argumente, das für eine "liberale" Gesellschaft im Sinne Friedrich August von Hayeks spricht: Die liberale Gesellschaft ist fehlerfreundlich.[6] Sie läßt Fehler zu, weil es immer genügend andere gibt, die sie korrigieren können. Ja, sie ermutigt sogar zu Fehlern, weil nur so alle anderen lernen können, mit welchen Verhältnissen wir es zu tun haben.

Interessanterweise gilt dieses Argument über die Form der Differenz der Gesellschaft auch für jedes einzelne soziale System, das sich in dieser Gesellschaft in der Auseinandersetzung mit dieser Gesellschaft bewährt. Denn auch dann, wenn man es versuchen sollte, eine Familie oder die Kunst, eine Kirche oder eine Behörde, das Gesundheitssystem oder eine Heereseinheit zu "reformieren", bekommt man es sofort mit einer Differenz zu tun: mit der Differenz derer, die in dem jeweiligen System die Reform befürworten, und jener, die sie ablehnen.[7] Nicht einmal das einzelne soziale System liegt innerhalb dieser differenzierten Gesellschaft als Einheit vor. Man kann es als Einheit adressieren, indem man von "der" Familie, "der" Behörde oder "der" Heereseinheit spricht, aber jeder dieser Sätze ist ein Satz innerhalb des jeweiligen Systems (wenn nicht sogar ein Satz eines außerhalb des Systems angesiedelten Beobachters), der in dem System nur ein Satz unter anderen Sätzen ist und nur im Verhältnis zu diesen anderen Sätzen, also anderen Beobachtungsperspektiven, seine Chance bekommt oder eben nicht bekommt.

Und auch das kann man wieder als Anlaß zur Resignation oder als heilsame Fügung betrachten. Ich würde für Letzteres plädieren, denn nur so kann sichergestellt werden, daß kein System, in welchem Zustand auch immer es sich befindet, mit der Absicht, reformiert zu werden, ineins fällt. Die Absicht zur Reform muß sich grundsätzlich ihrerseits im System allererst bewähren, was ja nichts anderes heißt, als daß nicht bereits die Reform die Reform durchführen kann, sondern erst das System, das reformiert werden soll.

---

[4] So ein Ausdruck von Peter Fuchs, Die Erreichbarkeit der Gesellschaft: Zur Konstitution und Imagination gesellschaftlicher Einheit. Frankfurt am Main: Suhrkamp, 1992.

[5] Im Sinne von Herbert A. Simon, Models of Bounded Rationality. 2 Bde, Cambridge, Mass.: MIT Pr., 1982.

[6] Siehe insbesondere Friedrich August Hayek, Wahrer und falscher Individualismus, in: ders., Individualismus und wirtschaftliche Ordnung. 2., erw. Aufl., Salzburg: Philosophia, 1976, S. 9-48.

[7] So Niklas Luhmann, Organisation und Entscheidung. Opladen: Westdeutscher Verl., 2000, S. 332 ff.

In der Gesellschaft haben sich Organisationen ausdifferenziert, die sich Namen und Programme geben, die ihre Mitglieder von Nichtmitgliedern unterscheiden, die über ihre Absichten Buch führen und unterschiedlichen Auftraggebern, Kapitalgebern und Vertrauensgebern Rede und Antwort stehen. Nur diese Organisationen können kollektiv handeln und damit Entscheidungen treffen, von denen nicht nur andere betroffen sind, sondern die die Entscheider selber ebenfalls binden.

Wenn dies jedoch so ist, müssen wir annehmen, daß in den Reformen unserer Behörden, Unternehmen, Kirchen, Schulen und Theater alles Mögliche auf dem Spiel steht, nur nicht unbedingt die "Verbesserung" dieser Organisationen. Vielleicht geht es viel eher darum, der Gesellschaft einen anderen Typ von Entscheidungen zur Verfügung zu stellen, oder eher darum, individuellen Personen neue Motive bereitzustellen, sich diesen Organisationen als Mitglieder und Mitarbeiter zur Verfügung zu stellen. Vielleicht geht es tatsächlich um die Reform der Gesellschaft. Und dann haben wir allen Anlaß, angesichts der Reichweite dieser Aufgabenstellung, für Geduld zu plädieren.

2. Organisation

Diese Überlegungen führen dazu, noch einmal darüber nachzudenken, was es bedeutet, wenn wir von unseren Organisationen, Unternehmen wie Behörden, Schulen wie Theatern, verlangen, daß sie Reformen durchführen. Denn zum einen wird diesen Organisationen damit eine Aufgabe zugeschrieben, die sie nicht erfüllen können, wenn stimmt, was wir hier annehmen: daß das Thema der "Reform" ein gesellschaftliches, kein organisatorisches Thema ist. Und zum anderen geschieht in diesen Organisationen trotz der Unerfüllbarkeit der Aufgabe und im Rahmen dieser Unerfüllbarkeit dennoch etwas ganz Bestimmtes. In diesen Organisationen – und damit in der Gesellschaft, innerhalb derer diese Organisationen operieren – ändert sich auch dann etwas, wenn die Reformen auf durchaus erwartbare Art und Weise immer wieder scheitern. Man wird sogar die Vermutung äußern können, daß es gesellschaftlich nicht ausgeschlossen ist, daß es auf dieses Scheitern ankommt und daß dieses Scheitern jene Veränderungen (zum Besseren?) wie auch jene Nicht-Veränderungen (zum Schlechteren?) nach sich zieht, die immer wieder dazu motivieren, in der Bemühung um "Reform" nicht nachzulassen.

Wenden wir uns daher zunächst dem Thema des Scheiterns einer Reform in einer Organisation zu und versuchen wir anschließend, auf der gesellschaftlichen Ebene nach dem Sinn und der Funktion dieses Scheiterns zu fragen.

Daß Reformen in der Regel scheitern, erkennt man nur, wenn man sich von jenen "mechanisms of hope" nicht blenden läßt, die die Organisationen, hierin unterstützt von der Gesellschaft, entwickeln, um genau diese Einsicht nicht wirksam werden zu lassen. Tatsächlich weisen soziologische Untersuchungen darauf hin, daß eine Reform in einer Organisation eine eigene Form der Praxis ist, die es diesen Organisationen ermöglicht, ihre Fassaden zu modernisieren, ohne ihre Praxis zu verändern.[8] Bereits der Umstand, daß eine Reform die Organisation, die sich ihr unterziehen soll beziehungsweise will, in Reformgegner und Reformbefürworter spaltet, genügt, um in der Organisation etwas anderes geschehen zu lassen als das, was durch die Reform bewirkt werden sollte. Das Mindestergebnis jeder Reform wird es danach sein, daß die Reformbefürworter eine Sprachregelung und die dazu passenden empirischen Verweise finden, die es ihnen ermöglichen, eine Reform als gelungen zu behaupten, die anders (wenn überhaupt) durchgeführt wurde als geplant, und die Reformgegner eine Sprachregelung und die dazu passenden empirischen Verweise finden, die es ihnen ermöglichen, zu belegen, wie es ihnen gelungen ist, eine Reform zu verhindern, die dennoch stattgefunden hat.

Wir müssen hier so scheinbar haarspalterisch formulieren, um auf einen Tatbestand aufmerksam machen zu können, der zumindest in der soziologischen Beobachtung der Organisation nicht von der Hand zu weisen ist.[9] Dieser Tatbestand besteht darin, daß sich die Organisation, obwohl und weil sie als ein autopoietisches System beobachtet werden kann, das sich aus Entscheidungen und nur aus Entscheidungen reproduziert, nicht selbst als Gegenstand einer Entscheidung zur Verfügung steht. Darin besteht eine der großen Paradoxien der Moderne, die bereits Max Weber in seiner Bürokratietheorie der Organisation dazu geführt hat, anzunehmen, daß die Modernisierung (verstanden als Rationalisierung) der Organisation wie der Gesellschaft weniger ein Projekt dieser Gesellschaft ist als vielmehr ihr Schicksal.[10] Und daran ändert sich auch dann nichts, wenn man die Organisation im Rahmen einer Kritik der Prämissen dieser Bürokratietheorie mit Möglichkeiten der Selbstbeobachtung und Kompetenzen der Selbstkorrektur ausstattet.[11] Daß eine Organisation sich durch Entscheidungen reproduziert, bedeutet explizit, daß sie abwarten muß, welche Entscheidungen in der Organisation in welcher Form (annehmend, ablehnend, indifferent, variierend) auf jede einzelne ihrer Entscheidungen Bezug nehmen. Sie reproduziert sich nur als

---

[8] Siehe dazu die Studien in Nils Brunsson und Johan P. Olsen, The Reforming Organization. London: Routledge, 1993; die Begrifflichkeit von John W. Meyer und Brian Rowan, Institutionalized Organizations: Formal Structure as Myth and Ceremony. In: John W. Meyer, W. Richard Scott (Hrsg.), Organizational Environments: Ritual and Rationality. 2. Aufl., Newbury Park: Sage, 1992, S. 21-44; und die daraus abgeleitete Beschreibung der "Poesie der Reformen" in Luhmann, Organisation und Entscheidung, S. 330 ff.

[9] Siehe dazu auch Charles Perrow, Complex Organizations: A Critical Essay. 3. Aufl., New York: McGraw-Hill, 1986; Massimo Warglien und Michael Masuch (Hrsg.), The Logic of Organizational Disorder. Berlin: de Gruyter, 1996; Tore Bakken und Tor Hernes (Hrsg.), Autopoietic Organization Theory: Drawing on Niklas Luhmann's Social System Perspective, Oslo: Abstrakt, 2003.

[10] Siehe Max Weber, Wirtschaft und Gesellschaft: Grundriß der verstehenden Soziologie. Studienausgabe, Tübingen: Mohr, 1990, S. 125 ff. und 551 ff.

[11] So Gorm Harste, The Emergence of Autopoietic Organisation, in: Tore Bakken, Tor Hernes (Hrsg.), Autopoietic Organization Theory: Drawing on Niklas Luhmann's Social System Perspective. Oslo: Abstrakt, 2003, S. 75-102.

hochgradig distributives und rekursives Netzwerk von Entscheidungen, das von keiner Spitze her und aus keinem Zentrum so geleitet werden kann, daß die Art und Weise, wie Entscheidungen auf Entscheidungsvorgaben reagieren, eineindeutig festgelegt werden kann. In dieser Einsicht besteht eine der wichtigsten Entdeckungen der Organisationstheorie der zweiten Hälfte des zwanzigsten Jahrhunderts: Jede Lenkung, Leitung und Gestaltung, das heißt jedes "Management" einer Organisation besteht in Entscheidungen, die Entscheidungsprämissen festlegen, in denen unterstellt wird, daß Anschlußentscheidungen sich an diese Prämissen halten, genau deswegen aber in der realsozialen Dynamik der Organisation offen bleiben muß, ob die Entscheidungen sich an die Prämissen halten.[12] Das heißt, die Prämisse ist eben keine technologisch kausale Engführung, sondern eine Kommunikation, die Engführung anbietet und im Rahmen der "Mikropolitik" von "Machtspielen" auch mit Einflußtechniken (positive Sanktionen, negative Sanktionen oder schlicht Unsicherheitsabsorption)[13] begleitet und dennoch und gerade deswegen abwarten muß, ob ihr die weiteren Entscheidungen folgen oder nicht. Genau deswegen macht es Sinn, die Organisation als soziales System und nicht als Maschine zu beschreiben.[14]

Mit anderen Worten: Die Organisation muß als soziales System voraussetzen, daß in der Organisation beobachtet wird, was in der Organisation geschieht, weil andernfalls in der Organisation gar nichts geschieht – vorausgesetzt, daß Handlungen, Maßnahmen, Entscheidungen aller Art eine Komponente der Selbstverantwortung aufweisen, das heißt nur im Rahmen eigener Beobachtungen sich so festlegen, wie sie sich festlegen.[15] Somit ist jede einzelne Entscheidung, auch die

---

[12] Siehe dazu vor allem Herbert A. Simon, Administrative Behavior: A Study of Decision-Making Processes in Administrative Organization. Reprint New York: Macmillan, 1997; James G. March und Herbert A. Simon, Organizations. 2. Aufl., Cambridge, Mass.: Blackwell, 1993; Richard M. Cyert und James G. March, A Behavioral Theory of the Firm. 2. Aufl., Englewood Cliffs, N.J.: Prentice-Hall, 1992.

[13] Siehe dazu Michel Crozier und Erhard Friedberg, L'acteur et le système: Les contraintes de l'action collective. Paris: Seuil, 1977; Tom Burns, Micropolitics: Mechanisms of Institutional Change. In: Administrative Science Quarterly 6 (1961), S. 257-281; Willi Küpper und Günther Ortmann (Hrsg.), Mikropolitik: Rationalität, Macht und Spiele in Organisationen. Opladen: Westdeutscher Verl., 1988.

[14] Siehe Karl E. Weick, Der Prozeß des Organisierens. Aus dem Amerikanischen von Gerhard Hauck, Frankfurt am Main: Suhrkamp, 1985; ders., Sensemaking in Organizations. Thousand Oaks: Sage, 1995; ders., Making Sense of the Organization. Oxford: Blackwell Business, 2000; und vgl. Dirk Baecker, Organisation als System. Frankfurt am Main: Suhrkamp, 1999; ders., Organisation und Management. Frankfurt am Main: Suhrkamp, 2003.

[15] Darin liegt das Erschrecken einer theoretisch reflektierten Betriebswirtschaftslehre, wie man es vor allem bei Erich Gutenberg, Grundlagen der Betriebswirtschaftslehre, Bd 1: Die Produktion. 24. Aufl., Berlin: Springer, 1983 (etwa S. 244 ff. zu den Stichworten "Dezentralisation" und "Delegation") studieren kann, und wie es seither durch gutwillige Emanzipationstheorien der Organisation (etwa: Edmund Heinen, Einführung in die Betriebswirtschaftslehre. 9., verb. Aufl., Wiesbaden: Gabler, 1992) und die zugehörigen Beratungspraktiken der "Organisationsentwicklung" eher geleugnet denn bewältigt wird.

Entscheidung über eine Entscheidungsprämisse, das Beziehungsangebot einer Kommunikation – und in genau dem Moment keine Kommunikation mehr, in der es nicht als Angebot formuliert wird, und in genau dem Moment kein Angebot mehr, in dem es nicht offen läßt, was daraufhin geschieht. Das aber bedeutet, daß es auch das Entscheidungsverhalten in Organisationen mit jenem Grundgesetz der Kommunikation zu tun bekommt, nachdem es vorteilhafter ist, zweideutig zu kommunizieren als eindeutig zu kommunizieren. Denn die zweideutige Kommunikation bringt denjenigen, der eindeutig reagiert, in die unangenehme Lage, sich festzulegen, während der andere nach wie vor auswählen kann, ob er etwas gemeint hat und was er möglicherweise gemeint hat. Geschickte Akteure, so Eric M. Leifer,[16] vermeiden es, auf eine Rolle festgelegt zu werden, indem sie entweder im Unklaren darüber lassen, wen sie mit einer Kommunikation adressieren, oder, wenn das nicht mehr geht, im Unklaren lassen, was genau sie meinen. Der Fachterminus für diese doppelte Unklarheit ist Ambiguität (target ambiguity und content ambiguity) und damit wird zum Ausdruck gebracht, daß es nicht darauf ankommt, sich einzunebeln, sondern darauf, so zu kommunizieren, daß spezifische und genaue Möglichkeiten des Verständnisses gegeben sind, aber eben immer durchweg *mehrere* Möglichkeiten, zwischen denen eine Entscheidung zu treffen die Kommunikation anbietet, aber nicht vorwegnimmt, so daß derjenige, der reagiert, den schwarzen Peter in der Hand hat.

Nichtsoziologen erscheint die Beschreibung eines solchen Verhaltens als frivol. Das liegt aber nur daran, daß sie die "Mikromomente" (Leifer) des Verhaltens, in denen die Verhandlung darüber, wer sich auf welche Eindeutigkeiten festlegen und damit seines Optionsspielraums berauben läßt, stattfinden, nicht zu beobachten vermögen, sondern die eindeutigen Resultate dieser Verhandlung und die aus ihnen resultierende Ungleichheit der Akteure als soziale Tatbestände hinnehmen, an denen man alles Weitere, die eigenen Handlungen ebenso wie das eigene Selbstverständnis und die anderen angebotenen Selbstbeschreibungen, orientieren kann. Wenn das soziale Verhalten jedoch tatsächlich so eindeutig und damit mechanisch wäre, wäre es kaum gelungen, es so komplex werden zu lassen, wie es nicht nur in Organisationen, sondern auch in Interaktionen oder in der Familie, im Recht, in der Politik, in der Wissenschaft oder in der Wirtschaft (von der Kunst und der Religion zu schweigen) geworden ist. Diese Komplexität, die man deswegen durchaus für ein "mixed blessing" halten kann, ist ihrerseits wiederum die Voraussetzung dafür, daß wir, jeder von uns, uns autonom, das heißt über eigene Anschlüsse entscheidend, in den unübersichtlichen Verhältnissen bewegen können, in denen wir uns bewegen müssen.

Wir können demnach, wiederum mit anderen Worten, davon ausgehen, daß Reformen in Organisationen in Verhältnisse sogenannter Beobachtung zweiter

---

[16] So Eric M. Leifer, Micromoment Management: Jumping at Chances for Status Gain. In: Soziale Systeme: Zeitschrift für soziologische Theorie 8 (2002), S. 165-177; vgl. auch ders., Actors as Observers: A Theory of Skill in Social Relationships. New York: Garland, 1991; und zum Verständnis dieses Verhaltens Erving Goffman, The Presentation of Self in Everyday Life. New York: Anchor Books, 1959.

Ordnung eingebettet sind, in denen jede Handlung, jede Kommunikation, jede Entscheidung sich daran orientieren, daß und wie sie von anderen beobachtet werden und *deswegen* Wert darauf legen, ja legen müssen, sich die Option der Selbstfestlegung zu bewahren, indem sie alle anderen daran hindern, genau zu wissen zu glauben, woran sie sind. Paradoxerweise ist nur unter dieser Voraussetzung davon zu reden, daß die Handlung, die Kommunikation, die Entscheidung jeweils individueller Herkunft (wobei das dahinterstehende "Individuum" auch eine Gruppe, eine Abteilung oder auch die Organisation insgesamt gegenüber anderen Organisationen sein kann) und damit autonomer Art ist und somit den Ansprüchen einer "liberalisierten" Gesellschaft genügt. Gewonnen hat in diesem Spiel,[17] wem es gelingt, jemanden festzulegen, ohne sich selbst festzulegen, wobei es der "liberalen" Gesellschaft überlassen bleibt, auch diese Festlegung wieder aufzulösen. "I would prefer not to",[18] das heißt die Bezeichnung der bloßen Möglichkeit der Präferenz, ohne diese aus der Hand zu geben, ist der dies im Rahmen einer literarischen Darstellung wiederum auf die Spitze treibende Ausdruck einer Paradoxie, die zu den Gründungstatbeständen der Gesellschaft gehört.

Wenn dies so ist, kann man annehmen, daß der Erfolg der Reformabsichten in modernen Organisationen damit etwas zu tun hat, daß Reformen die Optionsspielräume der Kommunikation in Organisationen eher vergrößern als verkleinern. In diesem Sinne verbessert bereits die Absicht der Reform die Organisation, in der diese Absicht kommuniziert wird. Nicht nur haben Reformgegner und Reformbefürworter jetzt noch mehr Möglichkeiten als zuvor, es offen zu lassen, worum es ihnen geht, das heißt die Organisation in jener Schwebe zu halten, in der diese ungleich mehr Möglichkeiten hat, zur Kenntnis zu nehmen, was in ihr und um sie herum vorgeht. Sondern darüber hinaus bietet bereits die Vokabel der "Reform" ausgiebig und unabschließbar die Gelegenheit, offen zu lassen, welche Eigenschaften, Fähigkeiten und Aussichten der Organisation dazu genutzt werden sollen, die Eigenschaften, Fähigkeiten und Aussichten der Organisation zu verändern. Die Reform definiert einen "strategischen Prozeß",[19] in dem die Organisation zuallererst herausfinden muß, wo und wie sie auf sich selbst zurückgreifen muß, um sich selbst zu ändern, und verwickelt die Organisa-

---

[17] – dessen erste Beschreibungen nicht zufällig im Rahmen der sogenannten politischen Klugheitslehre erfolgt sind. Siehe vor allem Baltasar Gracián, Handorakel und Kunst der Weltklugheit. Deutsch von Arthur Schopenhauer. Mit einer Einleitung von Karl Voßler, Stuttgart: Kröner, 1978.

[18] Siehe Herman Melville, Bartleby, in: ders., Billy Budd, Sailor and other Stories. London: Penguin, 1985, S. 57-99. Italo Calvino wollte dieser Geschichte das Kapitel "Konsistenz" seiner "Vorschläge für das nächste Jahrtausend" widmen. Siehe das Vorwort von Esther Calvino in Italo Calvino, Sechs Vorschläge für das nächste Jahrtausend: Harvard-Vorlesungen. Aus dem Italienischen von Burhart Kroeber, München: Hanser, 1991.

[19] Im Sinne von Reinhart Nagel, Rudolf Wimmer und osb international, Systemische Strategieentwicklung: Modelle und Instrumente für Berater und Entscheider. Stuttgart: Klett-Cotta, 2002.

tion daher in einen Vorgang der "nichttrivialen Transformation",[20] der die Organisation schon dadurch und ebenso unvorhersehbar wie unberechenbar verändert, daß sie sich selbst als Sachverhalt entdeckt, der als mit sich identisch behauptet werden muß, um so verändert werden zu können, daß er nicht mehr mit sich identisch ist.

Nichts anderes bringt die Vokabel der "Re-Form" zum Ausdruck: Die Wiedereinführung ("Re") der Organisation in die "Form" der Organisation zum Zwecke der Veränderung der Organisation. Damit sind logische und sachliche Ambiguitätsgewinne verbunden. Die logischen Ambiguitätsgewinne liegen darin, daß die in die Organisation wiedereingeführte Organisation nicht die Organisation "selbst" ist, sondern ihre "Beschreibung".[21] Diese logische Differenz ist wiederum unabschließbar die Bedingung dafür, daß unvorhersehbar und unberechenbar auf Differenzen zwischen dieser Beschreibung und der Organisation aufmerksam gemacht wird – und dies einzig begrenzt durch den Einfallsreichtum von Beobachtern, die sich an Werten, Interessen, Enttäuschungen, Erfahrungen oder auch nur daran orientieren, endlich einmal jenen Frust oder jene Fähigkeit zur Begeisterung zum Ausdruck bringen zu können, die sie schon lange ungenutzt mit sich herumtragen.[22] Die sachlichen Ambiguitätsgewinne ergeben sich aus dem Ausnutzen der logischen Zweideutigkeit, kommen jedoch darüber hinaus dadurch ins Spiel, daß die Beschreibung der Organisation unabzählbar viele Freiheitsgrade in der Entscheidung darüber hat, welche Binnensachverhalte der Organisation (Produkte, Personal, Programme, Verfahren, Ressourcen, Arbeitsteilung, Kompetenzverteilung usw.) und welche Außensachverhalte der Organisation (Märkte, Kapital, shareholder und stakeholder, politisches Umfeld, kulturelle Bedingungen, religiöse und ethnische Besonderheiten der Kunden- und Mitarbeitermotivation usw.) zur Sprache kommen und welche nicht. Da die wiedereingeführte Organisation inklusive ihrer Umwelt nichtidentisch ist mit dieser Organisation und dieser Umwelt selbst, ist der Streit darüber, um welche Organisation und welche Umweltausschnitte es geht, ebenso unabschließbar wie unentscheidbar. Und genau darum, das ist der Sinn der hier vorgetragenen Überlegungen, könnte es gehen.

---

[20] Im Sinne von Dirk Baecker, Nichttriviale Transformation. In: Soziale Systeme 1 (1995), S. 100-117, wiederabgedruckt in ders., Poker im Osten: Probleme der Transformationsgesellschaft. Berlin: Merve, 1998, S. 34-70.

[21] Deswegen unterscheidet der an der Form der Wiedereinführung interessierte Formenkalkül von George Spencer-Brown zwischen "cross" (dem Treffen einer Unterscheidung) und "marker" (der Bezeichnung, also Wiedereinführung, der getroffenen Unterscheidung). Siehe Gesetze der Form. Aus dem Englischen von Thomas Wolf, Lübeck: Bohmeier, 1997.

[22] Siehe dazu einschlägig Michael D. Cohen, James G. March und Johan P. Olsen, A Garbage Can Model of Organizational Choice. In: Administrative Science Quarterly 17 (1972), S. 1-25, deutsch in James G. March (Hrsg.), Entscheidung und Organisation: Kritische und konstruktive Beiträge, Entwicklungen und Perspektiven. Aus dem Englischen von Karl-Heinz Gschrey, Wiesbaden: Gabler, 1990, S. 329-372.

3. Strukturelle Kopplung

Interessanterweise ist die Beobachtung des vielfachen Scheiterns von Reformen im Beobachtungsalltag der Organisation kein Grund dafür, die entsprechenden Bemühungen einzustellen. Wir müssen vielmehr davon ausgehen, daß auch – oder vielleicht gerade? – eine in der Organisation scheiternde Reform ihren Zweck erfüllt, die Gesellschaft in einer ganz bestimmten Hinsicht auf ihre gegenwärtigen Zustände hin zu beobachten. Die Reform und ihr Scheitern sind nur die beiden Seiten einer strukturellen Selbsterkundung der Gesellschaft im Hinblick auf die Ausdifferenzierung und Reichweite der Kommunikation von Entscheidungen. Oder anders formuliert, die Zweiseitenform der Reform, die Überschätzung der Möglichkeiten des Zugriffs einer Organisation auf sich selbst auf der einen Seite und die Erfahrung eines schwer zuzurechnenden Widerstands der Verhältnisse gegen die Reform auf der anderen Seite, ist die Form, in der sich die Gesellschaft über die Realität der Autopoiesis von Entscheidungen informiert, die sie in der Typik organisierter Sozialsysteme in der Gesellschaft ausdifferenziert.

Wir entfalten dieses Argument in zwei Überlegungen. Erstens untersuchen wir die Organisation als strukturelle Kopplung zwischen verschiedenen Funktionssystemen der Gesellschaft. Und zweitens fragen wir noch einmal genauer, worin die Besonderheit und das mögliche Risiko der Kommunikation von Entscheidungen besteht. Beide Überlegungen verdanken sich Überlegungen, die Niklas Luhmann in seinem postum veröffentlichten Buch über "Die Politik der Gesellschaft" vorgelegt hat.[23]

Die erste Überlegung kreist um das Konzept der "strukturellen Kopplung", das Luhmann aus der Biologie lebender Systeme von Humberto R. Maturana übernommen und in dem späten Buch über die Politik der Gesellschaft mit einer radikalen Wendung versehen hat.[24] Das Konzept der strukturellen Kopplung antwortet auf das Problem, daß es schwierig wird, offensichtliche Zustände der ökologischen, also nicht über Supersysteme vermittelten, Anpassung von Systemen an ihre Umwelt zu erklären, wenn man mit der Theorie autopoietischer Systeme davon ausgeht, daß diese Systeme operativ geschlossen sind, das heißt zwar Energie und Materie, jedoch keine Information aus ihrer Umwelt aufneh-

---

[23] Siehe Niklas Luhmann, Die Politik der Gesellschaft. Hrsg. von André Kieserling, Frankfurt am Main: Suhrkamp, 2000.

[24] Siehe Luhmann, Die Politik der Gesellschaft, S. 373 f.; und vgl. neben Humberto R. Maturana, Biologie der Realität. Übersetzt von Wolfram K. Köck, Frankfurt am Main: Suhrkamp, 2000, S. 104 f., 165 u.ö., auch Humberto R. Maturana und Gloria D. Guiloff, The Quest for the Intelligence of Intelligence. In: Journal of Social and Biological Structure 3 (1980), S. 135-148; und Humberto R. Maturana, "Information – Mißverständnisse ohne Ende". In: Delfin VII (1986), S. 24-27. Ferner auch Niklas Luhmann, Probleme mit operativer Schließung. In: ders., Soziologische Aufklärung 6: Die Soziologie und der Mensch. Opladen: Westdeutscher Verl., 1995, S. 12-24.

men und an diese wieder abgeben.[25] Das Konzept der strukturellen Kopplung läuft darauf hinaus, diese Umweltanpassung (inklusive der Anpassung an verschiedene Systeme in der Umwelt eines Systems) als bereits gegeben anzunehmen und damit aus der Reichweite der Operationen eines Systems herauszunehmen. Ein System kann sich nicht an seine Umwelt anpassen. Es kann sich – statt dessen – nur von den Strukturen irritieren lassen, die seine Anpassung bereits sicherstellen, während es sich autopoietisch reproduziert. Alle Antizipation und daraus abzuleitende Planung, Lenkung, Politik (im Sinne von policy) und Strategie hat ihre Anhaltspunkte in einer Beobachtung der Umwelt, die aus der Beobachtung der Differenz zwischen Zuständen der strukturellen Kopplung und Zuständen der Selbstreproduktion gewonnen wird.[26] Die Beobachtung der Umwelt ist eine externalisierte Selbstbeobachtung, die sich über die Unzugänglichkeit (für das System) sowohl der Zustände der strukturellen Kopplung als auch der Zustände der eigenen Reproduktion vor der Einsicht in diese Externalisierung schützt. Man muß das freudsche Verfahren der Psychoanalyse um Möglichkeiten der Bio- und Sozioanalyse ergänzen, um diesem Sachverhalt in einer von außen (aber was heißt das?) gestützten Selbstbeobachtung auch für die Fälle organischer und sozialer Systeme auf die Spur zu kommen.

Wir nehmen dieses komplizierte, um nicht zu sagen: verwickelte, Argument hier nur zur Kenntnis, um auf Luhmanns These Bezug nehmen zu können, daß Organisationen in der modernen Gesellschaft von dieser Gesellschaft dafür in Anspruch genommen werden (können), die Funktionssysteme der Gesellschaft untereinander strukturell zu koppeln.[27] Die oft beobachtete Multireferentialität von Organisationen, die sich nicht damit bescheiden können, mit ihren Programmen einem ausgewählten Funktionssystem zuzuarbeiten, sondern sich zugleich auf mehrere beziehen,[28] findet in dieser These ihre soziologische Erklärung. Eine Universität, die nicht nur erzieht, sondern auch forscht; eine Behörde, die nicht nur Macht ausübt, sondern dafür auch das Recht in Anspruch nimmt; ein Theater, das nicht nur an der Ästhetik von Dramaturgien arbeitet, sondern sich auch um die Kulturpolitik kümmert; eine Kirche, die neben der Seelsorge auch die Krankenpflege im Programm hat; und ein Krankenhaus, das mit Kranken Gewinne macht, sind allesamt Beispiele für Organisationen, die sich auf

---

[25] Siehe zu den Voraussetzungen und Konsequenzen dieser Theoriedisposition vor allem die Beiträge in Heinz von Foerster, Understanding Understanding: Essays on Cybernetics and Cognition. New York: Springer, 2003.

[26] Dementsprechend anspruchsvoll wird das Konzept der „Antizipation". Siehe dazu Robert Rosen, Planning, Management, Policies and Strategies: Four Fuzzy Concepts. In: International Journal of General Systems 1 (1974), S. 245-252; ferner ders., Anticipatory Systems: Philosophical, Mathematical and Methodological Foundations. Oxford: Pergamon Pr., 1985.

[27] Siehe zu einer anderen Fassung dieser These auch Tania Lieckweg, Strukturelle Kopplung von Funktionssystemen "über" Organisation. In: Soziale Systeme 7 (2001), S. 267-289.

[28] Siehe nur Christof Wehrsig und Veronika Tacke, Funktionen und Folgen informatisierter Organisationen. In: Thomas Malsch und Ulrich Mill (Hrsg.), ArBYTE: Modernisierung der Industriesoziologie? Berlin: edition sigma, 1992, S. 219-239.

mehrere (und nicht unbedingt nur zwei) Funktionssysteme und deren jeweilige Codes zugleich bezieht und in dieser Form, so Luhmann, diese Funktionssysteme untereinander strukturell koppeln. Indem eine Organisation Programme verfolgt, die mehrere Funktionssystembezüge zugleich aufweisen, trägt sie dafür Sorge, daß die jeweiligen Funktionssysteme – die ihre kommunikativen Operationen (Erziehung, Forschung, Machtausübung, Rechtsfindung, Kunst, Kultur, Seelsorge, Krankenbehandlung, Zahlungen) nur reproduzieren können, wenn und indem sie neben Personen auch Organisationen finden, die sich für diese Operationen zur Verfügung stellen – an die Gesellschaft strukturell gekoppelt und damit angepaßt sind, in der sie sich ausdifferenziert haben.

Diese These ist in mehrfacher Hinsicht interessant. Denn erstens macht sie deutlich, daß eine Organisation neben ihrem täglichen Entscheidungsbetrieb, der ihre Aufmerksamkeit absorbiert, in der Form dieses Entscheidungsbetriebs für eine gesellschaftliche Funktion in Anspruch genommen wird, von der sie in der Regel nichts ahnt. Insofern müßte man, wenn dieses Wort nicht schon anders besetzt wäre, nicht von einem "Kapitalismus", sondern von einem "Sozialismus", einem Vergesellschaftungsmodus, sprechen, der sich "hinter dem Rücken" der Organisationen vollzieht.

Zweitens kann man aus dieser These ohne großen Aufwand ein Argument ableiten, das zu erklären vermag, warum es trotz des Scheiterns der meisten Reformbemühungen in Organisationen immer wieder dazu kommt, daß weitere Reformbemühungen unternommen werden. Denn die verschiedenen Funktionssystembezüge stehen innerhalb einer Organisation nicht unbedingt in einem harmonischen Verhältnis zueinander, sondern können durchaus miteinander konfligieren. Die Anpassung der Funktionssysteme an die Gesellschaft und an andere Funktionssysteme in dieser Gesellschaft ist nichts, was sich im Sinne einer prästabilierten Harmonie von selbst vollzieht und daher von der Organisation nur wohlwollend begleitet werden muß, sondern ist Gegenstand eines Streites jeder Kommunikation mit sich selbst, das heißt ist Gegenstand eines Widerstands und Widerspruchs, den jede einzelne Kommunikation in der Organisation mit sich selber und mit allen anderen Kommunikationen der Organisation austragen muß. Deswegen weist Luhmann darauf hin, daß diese Funktion der strukturellen Kopplung am besten in der Form eines "nichtbeliebigen Durcheinanders" erfüllt werden kann, das heißt einer möglichst weitgehenden Realisierung des Organisationsprinzips der losen Kopplung.[29]

Denn man braucht angesichts dieses nichtbeliebigen Durcheinanders, dessen Nichtbeliebigkeit den meisten Mitarbeitern, Entscheidungsträgern und Beratern der Organisation durchweg entgeht, nur eine unter den mehreren Funktionssystemperspektiven besonders hervorzuheben und stark zu machen, um einen "case for reform" zu haben. Die Universität muß reformiert werden, um angesichts

---

[29] So Luhmann, Die Politik der Gesellschaft, S. 397 f., mit Verweis u.a. auf Karl E. Weick, Educational Organizations as Loosely Coupled Systems. In: Administrative Science Quarterly 21 (1976), S. 1-19.

des Bedarfs der "Wissensgesellschaft" ihrem Erziehungsauftrag nachzukommen
– um die Forschung kümmert sich die Industrie; die Behörde muß reformiert
werden, um das Bürgerinteresse zum Maßstab aller Entscheidungen zu machen –
um die damit einhergehende Korruption kümmern sich die Gerichte, um den
damit noch nicht gedeckten Bedarf an Machtausübung die Amerikaner; das Theater muß reformiert werden, um mehr Anschlußstellen für Sponsoren zu schaffen – um die Kunst kümmert sich die Theaterwissenschaft; die Kirche muß reformiert werden, um dem Elend in der Welt wirksamer entgegentreten zu können – um die Seelsorge kümmert sich der Buchmarkt; die Krankenhäuser müssen reformiert werden, um kostengünstiger arbeiten zu können – die Kranken
bleiben sowieso besser zu Hause; und so weiter. Jeder dieser Ansprüche ist gut
begründet und kann sich auf allgemein geteilte Werte berufen – und schafft auf
der Ebene seiner unberücksichtigten Nebenfolgen zugleich andernorts weiteren
Bedarf an weiteren Reformen. Denn dann muß die Industrie reformiert werden,
um sich auf ihre Märkte zu besinnen; muß Amerika reformiert werden, um völ-
kerrechtlichen Ansprüchen an die Politik der Weltgesellschaft zu genügen; muß
die Theaterwissenschaft reformiert werden, um wieder zu Aussagen befähigt zu
werden, sich nach "wahr" und "unwahr" unterscheiden lassen; muß der Buchmarkt reformiert werden, um wieder kulturellen Ansprüchen an das "gute Buch"
gerecht zu werden; und müssen die Kranken reformiert werden, um ihren Glauben an das Gesundheitssystem wiederzufinden.

Indem die Organisationen ihre Funktion der strukturellen Kopplung der Funktionssysteme erfüllen, treiben sie aus sich heraus einen Bedarf an Reformen hervor.

Wir können dann drittens vermuten, daß diese Reformen die Funktion der strukturellen Kopplung nicht bedrohen, sondern gerade dann, wenn sie scheitern,
diese Funktion ihrerseits absichern. Denn indem ein Funktionssystembezug im
Rahmen der Agenda einer dieser Reformen eine besondere Prominenz gewinnt,
fällt in den Organisationen auf, daß man es sich gar nicht leisten kann, dieser
Prominenz anders denn auf der Ebene der Semantik, das heißt des "talk", nicht
des "action",[30] nachzukommen. Der Widerstand einer Organisation gegen ihre
Reform ist strukturell und funktional aus den vernachlässigten, aber organisatio-
nal wie gesellschaftlich unabdingbaren anderen Funktionssystembezügen motiviert. Man wird dies, daran habe ich keinen Zweifel, überprüfen können, wenn
man sich die Argumente, die vorgebracht werden, aus diesem Blickwinkel an-
schaut. Das heißt, indem eine Reform den Streit über die Reform hervorruft, die
Organisation in Reformbefürworter und Reformgegner spaltet und schließlich
scheitert, aktualisiert sie die Multireferentialität der Organisation und sichert
damit die Fähigkeit der Organisation, mehrere Funktionssysteme strukturell zu
koppeln. Die grelle Beleuchtung eines Funktionssystems (im Moment mit Vor-
liebe: der Wirtschaft) durch eine Reformabsicht läßt im Halbdunkel um so besser

---

[30] So die Unterscheidung von Nils Brunsson, The Organization of Hypocrisy: Talk, Decision
and Actions in Organizations. Chichester: Wiley, 1989.

alle anderen Funktionssystembezüge erkennbar werden. In der Form der Kommunikation einer Reformabsicht beschreibt die Organisation sich selbst. Daher muß die Reform nur dazu auch durchgeführt werden beziehungsweise ihr Gelingen deklariert werden, daß diese Selbstbeschreibung mit hinreichender Ernsthaftigkeit und Tiefenschärfe vorgenommen wird.

Nicht zuletzt stellt die Organisation damit auch die eigene strukturelle Kopplung an die Gesellschaft und ihre Funktionssysteme sicher – ganz zu schweigen davon, daß der Streit über die Reform auch die Bewußtseinssysteme der beteiligten Personen wieder motiviert, sich in der Organisation für die Organisation zu engagieren, und damit die strukturelle Kopplung von Sozialsystem Organisation und psychischen Systemen in der Umwelt des Sozialsystems bedient.

Dies ist dann viertens auch die Erklärung dafür, daß die Organisation, obwohl sie auf Entscheidungen abstellt, jenes "micromoment management" akzeptiert, wenn nicht sogar fördert, das Eric M. Leifer beschreibt. Denn in diesem Verhalten, mit dessen Hilfe geschickte Akteure Ambiguitäten aufrechterhalten und weniger geschickte Akteure an deren Eindeutigkeitsbedarf aufhängen, gibt es neben der individuellen Komponente der Vermeidung des Rollenverhaltens auch eine gesellschaftliche Komponente, die darauf dringt, jede Kommunikation einer Entscheidung in der Organisation multifunktional zumindest insoweit offen zu halten, daß sie zwar ihre jeweilige Entscheidung (für eine Zahlung, für eine Krankenbehandlung, für eine Rechtsprechung, für eine Theaterinszenierung und so weiter) begründet und durchsetzungsfähig macht, zugleich jedoch Verweise auf andere Funktionen (und sei es in der Form des Widerspruchs gegen sie) mitführt. Die Ambiguität ist kein Defekt von Entscheidungsträgern oder gar Organisationsstrukturen, die es irgendwie nicht schaffen, die erforderliche Entschlossenheit zur Eindeutigkeit aufzubringen, sondern sie ist die unabdingbare Voraussetzung dafür, daß weitere Entscheidungen, die andere Rücksichten nehmen müssen, an jede einzelne Entscheidung anschließen können. Unsicherheitsabsorption und Ambiguitätsproduktion sind die beiden Seiten derselben Medaille der Kommunikation einer Entscheidung, die geeignet ist, von der Autopoiesis einer Organisation zu deren Selbstreproduktion rekrutiert zu werden.

4. Zukunft

Die zweite Überlegung, die wir aus der Zweiseitenform der Reform (der Überschätzung von Reformmöglichkeiten einerseits und der Erfahrung eines unzurechenbaren Widerstands der Verhältnisse andererseits) gewinnen, ist eine Überlegung zum Risiko der Ausdifferenzierung von Entscheidungszusammenhängen, genannt "Organisationen", auf das sich die Gesellschaft mit dieser Ausdifferenzierung eingelassen hat.

Mit der Kommunikation von Entscheidungen, so lautet das hierzu entwickelte Argument von Luhmann,[31] läßt sich die Gesellschaft auf einen Typ von Kom-

---

[31] Siehe wiederum Luhmann, Die Politik der Gesellschaft, S. 144 ff. Luhmann beruft sich für seine Analyse der Entscheidung auf G. L. S. Shackle, Decision, Order and Time in Human

munikation ein, der sich ganz im Gegensatz zu seiner typisch modernen Selbst-darstellung nicht in der Klärung von Sachverhalten und ganz im Gegensatz zu seiner ebenso typisch modernen Kritik nicht in der Produktion von sozialer Un-gleichheit (zwischen denen, die die Entscheidungen treffen, und denen, die sie ausführen beziehungsweise aushalten müssen) erschöpft, sondern sein strukturell wichtigstes Moment in der Schaffung von Zeit durch die Inanspruchnahme von Zeit hat. Auch das wird von Reformbestrebungen verfehlt, die glauben, in Orga-nisationen Sachlichkeit ("Rationalisierung") und soziale Rücksichtnahme ("Hu-manisierung") durchsetzen zu müssen. Statt dessen arbeitet jede Reformbemü-hung diesem Zeitmoment der Kommunikation von Entscheidungen in die Hän-de, indem auch sie, die Reform, die Zukunft der Organisation von ihrer Vergan-genheit unterscheidet und für das Austragen und Durchsetzen dieses Unter-schieds ihre flüchtige Gegenwart in Anspruch nimmt.

Denn genau darum geht es. Indem eine Entscheidung kommuniziert wird, wird zum einen kommuniziert, daß sich die Zukunft der Organisation, in der die Ent-scheidung getroffen wird, von jener Zukunft unterscheidet, die sich einstellen würde, wenn die Entscheidung nicht getroffen wird; wird zweitens kommuni-ziert, daß man die Vergangenheit der Organisation zwar respektiert, sich aber von dieser Vergangenheit nicht in der Sicherheit wiegen läßt, alles sei bereits zum Besten bestellt; und wird drittens kommuniziert, daß man nicht zögert, eine be-reits durch alle möglichen Absichten, Aufträge, Programme und Arbeiten be-stimmte Gegenwart auch noch dazu zu nutzen, etwas Neues in Angriff zu neh-men, und sei es auch nur das Neue der Durchsetzung der Routinen der Organi-sation gegen ihre eigenen entropischen Tendenzen. Die Entscheidung unter-scheidet zwischen Vergangenheit und Zukunft im allgemeinen und zwischen Vergangenheit und Zukunft der Organisation im besonderen. Indem sie getrof-fen wird, verläßt sie sich darauf, daß ihr diese Differenz der Zeithorizonte hilft, und das heißt: indem sie getroffen wird, bestätigt sie die Differenz der Zeithori-zonte und macht sie die Zeit, die sie in Anspruch nimmt.

Diese Performativität der Entscheidung läuft einem gesellschaftlichen Zeitemp-finden zuwider, demzufolge die Vergangenheit festlegt und die Zukunft ebenso offen wie unbekannt ist. Die Entscheidung einer Organisation hingegen, das heißt die Kommunikation einer Entscheidung, die für sich (!) in Anspruch nimmt, daß ihr weitere Entscheidungen folgen, läßt sich von keiner Vergangen-heit festlegen und nimmt ausgerechnet die offene und unbekannte Zukunft für die Festlegung der Zustände, die sie zu realisieren beabsichtigt, in Anspruch.[32]

Affairs. 2. Aufl., Cambridge: Cambridge UP, 1969. Dessen Ausgangspunkt liest sich bereits auf S. 3 folgendermaßen: "Decision means literally a cut; and this I take to be the most esen-tial aspect of its meaning in our spontaneous, intuitive, everyday and almost universal usage, betraying our attitude to our life and the human condition and our apprehension of the essen-tial nature of that life as a process of creation. Decision, as all of us use the word, is a cut between past and future, an introduction of an essentially new strand into the emerging pat-tern of history."

[32] Siehe dazu auch Luhmann, Organisation und Entscheidung, S. 152 ff.

Zwar schützt sie sich vor der Maßlosigkeit (die Tradition sprach von "hybris") dieses Unterfangens, indem sie auf zukünftige Entscheidungen Bezug nimmt, für die bereits jetzt dasselbe gilt, das heißt die Freiheitsgrade gegenüber der gegenwärtig auf sie Bezug nehmenden Entscheidung wahrnehmen werden und wahrnehmen müssen, um Fehler zu korrigieren, um sich dem Lauf der Dinge anzupassen, aber auch: um die ursprüngliche Absicht tatsächlich zu realisieren. Aber das ändert nichts daran, daß sie die Differenz zwischen Vergangenheit und Zukunft trifft und damit zum einen einem sozialen Gedächtnis zuarbeitet, das primär als soziales Vergessen zu beschreiben ist,[33] und zum anderen die Gesellschaft mit einer vor der Ausdifferenzierung von Organisationen unbekannten Fülle an möglichen Zukünften beglückt. War die Zukunft der Gesellschaft bisher allenfalls kosmologisch als Wiederkehr des Gleichen oder religiös als Wiedergutmachung allen Unrechts dieser Welt vorstellbar, so hat man es, seit es Gerichte, Banken, Schulen, Kirchen, Behörden, Theater, Krankenhäuser und Unternehmen gibt, plötzlich mit allen möglichen Aussichten zu tun, denen die eigene Gegenwart und das, was man von seiner Vergangenheit noch kennt, allererst einmal sich gewachsen zeigen müssen: Man kann sich auf Konflikte einlassen, weil sie sich rechtlich beilegen lassen werden; man kann in ungeahnte Produktionsprogramme investieren, weil Banken glauben, ihre Kredite entweder wieder eintreiben oder rechtzeitig veräußern zu können;[34] man kann seinen eigenen Kindern eine andere Zukunft versprechen, als man sie selber erreichen kann (mit allen Identitätsproblemen, die sich für die Kinder mit diesem Abschied von der eigenen Herkunft ergeben), weil Schulen bereit stehen, die nicht nur Bildung, sondern auch Ausbildung versprechen; man kann Luthers Aufforderung, kräftig zu sündigen (peccate fortiter) folgen, weil die Kirche schon jetzt darauf verweist, daß man sich ihr eines Tages reuig wieder zuwenden wird; man kann in hochwassergefährdeten (oder historisch von anderen in Anspruch genommenen) Gebieten siedeln, weil man schon jetzt weiß, welche Behörden (beziehungsweise Politiker) für Schadensersatz (beziehungsweise hilfreiche militärische Einsätze) in Frage kommen; man kann sich auf ein ungebundenes Leben mit Gleichgesinnten einlassen, indem man verspricht, das eigene Theater in den Dienst der moralischen Erziehung der Gesellschaft zu stellen; man kann auf Sport verzichten, weil das Gesundheitssystem auch unter diesen Umständen (wenngleich nicht mehr ohne Ermahnung) bereit ist, für wellness aufzukommen; man kann nicht erneuerbare Ressourcen verbrauchen, weil Unternehmen durch nichts daran zu hindern sind, ihre Innovationskraft in den Dienst der Gesellschaft zu stellen, und rechtzeitig Ersatz für diese Ressourcen schaffen werden; und so weiter.

---

[33] So Elena Esposito, Soziales Vergessen: Formen und Medien des Gedächtnisses der Gesellschaft. Frankfurt am Main: Suhrkamp, 2002.

[34] Daß der Ausgriff der Finanzmärkte in die Zukunft im Rahmen der Globalisierung der Wirtschaft Entwicklungsländer vor Probleme stellt, denen man mit dem Verweis auf den Segen liberalisierter Märkte für Güter und Dienstleistungen nicht gerecht wird, zeigt jüngst Clive Crook, A Cruel Sea of Capital: A Survey of Global Finance. In: The Economist, May 3rd 2003 (auch unter: www.economist.com/surveys).

Jede einzelne Reform, wo auch immer sie unternommen wird, unterstreicht diese Inaussichtnahme einer besseren Zukunft und den dazu passenden Optimismus, die Dinge jetzt in die Hände nehmen zu können. Aber jede einzelne Reform, warum wäre sie sonst nötig, unterstreicht auch, daß es ganz so einfach wohl doch nicht ist. In diesem Sinne ist eine Reform für diejenigen, die sie betreiben, eine lange nicht versiegende Quelle der Begeisterung an einer anderen Zukunft, und für diejenigen, die sie beobachten, ein untrügliches Vergrößerungsglas weniger für die Mißstände (das wäre die Sprachregelung der Reformbefürworter) als vielmehr für die Wirklichkeit der Verhältnisse.

Durch den Zukunftsmodus ihrer Entscheidungen haben Organisationen nicht nur die Behauptung in die Welt gesetzt, sie könnten und sie würden die Verhältnisse ändern, sondern zugleich damit auch das Risiko, das darin liegt, daß sie mit dieser Behauptung Recht haben. Es obliegt daher Reformen, die Gesellschaft mit einer Selbstbeschreibung von Organisationen zu versorgen, die diese dazu nutzen kann, sich über den jeweiligen Stand der Dinge in Sachen Ausdifferenzierung von Entscheidungen ins Bild zu setzen.[35] Das gelingt auch und gerade dann, wenn die Reformen scheitern. Insofern muß man annehmen, daß der gegenwärtige Reformbedarf, der angesichts zahlreicher "Krisen" der Institutionen der Gesellschaft ausgerufen wird, zumindest das Gute hat, daß die Gesellschaft mehr über sich weiß, als sie eigentlich wissen möchte. Evolutionär ungleich gefährlicher wäre es, wenn es umgekehrt wäre und niemand nirgendwo einen Reformbedarf erkennen könnte. Deswegen haben, um die Paradoxie auf die Spitze zu treiben, nur die Soziologen Unrecht, die behaupten, daß Reformen sowieso nichts ändern.

---

[35] Das ist natürlich nicht der einzige Modus der Fremdbeobachtung durch beobachtete Selbstbeobachtung. Siehe zu einem unaufgeregteren Modus, der das "nichtbeliebige Durcheinander" innerhalb von Organisationen durch ein ebensolches Durcheinander zwischen Organisationen ergänzt, Michael Power, The Audit Society: Rituals of Verification. Oxford: Oxford UP, 1997.

Reform – zwischen Organisation und Gesellschaft

Giancarlo Corsi

1.

Seit nunmehr einigen Jahrhunderten herrscht in allen gesellschaftlichen Berei-chen großes Vertrauen darin, das Bestehende durch Reformen verbessern zu können. Der Begriff Reform verweist natürlich vor allem auf den Namen Luther und auf das Schisma. Aber man kann auch an den aufklärerischen Anspruch denken, durch Vernunft den Stand der Dinge ändern und den sozialen Wandel kontrollieren zu wollen, oder an die Verfassungsreformen des 19. Jahrhunderts und an die für die heutige Zeit typischen Ansprüche an die Politik. Die bisheri-gen Erfahrungen damit sind sehr schwer zu interpretieren, erlauben zumindest keinen besonderen Optimismus. Worte wie Reform oder Innovation werden trotzdem auf allen Diskussionsebenen inflationär gebraucht: auf der Ebene der Gesamtgesellschaft, wenn es darum geht, Lösungen für Probleme epochaler Tragweite zu finden (soziale Exklusion, weltweite Konflikte, wirtschaftliche In-stabilität und Fluktuationen usw.); auf der Ebene der einzelnen Teilsysteme, wie die Extremfälle Erziehung und Politik zeigen;[1] auf der Ebene der formalen Or-ganisation, mit ihren vielen Varianten und Vorstellungen von Innovation (der Technologie, der Prozesse usw.).

Reformen werden in der Regel zugleich als notwendig und schwierig zu realisie-ren verstanden. Man geht davon aus, dass soziale Strukturen im Grunde Folgen von Planungen sind und deswegen durch Entscheidungen geändert werden kön-nen – und das legitimiert die Forderung nach Interventionen, die auf Innovation zielen. Wenn es darum geht, die Ergebnisse von Reformplanungen zu evaluieren, lassen sich jedoch meistens Enttäuschung und Unschlüssigkeit registrieren, die sich dann ihrerseits in mehr oder weniger regelmäßigen Wellen in Richtung Re-signation und Skepsis verdichten oder in deren Gegenteil: in Enthusiasmus und gutem Willen. Dieses ständige Oszillieren wird außerdem durch die Art und Weise hervorgerufen, wie sich die moderne Gesellschaft vor allem durch ihre Öffentlichkeit selbst beobachtet und beurteilt: durch statistische Stilisierung der sozialen Verhältnisse, durch Zahlen, mögliche künftige Szenarien, Trends, Ver-änderungen und Abweichungen von der „Normalität" usw. Die Chancen, die diese Art von Konstruktion bietet, liegen auf der Hand. So lassen sich damit unterschiedliche Tatbestände vergleichen, damit notwendige Veränderungen der vorliegenden Strukturen begründen, Differenzen – z.B. Entwicklungsunterschie-

---

[1] Man denke an die „permanente Reform" der Pädagogen oder an die deutlichen Oxymoren bestimmter politischer Bezeichnungen: revolutionäre Tradition (China), institutionalisierte Revolution (Mexiko), Reformtradition (Europa).

de – ausgleichen oder man kann sich an die Spitze in diesem oder jenem Bereich setzen (Konkurrenzfähigkeit der Unternehmen, Prozentzahlen von Hochqualifizierten, gesetzliche Garantien usw.). Da die aktuelle Gesellschaft an Neuerungen und Abweichungen stark orientiert ist, handelt es sich aus dieser Perspektive um einen endlosen Prozess. Denn die Annahme ist wohl absurd, dass es zu einem genauen Gleichgewicht oder einer „gleichen" Verteilung der vielen verschiedenen, heute massenhaft verfügbaren Parametern oder einer Einebnung der Unterschiede kommen könnte. Daran kann man sehen, dass der Anstoß zu Reformen immer Vergleiche zwischen verschiedenen Wertmessungen erfordert und sich nicht aus einer „objektiven" (ontologischen) Bewertung bestimmter Tatbestände ergeben kann. Es muss immer schlimmer sein, bevor es besser werden kann.

Dann stellt sich die Frage, ob die Reformobsession nicht einfach nur eine Art Begleiterscheinung der besonderen Struktur moderner Gesellschaft ist oder ob man es mit den Schwierigkeiten eines Gesellschaftssystems zu tun hat, das zugleich extrem stabil (auf der Ebene seiner Hauptdifferenzierungsform) und extrem instabil (auf der Ebene aller Sekundärstrukturen) ist:[2] extrem tolerant gegenüber dem Neuen und zugleich extrem totalitär, da es keine andere primäre Struktur zulässt.[3] Gerade aufgrund dieser Merkmale moderner Gesellschaft zwingt das Thema Reform, die Aufmerksamkeit auf zwei Themenkomplexe zu lenken: Die Frage des Verhältnisses von Organisationen und Gesellschaft und die Frage des Verhältnisses von Evolution und Planung[4]. Die erste Frage stellt sich deswegen, weil Organisation und Gesellschaft die für Reformen notwendigen Bezüge darstellen, will man die soziale Wirklichkeit „verbessern". Die zweite Frage findet ihre Relevanz darin, dass Reformen eben dann hoch problematisch werden, wenn sie den Unterschied von (zu reformierender) Vergangenheit und (zu verbessernder) Zukunft steuern und kontrollieren wollen.

Bevor wir uns diesen beiden Themen annähern, sind jedoch einige Bemerkungen zur semantischen Evolution des Begriffs Reform und zu den aktuellen Besonderheiten nötig. Damit sollen die Modernität des Phänomens und die strukturellen Unterschiede hervorgehoben werden, die ihre Voraussetzung sind.

2.

Aus der historischen Forschung zum Thema „Reform" weiß man, dass Bedeutung und Sinn von Worten wie Innovation, Reform oder Revolution sich in der Übergangsphase zur Moderne rasch und tiefgreifend verändert haben.[5] Die ältere

---

[2] In der kybernetischen Sprache findet sich der Ausdruck „Ultrastabilität". Vgl. W. Ross Ashby, Design for a Brain, London 1952.

[3] Dazu Giancarlo Corsi, Centros y periferias de la modernidad, Dosfilos, 91, 2003, pp. 24-30.

[4] Siehe dazu Niklas Luhmann, Organisation und Entscheidung, Opladen 2000.

[5] Zur inzwischen umfangreichen Literatur siehe vor allem Otto Brunner, Werner Conze, Reinhart Koselleck (Hrsg.), Geschichtliche Grundbegriffe: historisches Lexikon zur politisch-sozialen Sprache in Deutschland, Stuttgart 1972-1997 (Stichwort: Reform); Karl Griewank, Der neuzeitliche Revolutionsbegriff. Entstehung und Entwicklung, Europäische Verlagsan-

Tradition meinte mit „Reformatio" und seinen semantischen Äquivalenten die Möglichkeit und die Notwendigkeit, zu einem vergangenen Zustand zurückzukehren, der als besser als der gegenwärtige galt. Das Streben nach einem früheren, oft als ideal und „ursprünglich" verstandenen Zustand setzt voraus, dass die Gegenwart demnach mehr oder weniger als deformiert, korrumpiert oder im Verfall begriffen eingeschätzt wurde. Diese Auffassung ist an der iterativen Vorsilbe deutlich erkennbar, die Worten wie „revolutio", „renovatio", „reformatio" oder „rinascimento" nicht zufällig gemeinsam ist.

Hinter dieser Vorstellung steht die feste Überzeugung, dass die Welt göttliche Schöpfung sei und als solche eigentlich zur Perfektion neige.[6] Alle vormodernen Kosmologien verweisen in diesem Sinne auf eine teleologische Darstellung der Wirklichkeit. Gerade weil sie göttliche Schöpfung ist, findet sich die Welt jedoch der Fehlerhaftigkeit des Menschen und der Dinge ausgesetzt und neigt deswegen zur Korruption. Wenn von „reformatio" die Rede ist, bezieht man sich immer auf eine qualitative Differenz: Man bemühe sich, den „antiquum statum" wieder zu gewinnen oder die Welt „in pristinum statum" zurückzuführen („revocatio").

Selbstverständlich ändert sich das alles tiefgreifend mit dem Übergang zur Moderne. Was unser Thema angeht, findet man schon im 16. Jahrhundert Definitionen des Wortes „Reform" bzw. „Reformation", die sich allmählich von der Vorstellung lösten, es gehe um eine Wiederherstellung vergangener Zustände. Bis ins 17. Jahrhundert hinein nahmen diese Termini unterschiedliche Bedeutungen an: Sie bezogen sich auf Interventionsmöglichkeiten im Hinblick auf neue Gleichgewichtszustände – zumindest kamen sie ohne deutliche Korrelate mit der Vergangenheit aus. Die semantische Bedeutung des Wortes Reform stabilisierte sich, als damit geplante Interventionen bezeichnet wurden: das Erreichen eines neuen Zustandes mit dem Ziel, damit die Verbesserung der vorgefundenen Lage zu erreichen. Es geht um eine semantische Veränderung, die auf der Reflexionsebene nicht problemlos abgelaufen ist:[7] Man denke an Ausdrücke wie „neu", die eine positive Bedeutung annahmen, oder „Verbesserung", „Entwicklung" und deren Äquivalente, die sich ziemlich rasch durchsetzen. Auch das Wort „Verbesserung" begann seine semantische Karriere in der Frühneuzeit. Im England des 17. Jahrhunderts war z.B. mit „improvement" eine positiv bzw. negativ beurteilte Variation oder einfach eine Qualitätsdifferenz gemeint. In Frankreich wird das Wort deshalb mit „bonne education" oder „culture" übersetzt.[8]

---

stalt, Frankfurt a.M. 1969; Peter Burke, Renaissance, Reformation, Revolution, in Reinhart Koselleck, Paul Widmar (Hg.), Niedergang. Studien zu einem geschichtlichen Thema, Stuttgart 1980, S. 137-147.

[6] Die Perfektion als Horizont möglichen Handelns wird an den irdischen Äußerungen der Tugend und der Würde der Oberschicht sichtbar.

[7] Wie der Beitrag von Elena Esposito in diesem Band zeigt.

[8] Vgl. Paul Slack, From Reformation to Improvement. Public Welfare in Early Modern England, Oxford 1999.

Wie in der vormodernen Tradition bezeichnet „Reform" etwas Positives. Reform bezieht sich beispielsweise auf das Gemeinwohl – eine Formel, die nach wie vor offen lässt, wie sie tatsächlich zu realisieren ist. Erst in den ersten Jahrzehnten des 18. Jahrhunderts verlor der Begriff jede konkrete Beziehung und bezeichnet seitdem einen fortlaufenden Prozess (in England progress, in Frankreich progrès, avancement).[9] Reform wird zu einer Art Intervention, die schon sinnvoll ist, bevor man überhaupt genau weiß, was, wie und warum zu reformieren ist. In der Encyclopedie von 1779 liest man: „La réformation est l'action de réformer, la réforme en est l'effet".[10] Eine reine Tautologie also, die sich selbst rechtfertigt, wie man auch daran erkennen kann, dass das iterative Suffix an Bedeutung verliert – die moderne Vorstellung einer Revolution hat z.B. mit jenem „re" gar nichts zu tun.[11] Zum Selbstzweck geworden, tendieren die Verbesserungen, die man durch Reformen erreichen möchte, dazu, sich selbst zu legitimieren. Sie sind einfach das, was man ständig will, und der Unterschied besser/schlechter gehört jetzt zu den verbreitetsten und am inflationärsten gebrauchten Schemata der Moderne. Was können aber diese Worte und diese Differenzen bedeuten, wenn man sie ernst nimmt und nach deren empirischen Bedingungen der Realisierbarkeit fragt?

3.

Zunächst muss man ein Problem wahrnehmen, das allen qualitativen Unterschieden gemeinsam ist: Wie immer sie zu verstehen sind, müssen sie zumindest eine ihrer Seiten unbestimmt lassen – in der Regel die negative. Es ist relativ leicht, einen Konsens darüber zu finden, was schlecht (hässlich oder ungerecht usw.) ist. Für die positive Seite (gut, schön, gerecht) ist das unmöglich. Man kann leicht sagen, was schlechter ist. Es bleibt hingegen unklar, was besser sein könnte. „Wer ein Übel lossein will, der weiß immer, was er will; Wer was Bessers will, als er hat, der ist ganz starblind".[12] Sobald die positiven Wertketten (ens et verum et bonum et pulchrum inter se convertuntur) aufgelöst sind und die Zukunft zu einer offenen geworden ist, wird es andererseits unmöglich, wenn nicht gar sinnlos, eine auch nur kognitive Grenze zu dem zu ziehen, was man sich wünschen kann. Im Prinzip sollte man sagen, dass man sich nur das Unvorstellbare wün-

---

[9] Aber schon gegen Ende des 16. Jahrhundert findet man mehrdeutigere Formulierungen, die reformieren als „ein ding widergestalten und auff ein neuwes anrichten" verstehen: so Josua Maaler, Lexikon, zit. nach Brunner/Conze/Koselleck, a.a.O., Stichwort Reform.

[10] Zitiert in Brunner/Conze/Koselleck, a.a.O.

[11] Es ist darüber hinaus interessant, dass die semantischen Varianten sich jede in einem Teilsystem radikalisieren: Revolution in der Politik, Reform in der Religion und in der öffentlichen Verwaltung, Renaissance in der Kunst. Auch mit den Gegenbegriffen passiert ähnliches: commutatio (Wirtschaft), conversio (Religion), corruptio (Politik). Vgl. Burke, a.a.O.

[12] So Goethe, Wahlverwandschaften, zitiert in Gustavo Zagrebelsky, I paradossi della riforma costituente, in Gustavo Zagrebelsky, Pier Paolo Portinaro, Jörg Luther (Hg.), Il futuro della costituzione, Torino 1996, S. 293-314.

schen kann. Die in der Moderne ständig geplanten Reformprojekte scheinen diesen Eindruck zu bestätigen.

Denn wenn gefragt wird, was man tun kann, um etwas zu „verbessern", tauchen sofort unüberwindbare Schwierigkeiten auf. Es ist z.B. nicht möglich, diesen Wunsch in Entscheidungsprogramme oder auch nur in eine Sequenz praktizierbarer Verhaltensweisen zu übersetzen. Kein Reformer kann in der eigenen Entscheidungsfähigkeit die Handlung „verbessern" vorsehen. Natürlich kann man Unterscheidungen treffen und z.B. feststellen, dass es jetzt besser geht als früher (oder wahrscheinlicher umgekehrt). Aber man kann nicht einfach entscheiden, besser zu werden. Nur wenn Vergleichskriterien zur Verfügung stehen, ist es möglich, den Eindruck eines Besser/Schlechter-Werdens zu erlangen. Und das geht nicht vor, sondern nur nach den (eigenen bzw. fremden) Entscheidungen. Das ist an der Geschichte von Reformversuchen deutlich sichtbar. Erst der Sputnik-Start ließ den Westen glauben, dass sie in der wissenschaftlichen Ausbildung schlechter als die Russen geworden seien – obwohl bis zu dem Tag davor kein Grund für eine solche Dramatisierung bestand. Wie die Reformen der folgenden Jahre im Bereich des Schul- und Hochschulwesens in vielen Ländern zu beurteilen sind, ist noch heute umstritten.[13] Mit anderen Worten: Das Schema besser/schlechter kann nur aufgrund von Vergleichsdaten angewandt werden, d.h. nur auf Grundlage der jeweiligen Vergangenheit. Allein auf einer solchen Basis können Urteile, Bewertungen und Warnungen formuliert werden. Aber wenn es darum geht, der Zukunft eine Form zu geben, wird alles unbestimmt und intransparent, und in diesem Klima der Unbestimmtheit bilden sich rasch Gedanken für eine neue Reform.

Ähnliche Situationen ergeben sich auch bei den Äquivalenten zur Verbesserungsidee. Man denke nur an das vielleicht verbrauchteste Wort: Entwicklung. Hier liegt die Annahme zugrunde, dass es möglich sei, „Entwicklungsfaktoren" zu aktivieren und kontrollierbare Veränderungen kettenweise auszulösen: politische Intervention, Geld, Infrastrukturen, Arbeitsplätze, Ausbildung, Familien und natürlich auch Werte, Kultur, Mentalität.[14] Das Erreichen des Ziels wird dann oft als Differenzenminimierung (zwischen Norden und Süden bzw. Westen und Osten) hingestellt, was zu einem Teil auch gelingen kann. Aber immer lassen die sogenannten sozio-ökonomischen Indikatoren alte und neue Differenzen entdecken und verstärken damit die Kluft zwischen Zentren und Peripherien der mo-

---

[13] Vgl. Giancarlo Corsi, Reform als Syndrom. Organisatorischer Wandel im deutschen Erziehungswesen 1965-1975, Dissertation, Bielefeld 1994.

[14] Zur Entwicklungsfrage vgl. Giancarlo Corsi, Raffaele De Giorgi, Ridescrivere la Questione Meridionale, Lecce 1999; Niklas Luhmann, Kausalität im Süden, Soziale Systeme 1, 1995, S. 7-28. Dass zur Entlastung, Erleichterung und Beschleunigung der bürokratischen Strukturen in bestimmten „Peripherien" Entwicklungsorganisationen (und deshalb: mehr Bürokratie) eingerichtet werden sollen, gehört zu den „perversen Wirkungen" der Entwicklungspolitik, wie der italienische Fall beispielhaft zeigt. Kein Wunder, wenn dann Ersatzsicherheitsquellen gesucht und gefunden werden (Personalisierung der Kommunikation, informelle, im Grenzfall „mafiöse" Kontaktnetze usw.).

dernen Gesellschaft wieder. Die Möglichkeit, Vergleichsgesichtspunkte zu konstruieren, ist auch hier unerlässlich. Aber egal wie der Stand der Dinge beurteilt wird; man kann nicht einfach entscheiden, sich oder andere (Länder, Kulturen, Menschen) zu entwickeln. Wie das immer der Fall ist, wenn eine sinnhafte Wirklichkeit auszubauen ist, muss der Beobachter so verfahren, dass er eine „Vorzukunft" bildet und ständig das, was sich aktualisiert, mit der vorhergehenden Situation vergleicht, um zu bestimmten Bewertungen zu gelangen. Er muss Sinn herstellen, indem er rückwärts gewandt vorgeht.[15] Das Ergebnis ist, dass er sich einerseits mit einer Wirklichkeit konfrontiert sieht, die nie aufhört, sich zu ändern. Andererseits gibt es den Reformer-Beobachter mit seinen Perspektiven, der stets das, was Realität wird, mit dem, was er sich wünscht, vergleicht. Mit anderen Worten: Auf der einen Seite werden immer neue ungeplante Unterschiede produziert, auf der anderen müssen die Teilsysteme und die Organisationen entscheiden, was zu tun ist: eingreifen und steuern[16] oder ignorieren.

Wenn diese Überlegungen plausibel sind, fällt es schwer, das Phänomen Reform auf derselben Ebene wie die Reformisten zu betrachten. Anders gesagt: Die Reformen sind nicht einfach problematisch, weil die Zukunft unvorhersehbar ist, die Störungen unkontrollierbar sind und die Entscheidungsträger sich irren können. Es geht nicht um Fehler bzw. um einen Mangel an Kompetenzen. Es ist nicht so, dass, wenn man Fehler vermeidet und mehr Kompetenz schafft, dadurch sofort Reformpläne realisiert würden. Die Organisationstheorie spricht seit langem von „bounded rationality", aber das ist noch keine befriedigende Antwort – wäre unsere Rationalität „unbounded", wäre es sowieso unmöglich, richtige und erfolgssichere Rezepte anzugeben.

Will man die problematischen Gesichtspunkte und Erfahrungen mit den bislang unternommenen Reformen zusammenfassen, kann man auf die folgenden Merkmale hinweisen, die eine soziologische Analyse oder sogar Erklärung verlangen:

Ubiquität der Reformen: Wie oben bereits gesagt, fällt auf, dass Reformpläne und Innovationsversuche überall (d.h. in allen gesellschaftlichen Teilsystemen – Ausnahme vielleicht: Familien – und in den formalen Organisationen) verbreitet sind. Natürlich gibt es wesentliche Unterschiede in der Emphase oder in den Mythologien, mit den Reformen vorgetragen bzw. begründet werden. Im Erziehungssystem oder in der Politik ist Reformismus zu einer Tradition geworden. Die Religion diskutiert noch heute über Ursachen und Folgen des Schismas. Auch die Institutionalisierung neuer transnationaler Organisationsformen wie der EU soll auf einer quasi „natürlichen" Weise in den verschiedenen Bereichen bzw. in den europäischen Staaten Reformen inspirieren. In den Unternehmen

---

[15] Das ist Sensemaking: Vgl. Karl E. Weick, Sensemaking in Organizations, Thousand Oaks 1995.

[16] Steuern eben im Sinn von Differenzenkontrolle. Siehe Niklas Luhmann, Politische Steuerungsfähigkeit eines Gemeinwesens, in: Reinhard Göhner (Hg.), Die Gesellschaft für morgen, München 1993, S. 50-65.

hat man oft den Eindruck, dass die Identität der Organisation sich in einer Geschichte der eingeführten Innovationen verdichtet. Das lässt die Vermutung zu, dass diese starke Orientierung an Reformen nicht von den jeweils angegebenen Gründen abhängt.

Doppelte Zielsetzung. Reform heißt natürlich Zielsetzung, wie das bei jeder Planung der Fall ist. Wenn man von sehr allgemeinen Formulierungen wie „Verbesserung" oder „Entwicklung" absieht, kann man jedoch leicht sehen, dass diese Zielsetzung fast immer eine doppelte ist – so als ob man ein Übermaß befürchtete, wenn es nur ein Ziel gebe, und man deshalb für einen Ausgleich sorgen wollte. Die bekanntesten Beispiele hierfür stammen aus sehr unterschiedlichen Bereichen: Man denke z.B. an die Erziehung und an die Versuche der Reformpädagogen, Gleichheit der Ergebnisse und herausragende Ergebnisse gleichzeitig zu erreichen. Man erinnere sich weiter an die Bürokratien, die auf Flexibilität *und* Transparenz abzielen. Oder man nehme Unternehmen und deren Mythos von der „total quality". Es geht in allen diesen Fällen um Ziele, die als kompatibel und harmonisch behandelt werden, obwohl sie deutliche Widersprüche bilden. Man kann jedoch das eine Ziele (wenn überhaupt) nur erreichen, wenn man auf das andere verzichtet. Da sie als Unterscheidungen formuliert werden, können sie aber nicht als Einzelziel vorgeschlagen werden. Man würde keine pädagogische bzw. politische Unterstützung finden, wollte man nur hohe Qualität der Ausbildung erreichen, ohne auch ihre gleiche Verteilung zu beanspruchen. Die Flexibilität der Verwaltung unter Verzicht auf Transparenz der Entscheidungsprozesse wäre als Ziel politisch aussichtslos. Beispiele dieser Art ließen sich noch viele anführen. Ohne diese „absoluten" Perspektiven würden die Reformer selbst überhaupt nicht von „richtigen" Reformen bzw. Innovationen sprechen.

Hochselektives Gedächtnis. Wie die Literatur zum Thema „organizational change" vermuten lässt, wäre es sinnvoll zu denken, dass jede unternommene Reform eine Erfahrung für die Organisation darstellt und damit auch ein Anstoß zum Lernen und zur eventuellen Korrektur der Entscheidungsprogrammierung. Wie mehrmals hervorgehoben wird, folgen Reformplanungen aber im Gegenteil mehr oder weniger denselben Schemata und Zielsetzungen: Reformen setzen voraus, dass das, was schon versucht worden ist, bereits ebenso in Vergessenheit geraten ist wie die entsprechenden Gründe hierfür. Einige wichtige Beiträge zu diesem Thema zeigen, dass – so paradox es auch klingen mag – Reformen iterativ geplant werden und in der Regel keine besonders „innovativen" Vorschläge enthalten. Mit anderen Worten: Man vergisst die Vergangenheit (d.h. die Erfahrungen mit den vorherigen Reformplanungen), um zu vermeiden, dass der zyklische Ablauf von Zielen und Interventionen sichtbar wird. Was für die Antike absolut zu vermeiden war (lethe), wird heute zu einer Notwendigkeit (forgetfulness).[17] Es ist dann leicht zu vermuten: Reformen haben mit konkreten Proble-

---

[17] Siehe die inzwischen sehr bekannten Analysen in Nils Brunsson, Johan P. Olsen, The Reforming Organization, London 1993 und im Aufsatz von Brunsson in diesem Band. Aber auch andere Beiträge berichten mit einer gewissen Betroffenheit ähnliche Phänomene, z.B. B.

men (die durchaus vorhanden sind und man sie problemlos lokalisieren oder zumindest erahnen kann) nichts zu tun, sondern sind eher eine Art Wiederholungszwang. Und die Frage sollte dann sein: Warum ist das so?

Selbstverhinderung: Gerade aufgrund ihrer Merkmale scheinen Reformen so geplant zu werden, dass ihre eigene Realisierung verhindert werden kann. Zielsetzung, Entscheidungsprogrammierung, Suche nach notwendigen Mitteln, Verantwortungsverteilung – all das lässt denken, dass eine Reformplanung nur dann plausibel ist, wenn sie sich selbst unmöglich macht. Das ist u.a. auch daran erkennbar, dass das Schema Erfolg/Misserfolg bzw. Scheitern nutzlos ist. Als Schema dient es nur, wenn Reformen verlangt werden, indem man auf deren vermeintliche Dringlichkeit (auf amerikanisch: „challenge") hinweist oder Katastrophen ankündigt, die auftreten würden, falls sie nicht realisiert werden oder scheitern sollten. Aber auch wenn sie realisiert werden, ist es sehr schwierig, wenn nicht sogar unmöglich, Ergebnisse und Folgen nach diesem Schema zu evaluieren. Die bisherigen dokumentierten Erfahrungen zeigen eine Kasuistik, die nicht nur Misserfolge oder problematische Realisierungen enthält, sondern vor allem große Schwierigkeiten bei der ex-post-Bewertung des Verhältnisses von Anfangserwartungen und beobachtbaren Ergebnissen auftauchen lässt.

Unerklärbarkeit: In diesem Sinne ist die Bewertung der Ergebnisse nicht nur im Fall eines Misserfolgs sehr schwierig, sondern gerade dann, wenn es so scheint, als seien die Ziele erreicht worden. Denn gerade dann wird es praktisch unmöglich festzustellen, ob eine gewisse (positiv bewertete) Veränderung ursächlich auf die Reform zurückzuführen ist. Es scheint so, als ob die Kopplung zwischen Ursache (Reform) und Wirkung (erreichtem Ziel) nur perspektivisch, aber nicht rückblickend funktioniert – und rückblickend nur als Thema in der politischen Auseinandersetzung, also ohne Verständigungschancen. Analog zur Programmierung von Präventionsinterventionen wird die durch die Planung ex ante durchgeführte Übersimplifizierung der Zukunft mit Intransparenz ex post bezahlt.

Es ist also klar, dass Reformen nicht dazu taugen, dass sie auch das, was mit ihnen vorgenommen wird, realisieren können. Sie werden aber trotzdem geplant und unternommen. Aber wie? Mit welchen Instrumenten? Und warum?

4.

Es ist zunächst interessant zu beobachten, wie Reformpläne typischerweise konstruiert werden. Zwei Besonderheiten fallen auf ersten Blick auf. Die erste ist nunmehr schon bekannt und diskutiert: Die Identität des Textes, in dem die Reform formuliert wird, setzt natürlich eine Zielsetzung voraus. Das kann aber fast immer (vielleicht: nur) in der Form von positiven Werten oder von Dualen geschehen, mit denen jedenfalls eine weitgehende Verbesserung verbunden ist. Auf dieser Ebene hat die Zielsetzung in Form von Werten bzw. positiven For-

Guy Peters, From Change to Change: Patterns of Continuing Administrative Reform in Europe, Public Organization Review: A Global Journal, I, 1, 2001, pp. 37-50.

meln den Vorteil, eventuelle Unstimmigkeiten zu neutralisieren. Sie hat aber auch den Nachteil (wenn das überhaupt ein solcher ist), die Frage ganz offen (d.h. konfliktträchtig) zu lassen, wie diese Ziele realisiert werden sollen. Jeder verlangt Entwicklungspolitik und keiner würde auf die Idee kommen, sich dagegen zu stemmen. Unterschiede und Opposition bilden sich auf einer anderen Ebene, z.B. auf der der Kosten oder der Prioritäten, wie die reiche italienische Erfahrung zeigt.[18] Im Allgemeinen hat man den Eindruck, dass die Reformziele auf der unbestimmten Ebene der Werte bestimmt werden – auch um ihnen zu erlauben, universell und wiederholbar zu sein. Wenn man mehr Gleichheit fordert, um ein Beispiel zu nennen, kann es je nach den Epochen um Fragen der sozialen Klasse, des Geschlechts, der Etnien, der Kultur oder Religion gehen. Es wird eine erhebliche Fungibilität praktisch gesichert und mit ihr auch der entsprechend zu bezahlende Preis – der Eindruck, man habe schon alles gehört oder gelesen, wie das bei jedem Reformplan unausweichlich der Fall ist. Dass Werte und Sätze nur dann kommunizierbar sind, wenn man keinen Hinweis darauf erlangen kann, wie sie zu programmieren sind, ist seit langem bekannt. Das ist auch keine unbedingt negative Konnotation.[19] Wenn z.B. die Gleichheitsidee auch bestimmen würde, *wer wem* gleich ist, würde sie sich sofort in ihr Gegenteil verwandeln. Wie auch immer: Sollten Reformen danach beurteilt werden, wie sie programmiert werden und nicht auf Grundlage der Primärziele, die sie sich vornehmen, würde der unterstellte Konsens sofort zerbrechen.

Die zweite damit zusammenhängende Besonderheit ist vielleicht noch wichtiger und betrifft das, was Reformen sich selbst zumuten bzw. was ihnen zugemutet wird. Besonders bei anspruchsvollen gesamtgesellschaftlichen Reformen ist zu bemerken, dass die erklärten Absichten über die lokalen Verhältnisse oder sogar über die einzelnen Funktionssysteme weit hinausgehen: Man will die Gesellschaft als solche verbessern.[20] Auch wenn es sich um beschränktere Innovationen handelt, weichen die Absichten jenseits des spezifischen Bereichs (des einzelnen Unternehmens, des einzelnen Staates, einzelner Rechtsordnung usw.) aus, wo sie sich profiliert haben. Es kann darum gehen, „sich an die globalen Verhältnisse anpassen", „auf die Herausforderungen der Märkte zu antworten", „neue Bedürfnisse zu befriedigen" – jedenfalls besitzen die Innovationsprojekte eine gesamtgesellschaftliche Perspektive. Soziologisch gesehen lässt sich aber die Frage

---

[18] Man denke nur an die Kritik an den sogenannten „Wüstenkathedralen" im Süden oder an die neueste Polemik um die Brücke zwischen Sizilien und dem italienischen Festland.

[19] Vgl. Adalbert Podlech, Gehalt und Funktionen des allgemeinen verfassungsrechtlichen Gleichheitssatzes, Berlin 1971.

[20] Aber auch in den Innovationsprojekten der Unternehmen ist es nicht schwierig, ähnliches Trachten zu sehen. Andererseits hätte eine Reform bzw. Innovation nur die Beschleunigung bestimmter Operationen (z.B. Automatisierung), die Eroberung neuer Märkte oder die Modernisierung einiger Produkte zum Ziel, würde somit kaum als solche wahrgenommen. Zum Unterschied zwischen „aggiornamento" und Reform im kirchlichen und theologischen Bereich siehe Melloni, in diesem Band. Nicht selten treffen gewisse „lokale" Interventionen *gerade deshalb* Widerstand, weil sie nicht anstreben, eine echte Reform zu sein.

nicht vermeiden: Welche sind die sozialen Bereiche, in die man eingreifen kann oder von denen Wirkungen und Reaktionen zu erwarten sind? Hier ist die Systemtheorie sehr genau. Etwaige Veränderungen planen und als Reformen beobachten kann man nur in Systemen (und in den entsprechenden Umwelten). Das reduziert die Möglichkeiten auf drei Optionen: Interaktionssysteme, organisierte Systeme und das Gesellschaftssystem mit seinen Teilsystemen. Es fällt sofort auf, dass Interaktionen für geplante Veränderungen zu begrenzt sind. Sie sind, wenn überhaupt, ein Terrain, auf dem bestimmte Folgen beobachtet und evaluiert werden können (z.B. in der Schulklasse, bei den Meetings in Unternehmen, im Arbeitsmilieu, in den Ritualen usw.). Sie können jedenfalls nicht die Hauptressource der Reformen sein. Die Gesellschaft ist ihrerseits „unerreichbar" für Interventionen dieser Art. Sie ist kein Gegenstand von Entscheidungen. Man kann sich freilich vorstellen, sie zu verbessern. Aber dazu müssen die Reformprojekte in Entscheidungsplanungen übersetzt werden – und der einzige soziale Bereich, wo das möglich ist, sind: *formale Organisationen*. Hier kann man leicht Parallelen zu dem Problem sehen, das wir in Bezug auf Werte als Reforminhalt diskutiert haben: Bifurkationen, Dissens, Opposition, Entscheidungsalternative usw. sind nicht in Bezug auf die Gesellschaft (fast ein Wert) zu finden, sondern in Bezug auf Organisationen (wo Programme zu erstellen sind).

Diese beiden Besonderheiten und die impliziten (vielleicht sogar: latenten) Beschränkungen, die sie mit sich bringen, verdichten sich in der Art und Weise, wie Reform- und Innovationsprojekte konstruiert werden. Wie bei jedem „heiligen" Text[21] neigen auch hier die Projekte dazu, sich in zwei Teile zu gliedern: Der erste stellt Prinzipien auf. Der zweite sagt, wie diese zu realisieren sind. Hier findet man Hinweise auf die Verteilung von Verantwortung, Kompetenzendifferenzierung, benötigtes Personal, Formen der Kontrolle und der Bewertung („authorities", wie man heute sagt) und natürlich Geld – also praktisch alles, worüber man entscheiden kann. Man kann nicht entscheiden, sich zu verbessern, sondern nur, wieviel ausgegeben werden kann oder wer die volle Verantwortung übernehmen soll. Man kann nicht entscheiden, sich zu entwickeln, sondern nur, wie und was in Pacht gegeben werden soll oder wer die Kontrolleinrichtungen übernehmen wird. Wie immer Reformen gedacht werden; jedes Projekt muss mit der Geringfügigkeit der Variablen, die bei der Entscheidung zur Verfügung stehen, zurechtkommen, d.h. mit den *organisatorischen* Variablen, die sich um die Entscheidungsprämissen verdichten. Das sind: Personal, Kommunikationswege, Programmierung von Entscheidungen. Nur auf dieser Ebene kann ein Ideal in einen Entscheidungsprozess und das Imaginäre in operative Planung umgesetzt werden. Wie auch immer man die Zukunft bestimmen will, welche Richtung auch immer der Gesellschaft geben werden mag: Alles muss durch den „Engpass" der formalen Organisationen fließen.

Das hat Vor- und Nachteile. Einer der Vorteile liegt darin, dass die organisatorischen Variablen sich jeder Vorstellung anpassen können. Mit anderen Worten:

---

[21] Wie die Verfassung.

Jede Zukunftsprojektion kann durch organisatorische Strukturen in Entscheidungen umgesetzt werden (wie schon gesagt: Werte geben keine Programmierung an, sind aber hoch kompatibel mit Programmen: Man kann den Frieden durch militärische Angriffe durchsetzen wollen – ob das jedoch gelingt...). Der Nachteil liegt in der (scheinbaren) Konkretheit: Es gibt wenige Entscheidungsprämissen und diese sind fern von jedem „inviolate level", die Ziel von Reformen sein können. Es geht vielmehr um eine stets verletzte Ebene, die, da sie aus Entscheidungen besteht, erlaubt, ständig Unterschiede und deren Bewertungen zu produzieren. Die Ebene der Organisation übersetzt gleichsam das perspektivische Imaginäre von Reformplanungen in beobachtbare Realität. Hier werden Reformen operativ „dekonstruiert" (obwohl: für welchen Beobachter?). Eben darum ist es schwierig, ja sogar unmöglich, ihre Folgen zu evaluieren. Auch wenn Reformen realisiert werden; in der Regel merkt man, dass die Wirklichkeit das zum Vorschein bringt, was Reformen verbergen. Und das sind die doppelten und deshalb sich selbst verhindernden Zielsetzungen sowie die Unterschiede, die die Reformideale auf Symbole reduzieren. Diese beiden Beobachtungsweisen – das Imaginäre (Erwartungen, Projektionen, Szenarien, Zwecke usw.) einerseits und die organisatorischen Variablen bzw. Entscheidungsprämissen andererseits – werden auch innerhalb derselben formalen Organisationen abgebildet, die sich als solche nicht begreifen. Denn ihre Selbstbeschreibungen beschränken sich nie auf die Bezeichnung vorliegender Strukturen und Entscheidungsprozesse. Keine Schule sieht sich selbst als bloße Didaktik, Selektion, Personal und innere Differenzierung von Lehrstoff oder als flache Hierarchie. Keine Verwaltung würde sich selbst nur als Bürokratie verstehen, sowie kein Unternehmen an sich selbst nur als Wirtschaftsorganisation denkt. Aus denselben Gründen können sich Reformen – wollen sie wirklich solche sein – nicht auf die organisatorischen Variablen beschränken, sondern besitzen immer weiterreichendere Bestrebungen.

Es ist eine Art von „progressum ad infinitum", mit der versucht wird, die Zukunft zu bestimmen, wodurch aber Unvorhersehbarkeit, Intransparenz und Kontingenz reproduziert werden. Das beweist auch die organisationstheoretische Forschung der letzten Jahren.[22] Es zeichnet sich offensichtlich eine Paradoxie ab: Je mehr die Versuche zunehmen, der Zukunft eine Form zu geben, desto mehr Überraschungen, Abweichungen und Zufälle entstehen. Dieses Paradox der Bestimmung des Unbestimmbaren wird zwar in der Gliederung von Reformprojekten versteckt. Es zeigt sich aber deutlich und in offensichtlich absurder Weise in den Parolen, Titeln und Formeln wie „rollende Reform", „institutionalisierte Reform" usw., wie das immer der Fall ist, wenn das Unmögliche als Bedingung des Machbaren hingestellt wird.

Es ist jedenfalls wichtig, sich vor Augen zu halten, dass der Unterschied von Gesellschaft und Organisation ein moderner ist. Organisationen im strengerem Sinne des Begriffs, mit Regeln zur Mitgliedschaft und einem modus operandi in Form von Entscheidungen, kann es nur unter den Bedingungen der funktionalen

---

[22] Die Namen sind bekannt: March, Simon, Weick und andere.

Differenzierung geben.[23] Funktion, Strukturen und Operationen von Unternehmen, Schulen und Hochschulen, Krankenhäusern, Gefängnissen, Kirchen, Verwaltungseinrichtungen und Bürokratien sind völlig anders als die von vormodernen Haushalten oder Korporationen. Was unser Thema angeht, so ist es sinnvoll, wieder von der Zeitdimension auszugehen: Wenn die Zeit in der älteren Tradition eine Bifurkation zwischen Perfektion (oder Perfektibilität) und Korruption mit der entsprechenden Notwendigkeit einer „reformatio" erzeugte, kann die Vergangenheit heute keine ähnlichen Vergleichspunkte bieten. Was gedacht und geplant werden soll, kann nicht mehr aus vergangenen Zuständen abgeleitet werden. Diese Abkopplung impliziert eine Art von „Liberalisierung" des Imaginären: Im Prinzip kann alles sein und jedes Teilsystem (sowie die Gesamtgesellschaft) entwickelt ständig mehr oder weniger realistische künftige Szenarien. Das Problem liegt nicht mehr in der Tugend und in der Fähigkeit, sie gegen ein ungewisses Schicksal zu nutzen, sondern darin, ob genügend Mittel da sind, um die Planungen zu rechtfertigen, oder ob die Reformprojekte an die verfügbaren Mittel (d.h. Kompetenzen, Verantwortung und Geld) angepasst werden sollen. Die formalen Organisationen sind jedenfalls das Hauptmittel in der Hand der Reformisten. Ohne Organisationen geht es nicht. Das ist klar. Weniger eindeutig ist jedoch, wie dieser Unterschied von Gesellschaft und Organisation für die Reformplanung relevant wird. Denn Planung und Kontrolle von sozialen Veränderungen sind nur die eine Seite des Problems – die andere ist: Evolution. Man kann vermuten, dass der Unterschied von Gesellschaft und Organisation sowie das Phänomen der Reform mit einer Gesellschaft zu tun haben, die sich *nur* als Ergebnis der Evolution begreifen kann.

5.

Die andere Unterscheidung, die neben der zwischen Gesellschaft und Organisation wichtig ist, um das Phänomen „Reform" zu analysieren, ist eben: Evolution/Planung. Hier gehen wir davon aus, dass es nicht um eine Alternative geht, sondern um eine Komplementarität: Die moderne Gesellschaft ist ein Produkt von Evolution und kann zugleich nur planen. Sie hängt von Entscheidungen ab und kann nicht entscheiden, nicht zu entscheiden. Aber sie kann nicht einmal die Folgen der eigenen Planungen kontrollieren. Anders gesagt: Sie kann nicht die Zukunft vorhersehen. Im Unterschied zu älteren Gesellschaften, die strukturelle Variationen nur aufgrund eines Kompatibilitätsverhältnisses von Selektionsprozessen und Stabilitätskriterien herstellen konnten, orientiert sich die funktional differenzierte Gesellschaft radikal an der Zukunft. Das passiert in dem Sinn, dass sie sich selbst dazu stimuliert, „Neuheiten" (wirtschaftliches Wachstum, politischer Reformismus, wissenschaftliche Forschung usw.) zu erzeugen, und nur darin ihre Stabilität findet. Sie ist stabil, weil sie instabil ist, oder, um es mit einem Begriff aus der alten Kybernetik zu sagen: Sie ist ultrastabil. Was hat das mit unserem Thema zu tun?

---

[23] Siehe Berent Schwieneköper (Hrsg.), Gilden und Zünfte. Kaufmännische und gewerbliche Genossenschaften im frühen und hohen Mittelalter, Sigmaringen 1985.

Natürlich gibt keine Äquivalenz zwischen der Planung von Reformen und evolutionären Mechanismen: Sollte man auf Reformen warten, um evolutionsrelevante Variationen zu haben, kämen wir rasch zum Stillstand. Andererseits sind Reformprojekte, wie schon mehrmals bemerkt, niemals richtig „innovativ". Sie übernehmen lieber Gemeinplätze oder sedimentierte Werte, die überhaupt nicht riskant sind. Ebenso wenig kann es um Selektion gehen – keine von den heute sichtbaren Neuheiten ist durch Reformplanungen selektiert worden, und wenn ja, dann nur durch Zufall. Man kann aber zumindest vermuten, dass durch das Bestehen auf Reformen und den anhaltenden Verzicht auf Lernen aus Erfahrung (eingeschlossen: Enttäuschungen) Kontingenz auf jedem strukturellen Niveau in die Gesellschaft eingeführt wird. Jede vorhandene Struktur kann (und wird) Gegenstand der nächsten Reformwelle werden. In diesem Sinn wird die Dynamik der Gesellschaft hoch gehalten.[24] Man kann aber auch eine komplementäre Sicht einnehmen. Gerade weil sie „ultrastabil" ist, schlägt die heutige Gesellschaft immer wieder eine Zukunft vor, auf die bezogen die Konsens- (positive Ziele der Reformen) und Dissenschancen (organisatorische und programmatische Präferenzen bei ihrer Realisierung) gemessen werden können. Oder man kann vermuten, dass auf diese Weise die Gesellschaft den Unterschied zwischen Struktur und Zufall ausnutzt: Reformen sind immer gezielt, deren Ergebnisse und Folgen sind aber immer nur als Zufall zu evaluieren.[25] In diesem Sinn dient das Bestehen darauf, *dieselben* Zwecke in *andere* Situationen zu setzen, auch dazu, Empfindlichkeiten, Resonanz- und Reaktionsfähigkeiten, Irritabilität zu testen.

Das Phänomen kann auch aus einer anderen, gleichsam „rein" kognitiven Perspektive beobachtet werden. Sowohl Planung als auch Evolution setzen Möglichkeiten, Potenziale, Alternativen und Kommunikation voraus. Was sie unterscheidet, ist u.a. das: Im Falle von Planung entspricht die operative Tätigkeit einer (beabsichtigten und zweckorientierten) *Entscheidung*sfähigkeit. Im Fall der Evolution sie ist als (unbeabsichtigte und zwecklose) Fähigkeit zur *Abweichung* zu beobachten. Wenn man sich die Gründe ansieht, die den Anstoß für Reformwellen geben, scheint es so, als ob die Gesellschaft sich ständig damit beschäftigt, diese beiden Richtungen zu vergleichen. Evolution erzeugt stets Überraschungen, die durch Zahlen, Statistiken, Unfälle usw. messbar sind und die unterschiedliche Teilsysteme und Organisationen dazu zwingen, das einzige zu tun, was sie können: aufgrund der so geschaffenen Unterschiede zu entscheiden. Und das geschieht mit weiteren Bifurkationen, d.h. Kompensation bzw. Amplifikation jener Unterschiede, mit variablen und jedenfalls schwer zu bewertenden Erfolgen bzw. Misserfolgen. Das Problem ist: Wie und wo lassen sich Vergleichsgesichtspunkte für die so erzeugten Informationen finden? Dieses Problem wird akut, wenn das kommunikative Imaginäre nur selbst geschaffene und selbstrefe-

---

[24] So Niklas Luhmann, Karl Eberhard Schorr, Strukturelle Bedingungen von Reformpädagogik: Soziologische Analysen zur Pädagogik der Moderne, Zeitschrift für Pädagogik 34, 1988, S. 463 - 488.

[25] An die Stelle des alten Problems der Korruption ist heute die Perversion (der in den Planungen unintendierten Wirkungen) getreten.

rentielle, also nicht externalisierbare Grenzen hat. Im Unterschied zur älteren vormodernen Welt, die Abweichungen mit dem Endzweck der Perfektion vergleichen und sie damit bewerten konnte (und auch damals nicht ohne Kontraste und Dissens), neigt die moderne Gesellschaft zu dem Kurzschluss, dass sie alles, was geschieht, von den eigenen Entscheidungen abhängen lässt.[26] Diese Tendenz wird auf der operativen Ebene durch die Differenz von Gesellschaft und Organisation begrenzt, wie wir oben gesehen haben. Auf der Reflexions- und Selbstbeobachtungsebene reicht das aber nicht aus (oder muss es sogar latent bleiben). Es scheinen zumindest zwei Auswege zu geben, die Reflexion und Selbstbeobachtung ermöglichen. Ein Weg könnte sein, neben den Entscheidungsprozessen Beobachtungsformen zu entwickeln, die schlicht das bezeichnen, was solche Prozesse nicht mit einbeziehen können: z.B. die Tatsache, dass es auch zur Gesamtheit der jeweils angegebenen Entscheidungsalternativen Alternativen gibt und dass die Welt sich nicht in jener Gesamtheit erschöpft. Dies scheint eine der Funktionen von Protestbewegungen zu sein. Eine andere Form der Selbstbeobachtung ist eben Reform: Das Medium des Entscheidbaren macht sich selbst zum Gegenstand von Entscheidungen. Und es tut das auf der einzig möglichen Weise: ohne praktikable Zwecke und sich selbst verhindernd. In einer Art von kommunikativem „Potlach" wird der Überschuss an Entscheidungs- und Planungsmöglichkeiten auf eine „poetische" Form reduziert, um einen Ausdruck von Luhmann zu benutzen, und kann so kommunikativ zirkulieren.

Das ändert natürlich nichts daran, dass die Unterscheidung zwischen Evolution und Planung ihre eigene Einheit in der Evolution findet, wenn also – in systemtheoretischer Sprache – die Gesellschaft oder ihre Organisationen in der Lage sind, Zufall in Struktur zu transformieren. Die erforderliche strukturelle „Flüssigkeit" (ein Manager würde von „Kreativität" sprechen) kann weder programmiert noch entschieden werden, so wie Evolution kein Ergebnis von Absichten oder Planungen ist. Aber es kann sein, dass unter den modernen strukturellen Bedingungen an die Stelle des alten Ideals der Tugend und der Magnifizenz als Medium der Perfektion heute der Wiederholungszwang von Reform und Innovation getreten ist. Vielleicht ist das ein Weg, um die paradoxe Feststellung auszuhalten, dass man nichts anderes tun kann als planen, obwohl die Wirklichkeit nur Folge von Evolution ist – und das auch und gerade dann, wenn Reformen „gelingen".

---

[26] Siehe Niklas Luhmann in diesem Band.

Die Poesie der Reform des Verwaltungsrechts

Martin Schulte

Die heute prominenten Reformer sind, um eine Unterscheidung von Odo Marquard anzuwenden, nicht mehr Zielstreber, sondern Defektflüchter.
(Niklas Luhmann, Organisation und Entscheidung, 2000, S. 344)

In der bundesdeutschen Staats- und Verwaltungsrechtslehre entspricht es einem gängigen Gemeinplatz, das sich das deutsche Verwaltungsrecht spätestens seit Mitte der 80er Jahre des vergangenen Jahrhunderts in einer Phase des tiefgreifenden Wandels befindet. Im Zentrum dieser mittlerweile breit geführten Diskussion[1] steht die von Wolfgang Hoffmann-Riem und Eberhard Schmidt-Aßmann herausgegebene und schon vom Titel her programmatische Reihe der „Schriften zur Reform des Verwaltungsrechts"[2]. Ihr wird in Kürze ein mehrbändiges Handbuch der „Verwaltungsrechtswissenschaft" (herausgegeben von Wolfgang Hoffmann-Riem, Eberhard Schmidt-Aßmann und Andreas Vosskuhle) folgen, das sich zum Ziel setzt, „die bisherigen Forschungsergebnisse zur Reform des Verwaltungsrechts systematisch zusammenzuführen und zu verknüpfen, um auf diese Weise ein übergreifendes Fundament für die weiteren Forschungen zum Verwaltungsrecht im 21. Jahrhundert zu legen". Und schließlich zeichnet sich am Horizont bereits die von Wolfgang Hoffmann-Riem ver-

---

[1] Siehe nur Schmidt-Aßmann, Das Allgemeine Verwaltungsrecht als Ordnungsidee, 1998; Hoffmann-Riem, Sozialwissenschaften im Verwaltungsrecht: Kommunikation in einer multidisziplinären Scientific Comminity, in: Die Verwaltung, Beiheft 2: Die Wissenschaft vom Verwaltungsrecht. Werkstattgespräch aus Anlaß des 60. Geburtstages von Prof. Dr. Eberhard Schmidt-Aßmann, 1999, 83 ff.; Schuppert, Schlüsselbegriffe der Perspektivenverklammerung von Verwaltungsrecht und Verwaltungswissenschaft, ebd., 103 ff.; Trute, Die Wissenschaft vom Verwaltungsrecht: Einige Leitmotive zum Werkstattgespräch, ebd., 9 ff.; Vosskuhle, Die Reform des Verwaltungsrechts als Projekt der Wissenschaft, in: Die Verwaltung 32 (1999), 545 ff.; ders., „Schlüsselbegriffe" der Verwaltungsrechtsreform, VerwArch 92 (2001), 184 ff.; ders., Methode und Pragmatik im Öffentlichen Recht. Vorüberlegungen zu einem differenziert-integrativen Methodenverständnis am Beispiel des Umweltrechts, in: Bauer/Czybulka/Kahl/ders. (Hrsg.), Umwelt, Wirtschaft und Recht, 2002, S. 171 ff.; ders., Die Renaissance der „Allgemeinen Staatslehre" im Zeitalter der Europäisierung und Internationalisierung, JuS 2004, 2 ff.

[2] Reform des Allgemeinen Verwaltungsrechts, 1991; Innovation und Flexibilität des Verwaltungshandelns,1994; Öffentliches Recht und Privatrecht als wechselseitige Auffangordnungen, 1995; Verwaltungsorganisationsrecht als Steuerungsressource, 1996; Effizienz als Herausforderung an das Verwaltungsrecht, 1997; Strukturen des europäischen Verwaltungsrechts, 1998; Verwaltungsrecht in der Informationsgesellschaft, 1999; Verwaltungskontrollen, 2000; Verwaltungsverfahren und Verwaltungsverfahrensgesetz, 2001; Methodik der Verwaltungsrechtswissenschaft, 2003.

antwortete Herausgabe eines Handbuchs zum „Innovationsrecht" ab, dessen Schwerpunkt die Frage nach dem Verhältnis von Innovationen in der Gesellschaft und dem staatlich gesetzten Recht bildet.

Dies alles dürfte Grund genug sein, um vor dem Hintergrund des Rahmenthemas „Reform und Innovation in einer unstabilen Gesellschaft" darüber nachzudenken, wie sich die soeben erwähnten Reformbestrebungen im deutschen Verwaltungsrecht aus der Sicht einer soziologischen Theorie des Rechts darstellen.

Methodologisch verdankt sich der diesen Überlegungen zugrundegelegte Ansatz einer Anregung Niklas Luhmanns in seinem „Recht der Gesellschaft": „Eine soziologische Rechtstheorie liefe demnach auf eine Fremdbeschreibung des Rechtssystems hinaus; aber sie wäre eine sachangemessene Theorie nur, wenn sie das System als ein sich selbstbeschreibendes System beschriebe (was in der Rechtssoziologie heute noch kaum ausprobiert ist)"[3]. Es geht also um nicht mehr und nicht weniger als eine soziologische Theorie des Rechts im Sinne einer Fremdbeschreibung des Rechtssystems als eines sich selbstbeschreibenden Systems. Dies setzt Klarheit über die Operationen der Selbst- und Fremdbeschreibung sowie ihre unterschiedlichen Perspektiven (Rechtspraxis, Rechtsdogmatik, Methodenlehre, Rechtsphilosophie, Rechtstheorie) voraus[4].

Was bezeichnen also die Operationen der Selbstbeobachtung/-beschreibung und Fremdbeobachtung/-beschreibung des Rechtssystems? Zunächst sind und bleiben sie kommunikative Operationen, die nur im Ereigniszusammenhang des Systems existieren. Durch sie erfährt jedes Subsystem der Gesellschaft – damit auch das Rechtssystem – eine doppelte Beschreibung: eine Selbstbeschreibung (insb. durch Rechtsdogmatik und Rechtsphilosophie) und eine Fremdbeschreibung (durch eine soziologische Theorie des Rechts). Stets geht es dabei um Referenzen auf dasselbe System, die sich nur durch die Inklusion oder Exklusion der Beschreibung in das beschriebene System unterscheiden. Selbstbeschreibung des Rechtssystems ist die Beschreibung von innen, Fremdbeschreibung des Rechtssystems eine solche von außen. Wechselseitig vermögen sich interne und externe Beschreibung des Rechtssystems zu irritieren, weil übergreifende Kommunikation trotz innerhalb der Gesellschaft existierender Systemgrenzen als Vollzug von Gesellschaft möglich bleibt[5].

---

[3] Luhmann, Das Recht der Gesellschaft, 1993, S. 17.

[4] Für einen mehrperspektivischen Zugang zum Recht siehe Schulte, Recht, Staat und Gesellschaft – rechtsrealistisch betrachtet, in: Rechtsnorm und Rechtswirklichkeit, Festschrift für Werner Krawietz zum 60. Geburtstag, hrsg. von Aarnio, Paulson, Weinberger, v. Wright, Wyduckel, 1993, S. 317 ff.

[5] Kieserling, Die Soziologie der Selbstbeschreibung, in: de Berg/Schmidt (Hrsg.), Rezeption und Reflexion, 2000, S. 38, 39; Luhmann, Das Recht der Gesellschaft, S. 496 f.; ders., Die Gesellschaft der Gesellschaft, 1997, S. 883.

Besondere Bedeutung kommt der Selbstbeobachtung und Selbstbeschreibung des Rechtssystems zu[6]. Beiden geht es um die Einheit des Systems. Selbstbeobachtung ist die im System auf das System gerichtete Operation, während Selbstbeschreibung die Anfertigung eines entsprechenden Textes meint. Mit ihrem faktisch-kommunikativen Vollzug setzen sie sich unvermeidlich ihrerseits der Beobachtung und Beschreibung aus. Das Problem der Selbstbeobachtung und Selbstbeschreibung, nämlich das „Problem der Identität, bleibt in der Identität des Problems erhalten". Allerdings darf nicht übersehen werden, dass jede Problemlösung, jeder Identitätsvorschlag, als Operation des Systems erfolgt und sich deshalb zwangsläufig im System der Beobachtung aussetzt[7].

Ausgehend von unserem eingangs erläuterten methodologischen Grundansatz, der auf eine Fremdbeschreibung des Rechtssystems, aber als eines sich selbst beschreibenden Systems zielt, bedarf diese Selbstbeschreibung der begrifflichen Präzisierung und inhaltlichen Konturierung. Zunächst sind und bleiben Selbstbeschreibungen im strengen Sinne Beobachtungen. Jede Selbstbeschreibung des Systems ist immer Konstruktion, durch die das System von ihm wahrgenommene Inkonsistenzen dirigiert und dadurch gleichzeitig Irritabilitäten begrenzt und verstärkt. Weiterhin muss es begrifflich nicht nur eine Selbstbeschreibung des Systems geben, sondern wir können es durchaus mit einer Mehrheit von Selbstbeschreibungen eines Systems zu tun haben. Gerade das Rechtssystem ist dafür ein gutes Beispiel, weil es mit der Rechtsdogmatik und der Rechtsphilosophie, u. U. sogar mit der Rechtspraxis, unterschiedliche Selbstbeschreibungen ein und desselben Systems produziert[8]. Die jeweilige Selbstbeschreibung trägt dabei ihrer je eigenen Kontingenz und dem Umstand Rechnung, dass es auch andere Selbstbeschreibungen des Systems geben kann[9].

Der Selbstbeschreibung geht es – wie bereits gesagt – um die „Darstellung der Einheit des Systems im System". Sie stellt sich als Reflexion der Einheit in dem System dar, das sich reflektiert. Genau deshalb muss sie seinen Ansprüchen genügen, auf das System Rücksicht nehmen und seine Zugehörigkeitsmerkmale akzeptieren. Die Selbstbeschreibung des Rechtssystems muss sich folglich mit den eigenen Normen identifizieren. Sie ist gezwungen, sich dem System, das sie beschreibt, durch Übernahme und Thematisierung der systemspezifischen Bindungen zuzuordnen. Rechtsdogmatik, die bestreiten wollte, dass es richtig ist, normkonform zu handeln, kann es demnach nicht geben. Für das Rechtssystem

---

[6] Nur am Rande sei damit vermerkt, dass es der soziologischen Theorie des Rechts zu keinem Zeitpunkt um eine Marginalisierung der Eigenleistungen des Rechtssystems (insb. Rechtspraxis und Rechtsdogmatik) ging oder geht. Ganz im Gegenteil!

[7] Luhmann, Die Gesellschaft der Gesellschaft, S. 879 ff.

[8] Der Zusammenhang mit der funktionalen Ausdifferenzierung des Rechtssystems ist unübersehbar!

[9] Luhmann, Die Gesellschaft der Gesellschaft, S. 882, 886, 891 f.

gewinnt die Unterscheidung von Norm und Faktum zentrale Bedeutung, und zwar in Richtung der Normativität[10].

Nachdem damit zumindest ein wenig Klarheit über die Operationen der Selbst- und Fremdbeschreibung (des Rechtssystems) geschaffen werden konnte, stellt sich nunmehr die Frage nach den unterschiedlichen Beobachtungs- und Beschreibungsperspektiven. Insoweit sind Rechtspraxis, Rechtsdogmatik und Rechtsphilosophie zu nennen, die sich auf unterschiedlichem Abstraktionsgrad und unter je spezifischer Distanznahme in der Perspektive mit dem Rechtssystem befassen. Ausgehend davon, dass Ausdifferenzierung durch interne Differenzierung bedingt ist, haben wir es hier mit funktionaler Binnendifferenzierung zu tun, wobei Rechtspraxis, Rechtsdogmatik und Rechtsphilosophie als Subsysteme des Rechtssystems im Wege der Selbstreferenz unterschiedliche Selbstbeschreibungen im Verhältnis zueinander anfertigen.

Der Rechtspraxis geht es in prägnanter Verkürzung um die praktische Handhabung des Rechts in Alltagssituationen, insb. im Rahmen der praktischen Entscheidungstätigkeit. Noch immer steht insoweit die „rechtsprechende Gewalt", die formell die Rechtsweggarantien und Richtervorbehalte des Grundgesetzes umschließt und darüber hinaus materiell Streitentscheidung durch einen unbeteiligten Dritten bedeutet[11], im Mittelpunkt des Interesses und der Aufmerksamkeit. Dies gilt nicht nur für die Wahrnehmung der Rechtsprechung in der Öffentlichkeit, sondern auch für die Ausrichtung der juristischen Ausbildung[12]. Darüber darf allerdings nicht in Vergessenheit geraten, dass Rechtsetzung (Gesetz- und Verordnungsgebung), Rechtsanwendung (Regierung und Verwaltung) und vor allem die anwaltliche Rechtsberatung mit ebensolcher Berechtigung zur Rechtspraxis zählen.

Mit geringfügigen Unterschieden in der Nuancierung begreift sich die Rechtsdogmatik als das „juristische Forschungsinteresse par excellence" oder als „Kerndisziplin der Rechtswissenschaft"[13]. Dabei hebt sie stets ihren besonderen

---

[10] Ders., Das Recht der Gesellschaft, S. 498, 501 f.

[11] Achterberg, in: Bonner Kommentar (BK), Art. 92 Rn. 111.

[12] Obwohl der Anteil der „fertigen Juristen", deren Berufsweg in die staatliche Gerichtsbarkeit führt, immer geringer wird, bereitet es große Schwierigkeiten, der Bearbeitung des „pathologischen Falles" ein wenig seines Stellenwertes in der Ausbildung zu nehmen und stattdessen – erheblich realitätsnäher – moderne Techniken und Fertigkeiten der Rechtsetzung, Rechtsanwendung und -durchsetzung (z. B. Vertragsgestaltung, Meditation usw.) zu vermitteln.

[13] Siehe nur Dreier, Ralf, Zum Selbstverständnis der Jurisprudenz als Wissenschaft, Rechtstheorie 2 (1971), 37, 41; ders., Rechtstheorie und Rechtsgeschichte, in: Behrends, Dießelhorst, ders. (Hrsg.), Rechtsdogmatik und praktische Vernunft, 1990, S. 17, 21; Simon, Die Rechtswissenschaft als Geisteswissenschaft, Rechtshistorisches Journal 12 (1992), 351, 360 m.w.N. in Fn. 33; zum diesbezüglichen Selbstverständnis der „Wissenschaft vom Öffentlichen Recht" neuerdings Schulze-Fielitz, Notizen zur Rolle der Verwaltungsrechtswissenschaft für das Bundesverwaltungsgericht, Die Verwaltung 36 (2003), 421, 422 ff.

Bezug zur Rechtspraxis hervor; ihr objektives Forschungsinteresse ist durch die Leistungen bestimmt, „die die Rechtspraxis, insb. die richterliche, von ihr im Allgemeinen tatsächlich erwartet und vernünftigerweise erwarten darf"[14]. Trotzdem ist der Begriff der Rechtsdogmatik im allgemeinen juristischen Sprachgebrauch weder verankert noch etwa durchweg positiv besetzt. Nicht selten werden mit ihr vielmehr „konservative Erstarrung", „Dogmatismus" und „Fremdheit des Rechts gegenüber der Lebenswirklichkeit" assoziiert. Auch vom „Abwehrmittel der Juristen" gegenüber notwendigen „Innovationen" ist die Rede. Schließlich leidet der Begriff zweifellos noch immer unter den Belastungen der „Anpassungsfähigkeit" juristischer Dogmatik an sich wandelnde politische Herrschaftssysteme[15].

Das heutige Verständnis von Rechtsdogmatik lässt sich im Kern auf Anfang der 70er Jahre des vergangenen Jahrhunderts entstandene Arbeiten von Josef Esser[16], Franz Wieacker[17], Niklas Luhmann[18] und Winfried Brohm[19] zurückführen. Die Begriffsbildung unterscheidet sich zwar im Einzelnen, lässt aber in ihren Grundgedanken doch deutliche Gemeinsamkeiten erkennen[20]. Dogmatik soll ganz allgemein die „Lehre von autoritär – hier legal – festgelegten >> Wahrheiten <<, ihrer Verbindung zu einem System und ihrer Fruchtbarmachung für die

---

[14] Dreier, ebd. S. 21; Engel, Rechtswissenschaft als angewandte Sozialwissenschaft, in: Gemeinschaftsgüter: Recht, Politik und Ökonomie, Preprints aus der Max-Planck-Projektgruppe Recht der Gemeinschaftsgüter Bonn, 1998/1, S. 26, 36; Morlok, Vom Reiz und vom Nutzen, von den Schwierigkeiten und den Gefahren der Ökonomischen Theorie für das Öffentliche Recht, in: Engel/ders. (Hrsg.), Öffentliches Recht als ein Gegenstand ökonomischer Forschung, 1998, S. 1, 7; Schünemann, Sozialwissenschaften und Jurisprudenz, 1976, S. 23.

[15] Zum Ganzen Rüthers, Rechtstheorie, 1999, S. 176.

[16] Esser, Vorverständnis und Methodenwahl in der Rechtsfindung, 2. Aufl., 1972, S. 90 ff.

[17] Wieacker, Zur praktischen Leistung der Rechtsdogmatik, in: Hermeneutik und Dialektik, Aufsätze II, hrsg. von Bubner/Cramer/Wiehl, 1970, S. 311 ff.

[18] Luhmann, Rechtssystem und Rechtsdogmatik, 1974, S. 15 ff.

[19] Brohm, Die Dogmatik des Verwaltungsrechts vor den Gegenwartsaufgaben der Verwaltung, VVDStRL 30 (1972), 245 ff.

[20] Zur Begriffsgenese siehe im Einzelnen Herberger, Dogmatik, 1981, S. 345 ff.; Sandström, Das dogmatische Verfahren als Muster der rechtswissenschaftlichen Argumentation, in: Schröder (Hrsg.), Entwicklung der Methodenlehre in Rechtswissenschaft und Philosophie vom 16.-18. Jahrhundert, 1998, S. 191 ff., 194; besondere Aufmerksamkeit verdient Laband, Das Staatsrecht des Deutschen Reiches, 5. Aufl., I. Bd., 1911, Vorwort zur 2. Aufl., S. IX, der Dogmatik auf eine „rein logische Denktätigkeit" begrenzt, siehe dazu insb. Dreier, Ralf, Rechtstheorie und Rechtsgeschichte, in: Behrends, Dießelhorst, ders. (Hrsg.), Rechtsdogmatik und praktische Vernunft, 1990, S. 17, 22; Herberger, Logik und Dogmatik bei Paul Laband. Zur Praxis der sog. juristischen Methode im „Staatsrecht des Deutschen Reiches", in: Heyen (Hrsg.), Wissenschaft und Recht der Verwaltung seit dem Ancien Régime, 1984, S. 91 ff.

Rechtserkenntnis im Einzelfall" sein[21]. Bisweilen wird sie auch als Herstellung eines lehrbaren Ordnungszusammenhangs zwischen Begriffen, Regeln, Prinzipien und Instituten des positiven Rechts bezeichnet, „die zusammen dessen Bestand an Dogmen bilden"[22]. In diese Richtung weist auch ein Verständnis, das Rechtsdogmatik als „innersystematisch erarbeitetes Gefüge juristischer Begriffe, Institutionen, Grundsätze und Regeln" begreift, die als Bestandteil der positiven Rechtsordnung unabhängig von einer gesetzlichen Fixierung allgemeine Anerkennung und Befolgung beanspruchen"[23]. Oder es heißt, „dass derjenige Jurist dogmatisch arbeitet, der darauf abzielt, das für ein bestimmtes Gebiet maßgebliche Material an Rechtsregeln nach einheitlichen, übergreifenden und durchlaufenden Gesichtspunkten und Zusammenhängen zu ordnen, die dabei zutage getretenen allgemein leitenden Begriffe und Grundgedanken namhaft zu machen, sie zu einem logischen und deshalb intersubjektiv vermittelbaren System zu ordnen und den ständig neu produzierten Rechtsstoff – handele es sich um neue gesetzliche Vorschriften oder auch um Gerichtsentscheidungen – daraufhin zu prüfen, ob er sich in die gegebene Ordnung einfügt oder die Ergänzung oder den Ausbau dieser Ordnung erfordert"[24].

In engem Kontakt mit der Rechtspraxis und der Rechtsdogmatik steht die juristische Methodenlehre. Während die Rechtsdogmatik aber Aussagen über das geltende Recht selbst macht, geht es der juristischen Methodenlehre um Aussagen über das Verfahren, das geltende Recht zu ermitteln. Dazu werden die Regeln über die Anwendung der generellen Rechtsnorm auf den Einzelfall ebenso gerechnet wie die Regeln über die Ermittlung der generellen Rechtsnorm selbst (Theorie der wissenschaftlichen Rechtsfindung).[25]

Methode meint dabei in ihrem allgemeinen Sinne den Weg (hodos), das Verfahren, ein bestimmtes Ziel zu erreichen. Als juristische Methode wird das Verfahren begriffen, festzustellen, was generell oder in einem bestimmten Fall praktisch

---

[21] Esser, Das Bewußtwerden wissenschaftlichen Arbeitens im Recht, in: Dubischar, Grundbegriffe des Rechts, 1968, S. 95, 96; kritisch dazu Larenz, Methodenlehre der Rechtswissenschaft, 6. Aufl., 1991, S. 224 ff.

[22] Gröschner, in: ders./Dierksmeier/Henkel/Wiehart, Rechts- und Staatsphilosophie, 2000, S. 2.

[23] Brohm, Die Dogmatik des Verwaltungsrechts vor den Gegenwartsaufgaben der Verwaltung, VVDStRL 30 (1972), 245, 246; vgl. ferner Aarnio, Denkweisen der Rechtswissenschaft, 1979, S. 34; ders., Rechtsdogmatik – Wissenschaft oder Technik?, in: ders., Wegen Recht und Billigkeit, 1988, S. 90, 93, 94.

[24] Kötz, Rechtsvergleichung und Rechtsdogmatik, in: Schmidt (Hrsg.), Rechtsdogmatik und Rechtspolitik, 1990, S. 75, 78; vgl. auch Zweigert, Rechtsvergleichung, System und Dogmatik, in: Bettermann/Zeuner (Hrsg.), Festschrift für Eduard Böticher zum 70. Geburtstag am 29. Dezember 1969, 1969, S. 443, 445.

[25] Schröder, Recht als Wissenschaft, 2001, S.1

anwendbares Recht ist.[26] Oder es heißt, sie sei das „Ergebnis rechtsdogmatischer Selbstvergewisserungen über die Strukturen der eigenen Forschungspraxis..., also das, was die Verwaltungsrechtsdogmatik sieht, wenn sie nach Regelmäßigkeiten in der eigenen Beschäftigung mit dem Rechtsstoff Ausschau hält".[27]

Das Verdienst der juristischen Methodenlehre bei der Norminterpretation liegt darin, ihre Erkenntnisse methodenrein zu erarbeiten. Darauf hinzuweisen, besteht aller Grund, macht sich die Staats- und Verwaltungsrechtsdogmatik doch seit geraumer Zeit die Wiederbelebung des Ende der 70er Jahre des vergangenen Jahrhunderts gescheiterten Projekts einer Integration der Sozialwissenschaften in das Öffentliche Recht zu eigen. Dem bleibt schlicht und ergreifend entgegenzuhalten, dass das „Hineinmischen sozialwissenschaftlicher Erkenntnisse in die juristischen Auslegungs- und Entscheidungsverfahren" dem Sinn der Arbeitsteilung von Sozialwissenschaft und Entscheidungslogik widersprechen und das Entscheiden mit einer Komplexität überbelasten würde, der es nicht gerecht werden kann[28].

Der Rechtsphilosophie lag lange Zeit das Vorstellungsbild einer Rechtswertlehre zugrunde[29]. Auch stärker ontisch geprägte Begriffsbestimmungen, wonach sich die Rechtsphilosophie als „Wissenschaft vom Wesen des Rechts und von der Rechtsidee, vom Erkennen des Rechts, vom Begriff des Rechts und den einzelnen Rechtsbegriffen, ferner von der Einteilung der Rechtswissenschaften, vom Sinn und Zweck des Rechts sowie auch von der rechtlichen Weltanschauung"[30] darstellt, gehören aber heute der Vergangenheit an. Für die nach wie vor vertretene Sprachanalytik[31] hingegen wird die Rechtsphilosophie zum kritischen Horizont der Juridik. Auf diesen werden die in der Sprache vorkommenden juridischen Werturteile projiziert, vor ihm diskutiert und systematisiert, wobei der

---

[26] Ders., ebd.

[27] Vgl. auch Müller/Christensen, Juristische Methodik, Band I, 2002, S. 27 ff.

[28] So schon Luhmann, Theorie der Verwaltungswissenschaft, 1966, S. 21 f.; die Staats- und Verwaltungsrechtsdogmatik hätte hier übrigens allen Grund, sich eines ihrer Klassiker zu vergewissern, siehe dazu Schulte, Hans Kelsens Beitrag zum Methodenstreit der Weimarer Staatsrechtslehre, in: Paulson/Stolleis/Yoshino (Hrsg.), Hans Kelsen als Staatsrechtslehrer und Rechtsphilosoph, 2005 (im Druck).

[29] Lask, Gesammelte Schriften, hrsg. von Herringel, I. Bd., 1923, S. 286, 279 f.; Radbruch, Vorschule der Rechtsphilosophie, 1948, S. 17; ders., Rechtsphilosophie, 8. Aufl., hrsg. von E. Wolf und H.-P. Schneider, 1973, S. 93 ff., 96; siehe auch Stammler, Lehrbuch der Rechtsphilosophie, 3. Aufl., 1928, S. 1 ff.; Winkler, Wertbetrachtung im Recht und ihre Grenzen, 1969, S. 39.

[30] Kubes, Rechtstheorie und Rechtsphilosophie, Rechtstheorie 13 (1982), 207, 221.

[31] Siehe dazu Krawietz, Sprachphilosophie in der Jurisprudenz, in: Dascal/Gerhardus/Lorenz/Meggle (Hrsg.), Sprachphilosophie. Ein internationales Handbuch zeitgenössischer Forschung, 2. Halbband, 1996, S. 1470 ff.

Rechtsphilosophie die Aufgabe zukommen soll, das richtige Recht zu erkennen[32]. Von solchen dezidiert durch einen bestimmten rechtsphilosophischen Ansatz geprägten Begriffbestimmungen setzt sich das gegenwärtig „herrschende" Verständnis von Rechtsphilosophie deutlich ab. Es begreift sich sehr offen als diejenige Disziplin, in der juristische Grundsatzfragen und Grundprobleme auf „philosophische Manier" reflektiert, diskutiert und, sofern möglich, beantwortet werden[33] bzw. in normativer Absicht über das Recht, wie es sein sollte, nachgedacht wird[34].

In der Hoffnung, dass damit deutlich geworden ist, welchen Beitrag eine soziologische Theorie des Rechts, die eine Fremdbeschreibung des Rechtssystems als eines sich selbst beschreibenden Systems anfertigt, zur wissenschaftlichen Beobachtung und Beschreibung von Recht und „Rechtswissenschaft" leisten möchte, wird es nachfolgend darum gehen, diesen Forschungsansatz auf einige Selbstbeobachtungen und Selbstbeschreibungen einer „Reform des Verwaltungsrechts" im Rechtssystem zu übertragen.

Die Debatte um die „Reform des Verwaltungsrechts" ist zunächst einmal als Kommunikation in einer bestimmten Zeit und als Reaktion auf die Gesellschaft dieser Zeit zu lesen. Dies im Sinne von „redescription", d.h. der Neubeschreibung von Beschreibungen.[35] Solchen Neubeschreibungen von Beschreibungen geht es nicht um hermeneutische Sinndeutung oder philosophische Kritik, sondern um das „laufende Transformieren von Notwendigkeit in Kontingenz".[36] Damit wird nicht für die Beliebigkeit des „anything goes" plädiert, vielmehr erweist sich „redescription" als autologische und autopoietische Operation.[37] Um die Welt zu erkennen, d.h. sie zu beschreiben, bleibt uns keine andere Wahl, als das ständige Neubeschreiben der Wiederbeschreibungen von Beschreibungen.

---

[32] In diesem Sinne Schmidt, Die Neutralität der Rechtstheorie gegenüber der Rechtsphilosophie, Rechtstheorie 2 (1971), S. 95, 96.

[33] In diesem Sinne ausdrücklich Kaufmann, Rechtsphilosophie, Rechtstheorie, Rechtsdogmatik, in: ders./Hassemer (Hrsg.), Einführung in Rechtsphilosophie und Rechtstheorie der Gegenwart, 5. Aufl., 1989, S. 1 ff.; vgl. aber auch Engel, Rechtswissenschaft als angewandte Sozialwissenschaft, in: Gemeinschaftsgüter: Recht, Politik und Ökonomie, Preprints aus der Max-Planck-Projektgruppe Recht der Gemeinschaftsgüter Bonn 1998/1, S. 26; Simon, Die Rechtswissenschaft als Geisteswissenschaft, Rechtshistorisches Journal 12 (1992), 351, 361 „Rechtsphilosophie ... hat demgegenüber die Aufgabe, die Arbeit, die Funktion und den Sinn der Rechtswissenschaft zu reflektieren und zu legitimieren"; Weinberger, Norm und Institution, 1988, S. 46 „Die *allgemeine Rechtstheorie (Rechtsphilosophie)* umfasst vor allem: ... b) die Erörterung allgemeiner juristischer Begriffe und Probleme ...".

[34] Rüthers, Rechtstheorie, 1999, S. 8.

[35] Hesse, Models and Analogies in Science, 2. Aufl., 1970, S. 157 ff.

[36] Luhmann, Die neuzeitlichen Wissenschaften und die Phänomenologie, 1996, S. 57

[37] Ders., ebd., S. 58 f. unter Hinweis darauf, dass dies möglicherweise im Gegensatz zur klassischen Philosophie ein radikal anderes Zeitverständnis voraussetzt.

„Redescription" gehört zu den charakteristischen Merkmalen moderner Weltbeschreibungen, was sich anhand zahlreicher Beispiele aus der Ökonomie, der Psychologie, aber auch der Politik und Kultur belegen lässt.[38] Die Diskussion um die „Reform des Verwaltungsrechts" liefert ein weiteres Beispiel. Erste Ansätze einer „Reform der Verwaltung und des Verwaltungsrechts" sind fast zeitgleich zu Beginn der 90er Jahre des vergangenen Jahrhunderts im politischen System und im Rechtssystem auszumachen. Für das politische System ist hier insb. das von der Kommunalen Gemeinschaftsstelle für Verwaltungsvereinfachung entwickelte „Neue Steuerungsmodell" zu nennen.[39] Man wird durchaus annehmen dürfen, dass sich das Rechtssystem davon hat irritieren lassen. Allerdings ist die „Reform des Verwaltungsrechts" eine Konstruktion der Rechtsdogmatik geblieben. Eine Irritation der Rechtspraxis hat sie nicht hervorrufen können. Das ist nicht überraschend, muss doch die Rechtsdogmatik ihre Identität stets aufs Neue im Beobachten und Beschreiben suchen, während die Rechtspraxis ihre Identität von Anfang an im Entscheiden[40] gefunden hat.

Letztlich erweist sich die rechtsdogmatische Debatte um die „Reform des Verwaltungsrechts" als Wiederbelebung des Ende der 70er Jahre des vergangenen Jahrhunderts gescheiterten Projekts einer Integration der Sozialwissenschaften in das Öffentliche Recht[41]. Während die Inhalte im wesentlichen dieselben bleiben, ändert sich die äußere Erscheinungsform der Debatte. Die Reform kommt in neuem Gewande daher. Da sich das deutsche Verwaltungsrecht – wie einleitend bereits erwähnt - spätestens seit Mitte der 80er Jahre in einer tiefgreifenden Phase des Wandels befinde, müsse dem mit einer grundlegenden Neuausrichtung der verwaltungsrechtswissenschaftlichen Forschung Rechnung getragen werden.[42]

---

[38] Ders., ebd., S. 56 f.

[39] Siehe dazu insb. Kommunale Gemeinschaftsstelle für Verwaltungsvereinfachung, Das neue Steuerungsmodell, 1994; Stadt Dresden, Neues Steuerungsmodell. Dokumentation. Grundsätze der Verwaltungsmodernisierung und Erfahrungen verschiedener Städte beim Umsetzungsprozeß, 1996; Kommunale Gemeinschaftsstelle für Verwaltungsvereinfachung, Zehn Jahre Verwaltungsreform – neues Steuerungsmodell, 2001; vgl. ferner Otting, Neues Steuerungsmodell und rechtliche Betätigungsspielräume der Kommunen, 1997; Veith, Neues Steuerungsmodell und Demokratieprinzip, 2000

[40] Siehe dazu Luhmann, Organisation und Entscheidung, 2000, S. 123 ff.

[41] Darauf, dass dieses „verschwiegene Vergessen", d.h. das Vergessen der Gründe für das Scheitern früherer Reformen, zu den wichtigsten Ressourcen der Reformer zählt, weist zu Recht ders., ebd., S. 338 hin.

[42] So insb. Vosskuhle, Die Reform des Verwaltungsrechts als Projekt der Wissenschaft, in: Die Verwaltung 32 (1999), 545, 547; ders., „Schlüsselbegriffe" der Verwaltungsrechtsreform, VerwArch 92 (2001), 184, 194 ff.; vgl. ferner Trute, Die Wissenschaft vom Verwaltungsrecht: Einige Leitmotive zum Werkstattgespräch, in: Die Verwaltung, Beiheft 2 Die Wissenschaft vom Verwaltungsrecht. Werkstattgespräch aus Anlaß des 60. Geburtstages von Prof. Dr. Eberhard Schmidt-Aßmann, 1999, 9 ff.

Die Verwaltungsrechtswissenschaft als Steuerungswissenschaft[43], die rezeptions-offene Rechtswissenschaft[44], die - sogar ausdrücklich so bezeichnete - Integration von Rechts- und Sozialwissenschaft, Kommunikation in einer multidisziplinären Scientific Community[45] und Perspektivenverklammerung von Verwaltungsrecht und Verwaltungswissenschaft[46] sind die Leitbilder dieser Reform des Verwaltungsrechts.

Nur noch vereinzelt und ganz am Rande wird die damit verbundene Gefährdung der Rechtswissenschaft thematisiert, z.B., wenn es heißt, dass in der Selbstverständlichkeit der Grenzüberschreitungen eine begrüßenswerte Öffnung der Verwaltungsrechtswissenschaft liege, diese indes auch Reflexionen über das Selbstverständnis der Rechtswissenschaft verlange, die ihren normativen Charakter nicht aufgeben könne, ohne ihren Kern zu tangieren.[47] Zumindest mündet diese „Risikowahrnehmung" aber in das Bestreben, in der Form einer nicht einmal mehr invisibilisierten Paradoxieentfaltung ein „differenziert-integratives Methodenverständnis" zu entwickeln, das es erlaube, „Theorie, Dogmatik, Geschichte, Ökonomie und moderne Sozialwissenschaft zusammenzuführen, ohne die Eigenständigkeit jeder dieser Betrachtungsweisen zu negieren".[48] Damit war allerdings dezidierter Widerspruch aus der Rechtsdogmatik gleichsam vorprogrammiert. Er ließ auch nicht lange auf sich warten und wurde dahingehend formuliert, dass die Rezeptionsoffenheit des Verwaltungsrechts und der Verwaltungsrechtswissenschaft gegenüber den Sozialwissenschaften den Selbststand der Verwaltungsrechtsdogmatik gefährde und Methodendivergenzen zur empirischen Sozialwissenschaft ignoriere.[49] Letztlich geht es bei der Debatte, deren

---

[43] Vosskuhle, ebd. m.w.N.

[44] Trute, Die Wissenschaft vom Verwaltungsrecht: Einige Leitmotive zum Werkstattgespräch, in: Die Verwaltung, Beiheft 2 Die Wissenschaft vom Verwaltungsrecht. Werkstattgespräch aus Anlaß des 60. Geburtstages von Prof. Dr. Eberhard Schmidt-Aßmann, 1999, 9, 14.

[45] Hoffmann-Riem, Sozialwissenschaften im Verwaltungsrecht: Kommunikation in einer multidisziplinären Scientific Community, in: Die Verwaltung, Beiheft 2: Die Wissenschaft vom Verwaltungsrecht. Werkstattgespräch aus Anlaß des 60. Geburtstages von Prof. Dr. Eberhard Schmidt-Aßmann, 1999, 83 ff.

[46] Schuppert, Schlüsselbegriffe der Perspektivenverklammerung von Verwaltungsrecht und Verwaltungswissenschaft, in: Die Verwaltung, Beiheft 2: Die Wissenschaft vom Verwaltungsrecht. Werkstattgespräch aus Anlaß des 60. Geburtstages von Prof. Dr. Eberhard Schmidt-Aßmann, 1999, 103 ff.

[47] Trute, Die Wissenschaft vom Verwaltungsrecht: Einige Leitmotive zum Werkstattgespräch, in: Die Verwaltung, Beiheft 2: Die Wissenschaft vom Verwaltungsrecht. Werkstattgespräch aus Anlaß des 60. Geburtstages von Prof. Dr. Eberhard Schmidt-Aßmann, 1999, 9, 13; siehe auch Vosskuhle, Die Reform des Verwaltungsrechts als Projekt der Wissenschaft, in: Die Verwaltung 32 (1999), 545, 549.

[48] Vosskuhle, ebd.

[49] Schulte, Wandel der Handlungsformen der Verwaltung und der Handlungsformenlehre in der Informationsgesellschaft, in: Hoffmann-Riem/Schmidt-Aßmann (Hrsg.), Verwaltungs-

Ende nicht absehbar ist[50], zeitlich noch weiter zurückreichend um „redescriptions" des juristischen Methodenstreits der Weimarer Staatsrechtslehre und der Mitte des 19. Jahrhunderts geführten Kontroverse um den Methodenwandel im Öffentlichen Recht[51].

Inhaltlich sieht die Staats- und Verwaltungsrechtsdogmatik das Öffentliche Recht zum Ende des vergangenen Jahrhunderts vor dem Hintergrund der „Komplexität der Lebensverhältnisse in modernen Industriestaaten und angestoßen durch Prozesse der Europäisierung und Globalisierung, gegenwärtig aber auch der wachsenden Ökonomisierung und Informatisierung" in einem „dramatischen Wandlungsprozess"[52]. Im Zusammenhang damit ist die Forderung nach einer grundlegenden „Erneuerungs- und Veränderungsbedürftigkeit der überkommenen Verwaltungsrechtsdogmatik" erhoben worden; notwendig sei – wie schon einmal vor gut 100 Jahren – eine systemleitende Idee und ein theoretisches Grundkonzept, um den Herausforderungen der Verwaltungsrechtsdogmatik gewachsen zu sein[53]. Soweit der angesprochene Wandel in einer Ausdifferenzierung der tradierten Grundformen des Verwaltungshandelns (z.B. im transnationalen Verwaltungsakt, im staatlichen Informationsakt in Risikoverwaltungsbereichen oder in Verfahren automatisierter und pauschalierter Datenübermittlung bzw. Datenabgleichs) gesehen wird, haben wir es mit Vorschlägen zur Strukturänderung zu tun, die von einer sozial konstruierten Realität ausgehen und diese

recht in der Informationsgesellschaft, 2000, S. 333, 343 ff.; siehe aber auch Badura, Verwaltungsrecht im Umbruch, in: Kitagawa/Murakami/Nörr/Oppermann/Shiono (Hrsg.), Das Recht vor der Herausforderung eines neuen Jahrhunderts: Erwartungen in Japan und Deutschland, 1998, S. 147 ff.; Krebs, Sozialwissenschaften im Verwaltungsrecht: Integration oder Multiperspektivität, in: Die Verwaltung, Beiheft 2: Die Wissenschaft vom Verwaltungsrecht. Werkstattgespräch aus Anlaß des 60. Gebeurtstages von Prof. Dr. Eberhard Schmidt-Aßmann, 1999, 127 ff.; Röhl, Verwaltungsverantwortung als dogmatischer Begriff?, in: Die Verwaltung, Beiheft 2: Die Wissenschaft vom Verwaltungsrecht. Werkstattgespräch aus Anlaß des 60. Geburtstages von Prof. Dr. Eberhard Schmidt-Aßmann, 1999, 33 ff.; vgl. ferner Ossenbühl, Das Allgemeine Verwaltungsrecht als Ordnungsidee, Die Verwaltung 32 (1999), 97 ff., 99.

[50] Siehe neuerdings Möllers, Theorie, Praxis und Interdisziplinarität in der Verwaltungsrechtswissenschaft, VerwArch 93 (2002), 22 ff.; Müller/Christensen, Juristische Methodik, Bd. I, 8. Aufl., 2002, S. 89, die es für eine „genuin juristsche Aufgabe" halten, die „Sachgehalte geltender Normtexte aus Gebieten, die als ‚Politik', ‚Geschichte' und ‚soziale Wirklichkeit' katalogisierend abstrahiert zu werden pflegen, im tatsächlichen Vorgang der normtextorientierten Rechtsfindung zu verarbeiten."; vgl. auch Krawietz, Ausdifferenzierung von Praxis und Theorie in juristischer systemtheoretischer Perspektive, Rechtstheorie 32 (2001), 345, 357

[51] Siehe dazu eingehend Schulte, Hans Kelsens Beitrag zum Methodenstreit der Weimarer Staatsrechtslehre, Paulson/Stolleis/Yoshino (Hrsg.), Hans Kelsen als Staatsrechtslehrer und Rechtsphilosoph, 2005 (im Druck).

[52] Hoffmann-Riem, Tendenzen in der Verwaltungsrechtsentwicklung, DÖV 1997, 433

[53] H. Dreier, Merkls Verwaltungsrechtslehre und die heutige deutsche Dogmatik des Verwaltungsrechts, in: Adolf J. Merkl – Werk und Wirksamkeit, 1990, S. 55, 84, 87

mit Hilfe der Unterscheidung von Mängeln und Verbesserungsmöglichkeiten beobachten[54]. Die Beobachtung der Strukturänderung ist nötig, um den von der Rechtsdogmatik diagnostizierten und sich in der Rechtspraxis geräuschlos vollziehenden Wandel des Verwaltungshandelns, der schlicht als Grundkonstante des modernen Gesellschaftssystems zu begreifen ist, in die Autopoiesis des Rechtssystems einzuarbeiten.

Wie die klassische Theorie rationaler Organisationen arbeitet auch die Staats- und Verwaltungsrechtsdogmatik, soweit sie Reformbedarf im Verwaltungsrecht sieht, mit linearen Bewegungsmeldungen, die kontinuierliche Verlaufspfade auszumachen glauben, vor allem im Sinne eines „von der Programmsteuerung zur Ressourcensteuerung", „von formalen zu informalen Handlungsformen", „von imperativen zu kooperativen Interaktionsformen", „von modalen zu optionalen Instrumenten" und „von regulativen zu mehr oder minder selbstregulativen Handlungsszenarien"[55]. Solchen Entwicklungslinien ist mit Vorsicht zu begegnen. Nicht selten erweist sich nämlich ein „sowohl/als auch" gegenüber „von/zu" bzw. „vom/zum" – Entwicklungslinien als sachgerechtere Situationsbeschreibung, weil sich die Situation regelmäßig eher unübersichtlich gestaltet, sobald Reformabsicht artikuliert wird. Dies gilt auch für die „Reform des Verwaltungsrechts": Stellungnahmen dafür und dagegen treten auf den Plan, es kommt zu Modifikationen, Differenzierungen und einem Oszillieren alter und neuer Vorstellungen. In Anpassung an diese Veränderungen müssen Reformabsicht und Reforminhalt stets aufs Neue beschrieben werden[56].

Des weiteren lässt sich die Funktion von Reformen, zu kontroversen Selbstbeschreibungen des Systems beizutragen, gleichsam einen „Widerstand des Systems gegen sich selbst" zu erzeugen[57], auch am Beispiel der Debatte um die „Reform des Verwaltungsrechts" belegen. Im Hintergrund stehen hier vor allem divergierende Beurteilungen der Steuerungsfähigkeit des Rechts. Soweit die Staats- und Verwaltungsrechtsdogmatik dabei ganz durchgängig einen handlungstheoretischen, akteurbezogenen Steuerungsansatz zugrundelegt, lässt sie außer Acht, dass die Reflexion von Steuerungsmängeln ein Internum des Rechtssystems ist und nicht als Zentralsteuerung von außen, sondern nur als Differenzminderung durch Selbststeuerung begriffen werden kann[58].

---

[54] Luhmann, Organisation und Entscheidung, 2000, S. 333

[55] In diesem Sinne Hoffmann-Riem, Tendenzen in der Verwaltungsrechtsentwicklung, DÖV 1997, 433, 434 ff.

[56] Luhmann, Organisation und Entscheidung, 2000, S. 333

[57] Ders., ebd., S. 337

[58] Luhmann, Politische Steuerungsfähigkeit eines Gemeinwesens, in: Göhner (Hrsg.), Die Gesellschaft für morgen, 1993, S. 50, 55, 56; ders., Steuerung durch Recht? Einige klarstellende Bemerkungen, ZRSoz 12 (1991), 142, 143 f.; ders., Politische Steuerung: ein Diskussionsbeitrag, PVS XXXI (1989), 4 ff.

Die Anfang der 90er Jahre des vergangenen Jahrhunderts in Angriff genommene „Reform des Verwaltungsrechts" ist zwischenzeitlich sogar zur „permanenten Reform" geworden. Dass die Ergebnisse einer Reformdiskussion nie evaluiert werden, gehört zu den wichtigsten Ressourcen von Reformen. Ihr Hauptergebnis liegt - auch mit Blick auf die Reform des Verwaltungsrechts – im Bedarf für weitere Reformen[59]. Die bereits einleitend erwähnten „Reformfortsätze" eines Handbuchs der „Verwaltungsrechtswissenschaft" und des „Innovationsrechts" belegen dies nachhaltig.

Abschließend bleibt nur noch, einem naheliegenden Missverständnis vorzubeugen: Mit der Fremdbeobachtung und -beschreibung der Debatte um die „Reform des Verwaltungsrechts" aus der Sicht einer soziologischen Theorie des Rechts verbindet sich nicht die Absicht, für die Zukunft einen Reformverzicht vorzuschlagen. Reform ist, wenn sie vorkommt, ein Moment von Evolution. Allerdings muss Reform, und dies gilt auch für diejenige des Verwaltungsrechts, in Kauf nehmen, dass unbekannt ist und bleibt, was künftige Entscheidungen aus ihr machen. Im Zweifel wartet die „Gegenreform" immer schon ante portas. Und was daraus wird, stellt sich einzig und allein durch Evolution heraus[60].

---

[59] Luhmann, Organisation und Entscheidung, 2000, S. 340 f.

[60] Ders., Die Gesellschaft der Gesellschaft, 1997, S. 430 (mit Blick auf den Gedanken der Planung); ders., ebd., S. 347, 354

Innovatives Verwaltungsrecht und Verwaltungsrechtsreform

Stephan Kirste

Die Präambeln moderner Verfassungen verweisen häufig nicht nur auf den Kairós ihrer Entstehung, jenen besonderen Moment, in dem die Auseinandersetzung mit der Vergangenheit zur Grundlage einer besseren Bewältigung der Zukunft in der ausgedehnten Gegenwart ihrer Geltung gemacht werden soll[1]. manchmal sehen sich diese Verfassungen als Produkt einer Reform oder gar Revolution, deren Weiterführung sie versprechen[2]. Sie heben hervor, daß die Verfassunggebung ein Moment der Katharsis bedeutet[3]. Auch wird von „Modernisierung" gesprochen. Daß sie zugleich einen festen rechtlichen Rahmen abstecken, der Revolutionen ausschließen soll, wird dann aber häufig als Problem einer immer schwächeren demokratischen Legitimation wahrgenommen: Wieso soll das Volk, das sich eine Verfassung gegeben hat, zukünftig von der Veränderung dieser Verfassung ausgeschlossen sein[4]? Die Verfassung unternimmt es, diesen Änderungsdruck durch rechtliche Regelungen zu kanalisieren, ohne ihn auszuschließen. Sie verweist für strukturelle Änderungen auf die Politik, hält aber für laufende Veränderungen eine Reihe von innovationsförderlichen Regelungen bereit, die durchaus innerhalb des Rechtssystems selbst Veränderungen erlauben.

---

[1] Dazu Stephan Kirste, Constitution and Time, in Pluralism and Law; Proceedings of the 20th IVR World Congress - Amsterdam 2001; Vol. 2: State, Nation, Community, Civil Society; ed. by A. Soeteman (ARSP-Bh. Nr. 89), 2003, S. 79-87 (79 ff.).

[2] Präambel der *chinesischen Verfassung*: "The people of all nationalities in China have jointly created a splendid culture and have a glorious revolutionary tradition... The basic task of the nation in the years to come is to concentrate its effort on socialist modernization. Under the leadership of the Communist Party of China and the guidance of Marxism-Leninism and Mao Zedong Thought, the Chinese people of all nationalities will continue to adhere to the people's democratic dictatorship and follow the socialist road, steadily improve socialist institutions, develop socialist democracy, improve the socialist legal system...".

[3] Präambel der *iranischen Verfassung*: "Our nation, in the course of its revolutionary developments, has cleansed itself of the dust and impurities that accumulated during the past and purged itself of foreign ideological influences, returning to authentic intellectual standpoints and world-view of Islam... With due attention to the Islamic content of the Iranian Revolution, the Constitution provides the necessary basis for ensuring the continuation of the Revolution at home and abroad.

[4] Hierzu Larry Alexander (Hrsg.), Constitutionalism. Philosophical Foundations, Cambridge/New York/Melbourne 1998, S. 1 ff.; Ackerman, Bruce, We the People I. Foundations, Cambridge, Mass. 1999, S. 6 ff.

Neuerungen vollziehen sich unter dem Schutz der Grundrechte vor allem im wirtschaftlichen, wissenschaftlichen, technischen Bereich der Gesellschaft[5]. Doch werden zunehmend vom leistenden, Umwelt und Nachwelt schützenden ökologischen Staat Innovationsleistungen erwartet. Dabei ist insbesondere die Verwaltung gefordert. Die folgenden Untersuchungen sollen nun der Frage nachgehen, welche Innovationspotentiale der Verwaltung die Verfassung selbst und das Verwaltungsrecht freisetzen und wie und an welchen Stellen und mit welchen Absichten Verwaltungs- und vor allem Verwaltungsrechtsreformen und -innovationen stattfinden. Sie sollen dazu einige rechtstheoretische Überlegungen zum Thema Innovation und Reform der Verwaltung anstellen[6]. Ihr Gegenstand sind das Verwaltungs- und hierauf bezogene Verfassungsrecht als Normensysteme. Daher sind sie insofern nicht rechtsdogmatisch, als sie die Rechtsinstitute der konkreten Rechtsordnung nur beispielhaft aufnehmen, und sind nicht rechtssoziologisch, als sie nicht vom Rechtssystem als Kommunikationssystem, das am binären Recht-Unrecht-Code orientiert ist, ausgehen – ohne diese Perspektive allerdings auszuschließen[7]. Aus rechtssoziologischer Perspektive könnte man vielleicht am ehesten von der Analyse einer Form von Entscheidungsprämissen sprechen[8].

Es sollen 1. einige Überlegungen zur Abgrenzung der Begriffe „Innovation und Reform" in bezug auf Verwaltung und Verwaltungsrecht angestellt, 2. einige grundsätzliche Aspekte der Zukunftsoffenheit und Innovativkraft von Recht vorgestellt, 3. Beispiele für stabilisierende und innovative Rechtsnormen diskutiert und abschließend 4. einige Bemerkungen zur Reform des Verwaltungsrechts gemacht werden. Bei allem wird das Verfassungsrecht nicht nur aufgrund der

---

[5] Entsprechend sind einem Verwaltungsrecht, das insofern Innovationen steuern will enge verfassungsrechtliche Grenzen (etwa aus der Wissenschaftsfreiheit des Art. 5 III GG) gesetzt, Wolfgang Kahl, Risikosteuerung durch Verwaltungsrecht: Ermöglichung oder Begrenzung von Innovationen?, in: DVBl. 2003, S. 1105-1118 (1110).

[6] Diese Perspektive muß weiter unterschieden werden von der verwaltungswissenschaftlichen Perspektive des Wandels der Verwaltung als Organisation, vgl. hierzu etwa allgemein Niklas Luhmann, Organisation und Entscheidung. Opladen 2000, S. 330 f.; zu Organisationswandel der Verwaltung und Organizational Development, S. 363 ff.; Heinrich W. Ahlemeyer, Administrativer Wandel, in Klaus Dammann, Dieter Grunow, Klaus P. Japp (Hrsg.), Die Verwaltung des politischen Systems. Neuere systemtheoretische Zugriffe auf ein altes Thema - Mit einem Gesamtverzeichnis der Veröffentlichungen Niklas Luhmanns 1958-1992, Opladen 1994, S. 183-197 (183 ff.).

[7] Zur Unterscheidung Niklas Luhmann, Das Recht der Gesellschaft, Frankfurt/Main 1993, S. 165 ff. u. 274 ff.; Niklas Luhmann, Die soziologische Beobachtung des Rechts, Frankfurt/Main 1985, S. 28 ff.

[8] Niklas Luhmann, Die Gesellschaft der Gesellschaft. Frankfurt/Main 1997, S. 834 ff.; ders., Ausdifferenzierung des Rechtssystems, in ders., Ausdifferenzierung des Rechts. Frankfurt/Main, S. 35 ff. (44 f.); über diese Entscheidungsprämissen versucht dann das Recht Innovationen in den Verwaltungsorganisationen zu steuern, Klaus Grimmer, Struktur und Innovation, Baden-Baden 1997, S. 70; Ahlemeyer a.a.O., S. 188 f.

Aufgabenstellung der Veranstalter dieser Tagung, sondern weil sie ein fundamentum in re besitzt, besonders berücksichtigt werden.

1. Innovation und Reform von Verwaltung und Verwaltungsrecht – Zur Abgrenzung der Begriffe

„Innovation" und „Reform" des Verwaltungsrechts und auf seiner Basis der Verwaltung werden in verwaltungswissenschaftlichen und verwaltungsrechtsdogmatischen Zusammenhängen als durchaus unterscheidbare Begriffe diskutiert[9]. Dabei kreuzen sich mindestens zwei Unterscheidungen:

Beide Begriffe beziehen sich auf Prozesse. Winfried Brohm unterscheidet Innovation und Reform nach der *Tragweite der Veränderung*, die damit angesprochen wird[10]. Reform, insbesondere Verwaltungsreform ist danach nur ein Ereignis, das Strukturveränderungen von einigem Gewicht zur Folge hat wie etwa bei den Stein-Hardenbergschen Reformen[11], während Innovationen gewissermaßen fortlaufend erfolgen und als Änderungen im Rahmen der Routine auftreten. Kriterien dafür, ab welcher Größe eine Innovation in eine Reform umschlägt, lassen sich dabei schwer bestimmen. Eine Möglichkeit wäre es, von Verwaltungsreform nur dann zu sprechen, wenn auf einer bestimmten hierarchischen Ebene der Verwaltung eine Veränderung der formalen Organisation oder der Handlungsinstrumente auftritt, während Veränderungen in diesem Rahmen Innovationen bedeuten.

Ein anderer Ansatz geht davon aus, Reform verweise auf einen geplanten, zielgerichteten Vorgang. Innovation hingegen betont die Neuheit nicht notwendig mit

---

[9] Daneben tritt auch der Terminus „Modernisierung" auf, ohne daß eine genaue Abgrenzung zum Ausdruck „Innovation" möglich ist, vgl. etwa Grimmer a.a.O., S. 61 ff., S. 63: „Verwaltungsmodernisierung ist nichts anderes als ständige Optimierung der einzelnen Instrumente, ihres Zusammenhanges und ihres Wechselspiels, bezogen auf die Aufgaben einer Verwaltung und die weiteren in der Art und Weise der Aufgabenerledigung zu realisierenden gesellschaftspolitischen, verwaltungspolitischen und organisationspolitischen Ziele"; auch Dietrich Budäus, Public Management. Konzepte und Verfahren zur Modernisierung öffentlicher Verwaltungen, Berlin 1995.

[10] Winfried Brohm, Funktionsbedingungen für Verwaltungsreformen, in Die Verwaltung 21 (1988), S. 1-22 (1 ff.) – Außer Acht gelassen werden hier Ansätze, die „Innovation" als Oberbegriff für jede Art von Entwicklung oder Einführung von Neuerungen ansehen (Kahl a.a.O., S. 1107), wobei Reform dann nur noch als Unterbegriff für eine bestimmte Art der Entwicklung von Neuerungen fungieren könnte.

[11] Dazu Bernd Becker, Zusammenhänge zwischen den Ideen zu den Verwaltungsreformen von Montgelas, Stein und Hardenberg. (Vergleich des Ansbacher Mémoire von 1796, der Nassauischen Denkschrift von 1807 und der Rigaer Denkschrift von 1807), in BayVBl, 1986, S. 705 ff. u. 744 ff. (744 ff.); vgl. auch Gunnar Folke Schuppert, Verwaltungswissenschaft. Verwaltung, Verwaltungsrecht, Verwaltungslehre, Baden-Baden 2000, S. 917 ff.; sie betreffen eher die „Makrostruktur des Zuschnitts von Verwaltungsträgern, Maximilian Wallerath, Verwaltungserneuerung – Auf dem Weg zu einer neuen Verwaltungskultur?, in VerwArch 88 (1997), S. 1-22 (3).

Rücksicht auf ihre Herkunft[12]. Die Neuheit kann sich auf eine Sache selbst, auf einen Prozeß, eine Entwicklung, auf die Verwertbarkeit und ihre Erstmaligkeit beziehen – damit würde sie der Routine[13] entgegenstehen. Überhaupt scheint hier das Moment der Diskontinuität angesprochen zu sein. Hoffmann-Riem definiert Innovationsoffenheit als „Fähigkeit des Rechts, Innovationen in dem vom Recht geregelten Feld zu ermöglichen...". Das Ziel der Innovationsoffenheit könne sich dann aber „auch auf das Recht selbst beziehen, damit sich seine Strukturen und Instrumente ändern, um jeweils angemessen auf geänderte Lagen reagieren zu können."[14] Nach diesem Ansatz geht Innovation von einer gegebenen Struktur des Rechts aus, die Erneuerungen ermöglicht oder sich selbst erneuert. Reform dagegen meint den steuernden – planenden und insgesamt gezielten – Eingriff in diese Rechtsstrukturen von außen. Man könnte vielleicht sagen, daß Innovation eher evolutiv zu verstehen ist, während Reform von dieser Vorstellung her den Versuch einer engen Kopplung von Politik und Recht zum Ausdruck bringt.

Für eine rechtstheoretische Untersuchung eignet sich diese Unterscheidung besser. Sie ermöglicht es, zwischen Strukturen der Selbstveränderung von Recht und Versuchen der Fremdsteuerung zu unterscheiden. Insofern könnte auch von Reform als „teleologischer" und Innovation als „morphogenetischer" Veränderung gesprochen werden[15]. Zugleich kann sie die Grenze aufzeigen, ab der das Innovationspotential der Verwaltung und des Verwaltungsrechts ausgeschöpft und zur Veränderung auf Reformen zurückgegriffen werden muß.

2. Innovative und stabilisierende Strukturen des Verwaltungsrechts

2.1 Die Zeitstruktur des Rechts im Allgemeinen

Recht ist nicht nur seinem Inhalt nach ein „Verbündeter des Überkommenen"[16], sondern vor allem auch der Form nach gegen Veränderung gerichtet. „Es ist eine

---

[12] Jürgen Hauschild, Facetten des Innovationsbegriffs, in Wolfgang Hoffmann-Riem, Jens-Peter Schneider (Hrsg.), Rechtswissenschaftliche Innovationsforschung. Grundlagen, Forschungsansätze, Gegenstandsbereiche, Baden-Baden 1998, S. 29-39 (30), zeigt einige Definitionsversuche des Begriffs.

[13] Hauschild, a.a.O., S. 35; zur Routine auch Niklas Luhmann, Lob der Routine, in ders., Politische Planung. Aufsätze zur Soziologie von Politik und Verwaltung, Opladen 1994, S. 113-142 (113 ff.), der aber auch auf „sekundäre Elastizitäten wie Ermessen und besonders auslegungsbedürftige, sog. „unbestimmte Rechtsbegriffe" hinweist.

[14] Wolfgang Hoffmann-Riem, Ermöglichung von Flexibilität und Innovationsoffenheit im Verwaltungsrecht. Einleitende Problemskizze, in Wolfgang Hoffmann-Riem, Eberhard Schmidt-Aßmann (Hrsg.), Innovation und Flexibilität des Verwaltungshandelns, Baden-Baden 1994, S. 9-66 (13).

[15] Niklas Luhmann, Soziologische Aufklärung 3. Soziales System, Gesellschaft, Organisation, Opladen 1991, S. 377.

[16] Hoffman-Riem a.a.O., S. 12.

'fertige' Welt entindividualisierter Handlungen, die in den Rechtsnormen zur starren Fixierung gelangt ist."[17] Jede Norm und erst Recht eine Norm, deren Positivierung ihrerseits wiederum Gegenstand der Normierung ist, nimmt eine „Vorausverfügung über die Zukunft der Menschen vor"[18], wie es Gerhard Husserl ausgedrückt hat. In der ausgedehnten Gegenwart ihrer Geltung – verstanden als der Zeitraum, in dem die Rechtsnorm aufgrund eigener Setzung, aufgrund höherrangigen Rechts oder aufgrund von Nichtänderung zum positiven Recht gehört –, in dieser ausgedehnten Gegenwart schließt sie entweder Zukunft – verstanden als Unsicherheit, Veränderlichkeit, Potentialität etc. – aus oder läßt sie selektiv zu. Das bedeutet: aus der kontingenten zukünftigen Zukunft wird eine vergangenheitsgeprägte, nämlich durch gegenwärtige Bestimmungen geprägte Zukunft. In entsprechender Weise verfährt die Rechtsnorm mit Vergangenheit: Auch die historischen Ereignisse von den Todesschüssen an der deutsch-deutschen Grenze, über die Abhörprotokolle der Stasi werden nur gegenwärtige Vergangenheit nach Maßgabe rechtlicher Regelungen[19]. Recht negiert somit Zukunft, indem sie gebunden wird und es negiert Vergangenheit, indem sie veränderbar wird durch selektive Anknüpfung an sie[20]. Wenn man Zukunft als Veränderlichkeit, Vergangenheit als den gegenwärtig nicht änderbaren Ausgangspunkt und Gegenwart als die Aufhebung dieser Differenz in der gegenwärtigen Entscheidung versteht, dann kann man sagen, daß die Geltung des Rechts die Mechanismen der Zeit gegen sich selbst wendet und so eine Autonomie rechtlicher Zeit begründet. Die normative Geltung des Rechts soll in Form einer ausgedehnten Gegenwart einen zeitlichen Freiraum schaffen, in dem der Veränderung enthobene Normen Veränderungen steuern.

Wenn demgegenüber die prinzipielle Zukunftsoffenheit einiger Rechtsnormen hervorgehoben wird, dann muß doch entgegnet werden, daß diese Offenheit rechtliche Offenheit ist, somit das Recht selbst diese Zukünftigkeit ermöglicht und, wenn auch u. U. in geringem Maß, limitiert. Die Redeweise von der Zukunftsoffenheit des Rechts[21] geht somit von ihrer prinzipiellen Geschlossenheit

---

[17] Gerhard Husserl, Recht und Welt (1929), in ders., Recht und Welt. Rechtsphilosophische Abhandlungen, Frankfurt/Main 1964, S. 67–114 (79). Hierzu: Stephan Kirste, Die Zeitlichkeit des positiven Rechts und die Geschichtlichkeit des Rechtsbewußtseins. Berlin 1998, S. 232 ff. (243 f.).

[18] Gerhard Husserl, Recht und Zeit. Fünf rechtsphilosophische Essays, Frankfurt/Main 1955, S. 27.

[19] Vgl. etwa Ralf Dreier, Juristische Vergangenheitsbewältigung, Baden-Baden 1995.

[20] Stephan Kirste, The Temporality of Law and the Plurality of Social Times. The Problem of Synchronizing Different Time Concepts through Law, in Michel Troper, Annalisa Verza (Hrsg.), Legal Philosophy: General Aspects. Concepts, Rights and Doctrines. Proceedings of the 19th World Congress of the International Association for Philosophy of Law and Social Sciences (IVR) New York, June 24-30, 1999, Stuttgart 2002, S. 13-44 (38).

[21] Etwa Peter Häberle, Zeit und Verfassungskultur, in Die Zeit. Dauer und Augenblick. Veröffentlichungen der Carl Friedrich von Siemens Stiftung, Hg. v. Heinz Gumin und Heinrich

aus und betont die überlassenen Freiräume. Grundrechte etwa sind in hohem Maße auslegungs- und optimierungsbedürftig, um angewendet werden zu können. Die juristische Argumentation ist jedoch auf sie als Fixpunkte bezogen und kann nicht auf Moral rekurrieren.

Da Recht somit formal innovationsfeindlich ist, betrifft die Innovation durch Recht offenbar seinen Inhalt. Insofern kann ggf. von einer „Pflicht des rechtsstaatlich und demokratisch verfaßten Gemeinwesens zur ‚Offenheit‘"[22] gesprochen werden. Dabei kann es nicht darum gehen, daß das Recht seine zeitliche Autonomie aufgibt; Zeitgerechtigkeit des Rechts bedeutet vielmehr eine gezielte und selektive Synchronisation der rechtlichen mit anderen sozialen Zeiten[23]. Innovation kann dann einmal bedeuten, daß das Recht entsprechende nichtrechtliche Veränderungen fordert (Innovation durch Recht) oder daß es sich ihnen „öffnet"[24], d. h. daß es gezielt eine Bandbreite von Entscheidungen als rechtlich zuläßt (Innovation des Rechts). Die eigentliche rechtliche Steuerungsleistung besteht dann auch hier in der Kanalisierung von Innovation. Das mit der Rechtsänderung auftretende Neue wird sofort in die andauernde Gegenwart des immer gleichen Normbefehls überführt, der bestimmte Entscheidungen normativ erwartbar macht, bzw. normativ erwarten läßt, daß die rechtlichen Entscheidungsprämissen nicht in der Situation, die sie regeln sollen geändert werden, sondern nur gemäß normativ erwartbaren Verfahren[25].

Meier, Bd. 2, München Zürich 1989, S. 289 – 343 (301); Peter Häberle, Zeit und Verfassung, in ders., Verfassung als öffentlicher Prozeß. Materialien zu einer Verfassungstheorie der offenen Gesellschaft, Berlin (Schriften zum Öffentlichen Recht, Bd. 353) 1978, S. 59 – 92 (69 ff.).

[22] Eberhard Schmidt-Aßmann, Flexibilität und Innovationsoffenheit als Entwicklungsperspektive des Verwaltungsrechts, in Wolfgang Hoffmann-Riem, Eberhard Schmidt-Aßmann (Hrsg.), Innovation und Flexibilität des Verwaltungshandelns, Baden-Baden 1994, S. 407-423 (409).

[23] Zum Konzept der Synchronisation als Zeitgerechtigkeit ausführlich Kirste, a.a.O. (2002), S. 13 ff.; vgl. zur Zeitgerechtigkeit des Verwaltens auch die Konzeption von Paul Kirchhof, Verwalten und Zeit, Hamburg 1975, S. 16 f.; ferner Helmuth Schulze-Fielitz, Zeitoffene Gesetzgebung, in Wolfgang Hoffmann-Riem, Eberhard Schmidt-Aßmann (Hrsg.), Innovation und Flexibilität des Verwaltungshandelns, Baden-Baden 1994, S. 139-198 (149 u. 174 f.): A-Synchronizität kann im Interesse rechtsstaatlicher Verfahren gefordert sein (Schaffung eines zeitlichen „Freiraums", im Sinne eines fair trial alle sachdienlichen Argumente, forciert ggf. durch Präklusionsvorschriften, vorgebracht werden können). Sie ist mit der ggf. grundrechtlich gebotenen Beschleunigung von Verwaltungsentscheidungen zu einem zeitgerechten Ausgleich zu bringen.

[24] Hoffman-Riem, a.a.O. (1994), S. 14.

[25] Niklas Luhmann, Rechtssoziologie, 3. Aufl. Opladen 1987, S. 210. Das bedeutet auch, daß in der Stabilisierung der normativen Erwartungen des Rechts immer ein Moment der Diskontinuität gegenüber Innovationen anderer gesellschaftlicher Systeme besteht. Theodor Geiger hat dies als Charakteristikum modernen rationalen Rechts im Gegensatz zu traditionalen, nicht ausdifferenzierten Formen der Rechtsentwicklung: Theodor Geiger, Vorstudien zu einer Soziologie des Rechts, Neuwied 1964, S. 199: „Die unformulierte und in abgeschwächtem Grad auch die deklarierte, habituelle Norm kann sich in gleitender Bewegung stetig den Er-

2.2 Innovative und stabilisierende Rechtsnormen

2.2.1 Zur Zeitstruktur der Verfassung als Gesetz

Der Form nach garantiert das Verfassungsrecht ein hohes Maß an Stabilität. Der Mechanismus, der dafür verantwortlich ist, sind Änderungsregeln, die gegenüber dem einfachen Gesetzgebungsprozeß hohe, ja in Teilbereichen rechtlich unüberwindliche Anforderungen an eine Korrektur stellen: Art. 79 III GG und entsprechende Normen anderer Verfassungen nehmen sich selbst und einige tragende Prinzipien von einer Änderung aus: „Positives Recht kann ... Selbstverewigung vollziehen - ein für das Mittelalter unvorstellbarer und ein in jedem Falle fragwürdiger Gedanke. Die traditionelle Legeshierarchie von göttlichem Recht, ewigem oder auch variablem Naturrecht und positivem Recht wird damit aufgegeben... Statt dessen bringt die Verfassung zum Ausdruck, daß alles Recht im Rechtssystem selbst zu verantworten sei."[26]

Inhaltlich ist das Verfassungsrecht keineswegs durchgängig, jedoch in wichtigen Bereichen durch offene Normen gekennzeichnet. Relativ konkret gefaßt sind die Kompetenzabgrenzungen auch in bezug auf die Verwaltungszuständigkeiten, weit dagegen insbesondere Grundrechte und Staatszielbestimmungen (Demokratie, Rechtsstaat, Sozialstaat, Republik, Bundesstaat Umweltstaat) Die weite Fassung schließt einen allzu hohen Änderungsbedarf aus und ermöglicht im Unbestimmtheitsbereich unterschiedliche Konkretisierungsmöglichkeiten. Innovation findet hier im Rahmen der selbst statischen Verfassungsnormen statt.

2.2.2 Einfaches Recht

Die klassische Eingriffsverwaltung, wollte gesellschaftliche Innovation ermöglichen, indem sie staatliche Beschränkungen von Freiheit und Eigentum der Bindung des im Voraus erlassenen und fest umrissenen Gesetzes unterwarf. Gerade die Statik klar spezifizierter Konditionalprogramme sollte Verläßlichkeit verbürgen und so die wirtschaftlichen und kulturellen Initiativkräfte freisetzen[27]. Auch wenn man betont, daß der leistende Sozialstaat und der zukunftsplanende Umweltstaat zur Erfüllung seiner Aufgaben nicht mehr nur in diesen engen Grenzen operieren kann, besitzen innovationsermöglichende starre Normen auch gegen-

---

fordernissen des durch sie geordneten, veränderlichen Daseins angleichen. Im Bereich der proklamativ statuierten Gesetzesnorm kann diese Angleichung nur in Rhythmen erfolgen, in denen Diskrepanz zwischen Gesetz und Leben mit Reformsprüngen abwechselt. Hier liegt der Gegensatz von traditionalem und rationalem Ordnungstypus."

[26] Luhmann, a.a.O. (1993), S. 474.

[27] Zur Struktur des Konditionalprogramms klassisch Luhmann, a.a.O. (1987), S. 227. Ihre hohe Selektivität ermöglicht es der Gesellschaft zugleich mit einem hohen Maß an Unsicherheit auskommen zu können.

wärtig noch ihre Bedeutung, wenn ein bestimmtes Verhalten verlangt oder ausgeschlossen werden soll[28].

a) Innovation durch zeitliche Begrenzung der Geltung von Rechtsnormen

Ein erster Modus der Steigerung der Innovativität des Rechts selbst besteht in der Beschränkung seiner Geltung. Sie hält sich – auch wenn zuweilen Gesetze für die „Ewigkeit" gedacht gewesen sein mögen – noch ganz im klassischen Arsenal der Rechtsnormen auf. An die Stelle einer ratio cessante legis-Regel, die die Geltungskraft der Rechtsnorm mit dem Wegfall ihrer Ratio gewissermaßen natürlich vergehen lassen wollte, tritt die Selbstbeschränkung des Rechts. Neues wird gezielt zugelassen, und gerade darin liegt eine Gewährleistung von Rechtssicherheit. Eine solche Beschränkung kann durch formale Befristung erfolgen[29], Überprüfungsregelungen und durch experimentelle Gesetzgebung[30]. Schon Montesquieu weist auf diese Möglichkeit hin:

„oft ist es sogar angebracht, ein Gesetz erst versuchsweise zu erlassen, ehe man es endgültig einführt. Die Verfassungen Roms und Athens waren sehr weise. Die Senatsbeschlüsse hatten zunächst nur für ein Jahr Gesetzeskraft und wurden erst durch den Willen des Volkes zu dauernden Gesetzen."[31]

Das deutsche Bundesverfassungsgericht hat derartige Experimentalnormen anerkannt. Für eine Übergangszeit können dann etwa die Anforderungen an die Bestimmtheit zurückgenommen werden, bis der Gesetzgeber hinreichend Erfahrung gesammelt hat, um solche grob typisierenden Regelungen durch hinrei-

---

[28] Reiner Schmidt, Flexibilität und Innovationsoffenheit im Bereich der Verwaltungsmaßstäbe, in Hoffmann-Riem, Wolfgang, Schmidt-Aßmann, Eberhard (Hrsg.), Innovation und Flexibilität des Verwaltungshandelns, Baden-Baden 1994, S. 67-110 (69): „Starre, also gerade nicht flexible Normen, können innovationsfördernder sein als sog. ‚soft law', etwa dann, wenn durch strenge Umweltstandards technische Neuerungen geradezu erzwungen werden."

[29] Eingehend hierzu Antonis Chanos, Möglichkeiten und Grenzen der Befristung parlamentarischer Gesetzgebung, Berlin (Schriften zum öffentlichen Recht; H.) 1999; Schulze-Fielitz a.a.O., S. 159 f.

[30] Ingo von Münch, Die Zeit im Recht, in NJW 2000, S. 1–7 (4); Reinhold Zippelius, Recht und Gerechtigkeit in der offenen Gesellschaft, Berlin 1994, S. 106 ff. u. 393 ff. Schulze-Fielitz a.a.O., S. 157 u. 159 – aus methodischer Perspektive; vgl. a. Häberle, a.a.O. (1978), S. 85 f.; Michael Kloepfer, Gesetzgebung und Rechtsstaat, in Veröffentlichungen der Vereinigung der Deutschen Staatsrechtlehrer 40, 1982, 63 ff.(92f.); Detlef Horn, Experimentelle Gesetzgebung unter dem Grundgesetz, Berlin 1989; Luzius Mader, Experimentelle Gesetzgebung, in Gesetzgebungstheorie und Rechtspolitik, Jb. f. Rechtssoziologie und Rechtstheorie 13, 1988, S. 211-221 (211ff.).

[31] Charles-Louis de Secondat, Baron de la Brède et de Montesquieu, Vom Geist der Gesetze 1 u. 2. übersetzt u. hrsgg. v. E. Forsthoff. Tübingen 1992, S. 24.

chende zu ersetzen[32]. Hieraus ergibt sich eine Nachbesserungspflicht des Gesetzgebers[33]. Das Kreislaufwirtschafts- und Abfallgesetz (KrW/AbfG) ist ein Beispiel für eine aus diesem Grund veranlaßte Novelle[34]. Als Normalfall der Gesetzgebung sind solche Experimental- und Erprobungsnormen aber rechtsstaatlich problematisch[35].

Schließlich ist darauf hinzuweisen, daß auch auf untergesetzlicher Ebene Befristungen, Änderungsvorbehalte, Öffnungsklauseln sowie Evaluations- und Revisionsvorbehalte[36], vorläufige Verwaltungsakte[37], befristete Verwaltungsvorschriften[38] Geltungsdauerbeschränkungen (Polizeiverordnung) zur geregelten Überprüfung und Änderung von Rechtsnormen und damit der Ermöglichung von Innovation genutzt werden. All diese begrenzten Gegenwarten sind Ausprägung der Erfahrung, daß rechtliche Entscheidungen für immer kürzere Zeiträume angemessen sind. Die Befristung ihrer Geltung fungiert als Perspektive für die Änderungsmöglichkeit[39]. Auf diese Weise zeigt sich das Rechtssystem als änderungsfähig und die Verwaltung als änderungsbereit, auch wenn die Folgen der Entscheidungen in ihrer Umwelt immer länger dauernde Irreversibilitäten in Gestalt von Folgelasten verursachen[40].

---

[32] *BVerfGE* 85, 80 (91); 80, 1 (26).

[33] Std. Rspr., vgl. etwa BVerfGE 25, S. 1 ff. (13); 65, S. 1 ff. (55 f.).

[34] Udo Di Fabio, Die Verfassungskontrolle indirekter Umweltpolitik am Beispiel der Verpackungsverordnung, in NVwZ 1995, S. 1 ff. (7)

[35] V. Münch a.a.O., S. 4.

[36] Schulze-Fielitz a.a.O., S. 163 f.; Wolfgang Hoffmann-Riem, Grundfragen, in Wolfgang Hoffmann-Riem, Eberhard Schmidt-Aßmann (Hrsg.), Reform des Allgemeinen Verwaltungsrechts, Baden-Baden 1993, S. 115-176 (171 f.); Kahl, a.a.O., S. 1111.

[37] Udo Di Fabio, Vorläufiger Verwaltungsakt bei ungewissem Sachverhalt, in DöV 1991, S. 629-637, S. 634: „Die Annahme eines vorläufigen Verwaltungsaktes erlaubt rückwirkende Korrekturen der ursprünglichen Regelung, ohne daß der Verwaltungsakt aufgehoben werden müßte." Hoffman-Riem, a.a.O. (1994), S. 61; Schmidt-Aßmann, a.a.O. (1994), S. 61; Schulze-Fielitz a.a.O., S. 146.

[38] Schmidt-Aßmann, a.a.O. (1994), S. 57.

[39] Die selbst eingeführte Kontingentierung der Reaktions- und Verbindlichkeitszeiten fungiert als Entschuldigung für eine Rücknahme der Prüfungstiefe in der Sachdimension. Die in der Geltung der rechtlichen Maßnahme ausgedrückte normative Erwartung wird durch die Befristung erwartbar terminiert, Niklas Luhmann, Die Knappheit der Zeit und die Vordringlichkeit des Befristeten, in ders., Politische Planung. Aufsätze zur Soziologie von Politik und Verwaltung, Opladen 1994, S. 143-164 (149 f.), der freilich auch auf eine negative Dialektik dieses Mechanismus hinweist: Die aus sachlichen Gründen eingeführte Befristung von Entscheidungen führt als gehäuft auftretendes Phänomen dazu, daß die nächste ablaufende Frist auch als die wichtigste erscheint und mit größtem Gewicht berücksichtigt werden muß: „Die Priorität der Fristsachen schlägt in einen Primat der Fristsachen um ..." (S. 148).

[40] Schulze-Fielitz a.a.O., S. 144.

b) Innovation durch Flexibilisierung

Die Zukunftsbindung des Verhaltens durch die Vergangenheitsstruktur der Norm[41] stellt eine Antizipation der Zukunft durch den Gesetzgeber dar – wenigstens in den regelungsrelevanten Umrissen. Wo diese Zukunft zunehmend komplex wird, bedarf es der Möglichkeit, relative Verläßlichkeit durch die Zurücknahme von Bestimmtheit und die Einräumung von Offenheit herzustellen. Innovation in Verwaltungsentscheidungen wird immer häufiger dadurch zu erreichen versucht, daß der Verwaltung Mittel zu flexiblem Handeln zur Verfügung gestellt werden. Es besteht ein hoher Bedarf an „elastischen Regelungen"[42]. Dadurch wird eine sachgerechtere und damit besser an die Umwelt angepaßte Lösung erwartet. Innovation der Verwaltung erfolgt dann über eine enge Kopplung an die Umweltdynamik. Das zeigt sich darin, daß der Gesetzgeber offene Formulierungen für verwaltungsrechtliche Maßstäbe wählt, um die Einbeziehung von Sachverstand in die Entscheidung zu ermöglichen[43].

(1.) Zu derartigen, durch Zurücknahme der Regelungstiefe Innovation ermöglichende Rechtsnormen, gehören zunächst *Finalprogramme*[44]. Hier beschränkt sich die Normierung auf die allgemeine Festlegung eines Zwecks, während die Mittel zu seiner Erreichung nicht oder wenigstens an anderer Stelle des betreffenden Gesetzes aufgeführt werden[45]. Mit dieser Festlegung des Zwecks – so vage sie

---

[41] Diese Vergangenheitsstruktur beruht darin, daß die Norm durch die Entscheidung, die sie normiert, nicht geändert werden kann.

[42] Udo Di Fabio, Das Recht offener Staaten, Tübingen 1998, S. 450.

[43] Di Fabio, a.a.O. (1998), S. 450: „Umweltstandards, Technische Regelungen, Produktharmonisierungen oder die Bestimmung des Umfangs sozialrechtlicher Leistungen können so kompliziert und abhängig von Fachwissen sein, daß zwar dies allein noch nicht gegen die Form des Gesetzes spricht, aber staatliche Entscheidungsträger gerne auf andere Gremien delegieren und deren Ergebnisse in verschiedenen Formen rezipieren."

[44] Von besonderem Interesse sind dabei solche Zielbestimmungen, die Innovation und Risikosteuerung vermitteln sollen, wie etwa § 1 AtomG, dessen Nr. 1 es als Zweck des Gesetzes u. a. bezeichnet, die Entwicklung von Kernenergie zu friedlichen Zwecken zu fördern, während die Nr. 2 des Einleitungsparagraphen den Schutz vor den Risiken der Kernenergie als weiteres Ziel des Gesetzes hervorhebt, vgl. im Bereich der Gentechnik auch § 1 GentechnG; hierzu auch Klaus Jankowski, § 10 Atomrecht, in Hans-Joachim Koch, Umweltrecht, Neuwied 2002, S. 417-451, § 10 Rn. 35 f.; Zeitlich gesehen haben diese Einleitungsparagraphen eine paradoxe Struktur, die im Wege der Abwägung ausgeglichen werden soll: Einerseits wollen sie unter dem Tatbestandsmerkmal „Entwicklung" Zukunft, nämlich gegenwärtig noch nicht festgelegte und bestimmbare Zustände fördern, andererseits unter dem Begriff der Gefahrvermeidung und des Schutzes Risiko vermeiden und damit Zukunft ausschließen. Die Auflösung dieser Schwierigkeit soll dadurch erfolgen, daß Risiko als dysfunktionale Nebenfolge von Innovation erscheint, Kahl, a.a.O., S. 1106. Vgl. zum Begriff des Risikos Niklas Luhmann, Soziologie des Risikos, Berlin 1991, S. 21.

[45] Zum Problem von Finalprogrammen, die Zukunft weniger festsetzen und damit verdrängen als Konditionalprogramme auch Luhmann, a.a.O. (1987), S. 232 f. Während letztere durch das klare Wenn-Dann-Schema ein hohes Maß an Bestimmtheit erreichen, nehmen

auch sein mag – hat der Gesetzgeber zwischen anderen möglichen Zukünften entschieden und somit eine Festlegung getroffen. Im Rahmen dieser Zwecksetzungen ist aber Innovation möglich.

(2.) Eine weitere Alternative zur Innovation durch Flexibilisierung ist die *rahmensetzende Maßnahmensteuerung*. Dabei stellt der Gesetzgeber der Verwaltung einen Kanon von Maßnahmen zur Verfügung, überläßt es aber dem Gesetzesvollzug, die Maßnahmen situationsgerecht auszuwählen[46]. Bedeutung hat diese Möglichkeit insbesondere im Haushaltsrecht erfahren.

(3.) *Vom subjektiven Recht zum abwägungsrelevanten Belang*. Vor allem im besonderen Verwaltungsrecht wird eine Tendenz vom subjektiven Recht zum abwägungsrelevanten Belang diagnostiziert[47]. Während subjektive Rechte eine Rechtsposition gewähren oder nicht, sind abwägungsrelevante Belange flexibler: Sie sind Optimierungsgebote, die mit Rücksicht auf entgegenstehende Belange mehr oder weniger gewährt werden können. Hier sind auch neue, im Normprogramm nicht enthaltene Lösungen möglich.

(4.) Auf der Rechtsfolgenseite ermöglicht die Einräumung von gerichtlich nur eingeschränkt überprüfbarem *Ermessen* das Entstehen von Innovationsspielräumen durch Flexibilisierung[48]. So lange sich die Verwaltung in den Grenzen des Ermessens aufhält, kann sie hier zu neuen Lösungen gelangen.

(5.) Zunehmend wichtig werden jedoch weitergehende Strategien: Gesetzgebungsaufträge[49], Schutzaufträge[50], Untermaßverbot, Optimierungsaufträge. Bei *Optimierungsgeboten* „leitet sich die rechtliche Entscheidung nicht aus der Auslegung einer Norm, sondern aus einer Abwägung zwischen gegenläufigen Rechts-

---

Finalprogramme dadurch, daß Abwägungen erforderlich sind und so das Normprogramm bei ihrem Erlaß noch nicht eindeutig bestimmt ist, Zukunft – verstanden als Unsicherheit – mit in die erlassene Norm auf. Sie „ziehen", wie Luhmann schreibt, „das Risiko des Auseinanderklaffens der gegenwärtigen Zukunft und der künftigen Gegenwarten in die Gegenwart hinein." (1993, S. 199). Vorteil dieser „Zukunftsoffenheit" ist es aber, daß die Neigung zur Änderung der betreffenden Norm bei unterstellter hoher gesellschaftlicher Dynamik geringer ist bei Konditionalprogrammen, die spezifische soziale Sachverhalte als Auslöser sehr spezifischer Rechtsfolgen auswählen. Anders ausgedrückt kann wegen der hohen Selektivität der Umweltinformation als Ursache einer Entscheidung eines rechtlichen Organisationssystems und der hohen Selektivität der Wirkungen durch das Konditionalprogramm ihr Änderungsbedarf höher als bei Zweckprogrammen sein, vgl. auch Niklas Luhmann, Zweckbegriff und Systemrationalität, 6. Aufl. Frankfurt/Main 1999, S. 101 f.

[46] Schmidt-Aßmann, a.a.O. (1994), S. 48.

[47] Eberhard Schmidt-Aßmann, Zur Reform des Allgemeinen Verwaltungsrechts - Reformbedarf und Reformansatz, in Wolfgang Hoffmann-Riem, Eberhard Schmidt-Aßmann (Hrsg.), Reform des Allgemeinen Verwaltungsrechts, Baden-Baden 1993, S. 11-64 (41).

[48] Hoffman-Riem, a.a.O. (1994), S. 43 f.

[49] *Ebenda*, S. 47 f.

[50] *Ebenda*, S. 28.

prinzipien oder öffentlichen und privaten Interessen her"[51]. Beispiel für einen Optimierungsauftrag ist etwa § 50 BImSchG: „Bei raumbedeutsamen Planungen und Maßnahmen sind die für eine bestimmte Nutzung vorgesehenen Flächen einander so zuzuordnen, daß schädliche Umwelteinwirkungen ... *so weit wie möglich* vermieden werden."[52] Innovationsfördernd ist diese Regelung insofern, als zum Zeitpunkt des Erlasses der Norm die potentiellen materiellen Ergebnisse nicht geregelt wurden, sondern nur feststeht, daß sie unter Berücksichtigung der einschlägigen Belange optimal sein sollen. Gegenüber dem klassischen Finalprogramm liegt hier ein höheres Maß an Zukunftsoffenheit vor, weil kein materielles Ziel angeordnet wird. Die Norm ermöglicht hier rechtsschöpferische Entscheidungen, die stark situativ geprägt sind[53].

Reiner Schmidt faßt jedoch auch Bedenken zusammen: „Im Ganzen gesehen stellt sich angesichts der konstatierten Flexibilitäts- und Innovationsfreundlichkeit des Verwaltungsrechts weniger die Frage von dessen ausreichendem Innovationspotential, vielmehr kommt mangels ausreichend genauer Vorgaben durch den Gesetzgeber eher die Funktionenordnung in Gefahr."[54] Orientierungssicherheit für die Beteiligten und rechtliche Überprüfbarkeit werden problematisch, wenn der Verwaltung „Optimierungsspielräume" zugestanden werden. Damit besteht die Gefahr der Verselbständigung der Exekutive gegenüber ihrer gesetzlich vermittelten sachlich-demokratischen Legitimation als auch gegenüber einer nachfolgenden gerichtlichen Kontrolle. Kompensationsmöglichkeiten für diese Defizite in Gestalt von gesteigerten Partizipationsmöglichkeiten stehen nur sehr eingeschränkt und in Gestalt rechtlicher Selbstkontrollen nicht als Alternative zur Verfügung.

(6.) *Standards und Verweisungsbegriffe*[55]. In zunehmenden Maße finden sich Normierungen von Verweisungen, wie etwa „Stand der Technik" in § 5 I Nr. 2 BImSchG[56]. Was jeweils dem Stand der Technik entspricht, richtet sich nach den Entwicklungen in Wissenschaft und Wirtschaft. Innovationen dort führen zu rechtlichen Innovationen (wobei allerdings die Feststellung dieses Standes nach

---

[51] Thomas Würtenberger, Rechtliche Optimierungsgebote oder Rahmensetzungen für das Verwaltungshandeln?, in Veröffentlichungen der Vereinigung der Deutschen Staatsrechtslehrer 58, 1999, S. 139-179 (141); weitere Beispiele bei *Riedel* 1999, S. 184 f.

[52] Vgl. weitere Beispiele bei Schmidt a.a.O. (1994), S. 71 ff.

[53] Thomas Würtenberger, Rechtliche Optimierungsgebote oder Rahmensetzungen für das Verwaltungshandeln?, in Veröffentlichungen der Vereinigung der Deutschen Staatsrechtslehrer 58, 1999, S. 139-179 (157).

[54] Reiner Schmidt, Die Reform von Verwaltung und Verwaltungsrecht. Reformbedarf - Reformanstöße – Reformansätze, in VerwArch 2000, S. 149-168 (155).

[55] Hoffman-Riem, a.a.O. (1994), S. 65.

[56] Oder „Stand von Wissenschaft und Technik" § 7 II S. 1 Nr. 3 AtG; § 6 II, § 13 I Nr. 4, § 16 I Nr. 2 GenTG; weiter Beispiele sind „Ortsüblichkeit", „gute Sitten", „öffentliche Ordnung", Schulze-Fielitz a.a.O., S. 177.

rechtlichen Kriterien erfolgen dürfte). Es besteht aber die Gefahr, daß sich der Sachbereich des Rechts zulasten des Normbereichs durchsetzt[57]. Probleme entstehen bei dieser „Gewaltenteilung zwischen Verwaltung und Technik" dadurch, daß die Festlegung dieser Standards keineswegs wertneutral erfolgt, die Wertentscheidungen bei der Verweisung aber wiederum in das Wertsystem der Rechtsordnung eingebunden, also gewissermaßen internalisiert werden müssen[58].

Standards sind also ein Beispiel für Innovationen im Verwaltungsrecht durch Anbindung an die Umwelt. Dies gilt auch bei dynamischen Verweisungen auf die Regelungen anderer - z.T. sogar privater[59] Normsetzer[60]. Angesichts des Umfangs der Bezugnahme auf Normierungen aus der Umwelt der Verwaltung stellt sich aber die Frage, ob hier nicht die Autonomie des Rechts selbst problematisch wird.

2.3 Inhaltliche Vorgaben der Verfassung für ein innovatives und zugleich stabiles Verwaltungsrecht

Die Verfassung determiniert das Verwaltungsrecht nicht abschließend, hält aber wichtige Grundlagen bereit, die Verwaltung zugleich ermöglichen und beschränken. Zu diesen gehört allen voran die Bindung der Verwaltung an die Grundrechte (Art. 1 III GG), der Grundsatz der Gesetzmäßigkeit der Verwaltung (Art. 20 III GG), die Notwendigkeit (demokratischer) Legitimation des Verwaltungshandelns (Art. 20 II GG), die Rechtsschutzgarantie gegenüber verwaltungsrechtlichem Handeln (Art. 19 IV GG)[61], ganz allgemein das Rechtsstaatsprinzip und der föderale Aufbau der Verwaltung (Art. 85 ff. GG).

2.3.1 Innovationsbegrenzende Rechtsnormen

(1.) *Rechtssicherheit und Vertrauensschutz*[62]. Rechtssicherheit ist im Kern eine Absicherung gegenüber den Gefahren einer unsicheren Zukunft[63]. Der Gedanke des

---

[57] Kritisch daher Friedrich Müller, Strukturierende Rechtslehre, Berlin 1994, S. 394 ff.

[58] Vergleiche zu der Frage der Werthaftigkeit der Standards Christoph Gusy, Probleme der Verrechtlichung technischer Standards, in NVwZ 1995, S. 105 ff. (106 f.).

[59] Ulrich Ehricke, Dynamische Verweise in EG-Richtlinien auf Regelungen privater Normungsgremien, in EuZW 2002, S. 746-753 (746 ff.).

[60] Zur verfassungsrechtlichen Problematik: Michael Sachs, Die dynamische Verweisung als Ermächtigungsnorm, in NJW 1981, S. 1651-1652 (1651 ff.).

[61] Schmidt-Aßmann a.a.O. (1993), S. 14.

[62] Hoffman-Riem, a.a.O. (1994), S. 10; eingehend Katharina Sobota, Das Prinzip Rechtsstaat, Tübingen 1997, S. 154 ff.

[63] „Der Grundsatz der Rechtssicherheit fordert ... – in zeitlicher Hinsicht – die Dauerhaftigkeit des Rechts. Es genügt nicht, daß der Bürger feststellen kann, was im Augenblick gilt; er muß vielmehr, da das Recht eine wesentliche Grundlage seiner Lebensgestaltung ist, davon ausgehen können, daß es auch bestehen bleibt", Hartmut Maurer, Verwaltungsrecht, München 2002, § 8 Rn. 49.

Vertrauensschutzes spielt hier eine zentrale Rolle. Werden Zukünfte jedoch immer komplexer, so wird dies kaum „für immer" möglich sein[64]. Mit einer gesteigerten gesellschaftlichen Dynamik wird die Zukunftsbindung des Rechts prekär: Einerseits ist Zukunftsorientierung erforderlich, um die Erwartungshorizonte zu koordinieren. Andererseits wird aber inhaltlich eine solche Bindung immer fragwürdiger. Je schneller Gegenwart in Vergangenheit übergeht, je schneller Gegenwärtiges antiquiert wird, desto weniger weit läßt sich Zukunft planen und bestimmen. Aus Vergangenheit läßt sich Zukunft immer weniger erklären. Zu Recht hebt Petra Hiller in einer Arbeit über Risiko und Verwaltungshandeln deshalb hervor: „Daraus ergibt sich die These, daß das Zeitbewußtsein der Risikogesellschaft geprägt ist, durch die tendenzielle Verengung des Horizontcharakters der eigenen Zukunft."[65]

Damit ist eine Abwägung zwischen Rechtssicherheit und Vertrauensschutz auf der einen und Innovation und Flexibilität auf der anderen Seite erforderlich[66]. Hier kommen verschiedene Formen der Temporalisierung von Komplexität in Betracht. Erinnert sei etwa an die zeitlichen Befristungen rechtlicher Regelungen (Geltungsdauer, Änderungsvorbehalte) aber auch die Notwendigkeit von Risikoverteilung[67].

(2.) *Staatszielbestimmung Umwelt-, insbes. Nachweltschutz.* Anders als das insofern formale Prinzip der Rechtssicherheit betrifft das „Umweltstaatsprinzip" Innovationsinhalte. Der durch Änderung des GG 1994 in das Grundgesetz aufgenommene Art. 20a mit dem dort statuierten Nachweltschutz steht in einem gewissen Spannungsverhältnis zu technischen Innovationen, indem er dem Staat deren Beschränkung mit Rücksicht auf seine „Verantwortung gegenüber zukünftigen Generationen" auferlegt. Verantwortung bedeutet hier „Absorption von Unsicherheit"[68]

---

[64] „Selbstverewigungen" (Niklas Luhmann, Verfassung als evolutionäre Errungenschaft, in Rechtshistorisches Journal 9, 1990, S. 176-220) sind dem Recht allerdings nicht fremd, wie etwa § 79 III GG beweist, der die Menschenwürde und bestimmte weitere Verfassungsgrundsätze von jeder Änderung ausnimmt (S. 186).

[65] Petra Hiller, Der Zeitkonflikt in der Risikogesellschaft: Risiko und Zeitorientierung in rechtsförmigen Verwaltungsentscheidungen. Soziologische Schriften Bd. 59, Berlin 1993, S. 56.

[66] Schmidt-Aßmann, a.a.O. (1994), S. 410; Schulze-Fielitz a.a.O:, S. 152 ff.: einen generellen Vertrauensschutz in den Fortbestand einer bestimmten Gesetzgebung gibt es jedoch nicht. Allerdings kann hier die rechtliche Notwendigkeit von Übergangsregelungen bestehen, um die mit der Diskontinuität verbundene Belastung rechtlich abzufedern: zeitgerecht muß nicht nur die neue Rechtslage, sondern auch der Weg zu ihr gestaltet sein.

[67] Hoffman-Riem, a.a.O. (1994), S. 61.

[68] Hiller, a.a.O., S. 97.

Eine besondere Bedeutung hat die Zukunftsbindung im Umweltverwaltungsrecht und hier vornehmlich im „Vorsorgeprinzip"[69]. Dieses besagt, daß „durch geeignete Maßnahmen, insbesondere durch eine vorausschauende Planung und eine dem Stand der Technik entsprechende Begrenzung von Emissionen, ... darauf hinzuwirken [ist], daß vermeidbare oder hinsichtlich ihrer langfristigen Folgen nicht absehbare Umweltbeeinträchtigungen möglichst ausgeschlossen werden."[70] Es antwortet auf die zunehmend auseinandergehende Schere zwischen Vergangenheitserfahrung und Zukunftserwartung, die sich gerade im Umweltbereich dadurch zeigt, daß die Risiken immer weniger aufgrund von Erfahrungen beurteilt werden können. In diesen Bereichen versagt der sich auf diese Erfahrungen stützende Gefahrenbegriff[71]. „Aus dem Gedanken der Vorsorge kann eine Risikominimierung bereits verlangt werden, wenn kausale oder statistische resp. empirische Verursachungszusammenhänge nicht oder nicht hinreichend bekannt oder nachweisbar sind."[72] Während der rechtliche Begriff der Gefahr einen objektiv zu erwartenden Geschehensablauf, der zu einer negativen Einwirkung auf ein Rechtsgut führt, bezeichnet, meint der Rechtsbegriff des Risikos „die Möglichkeit des Eintritts einer nicht nur geringfügigen nachteiligen Auswirkung, soweit sie nicht praktisch ausgeschlossen erscheint."[73] Der Begriff des Risikos soll somit eine rechtliche Bewältigung auch solcher Sachverhalte ermöglichen, die einer Prognose aufgrund einer Erfahrungsregel nicht mehr zugänglich sind. Die Zukunft soll so, auch ohne daß sie ihres Charakters als Zukunft, nämlich als noch nicht bestimmte, änderbare Ereignisse, entkleidet wird, rechtlich handhabbar, d. h. entscheidbar sein[74].

(3.) *Bestandsgarantien, institutionelle Garantien.* Auch Bestandsgarantien der Grundrechte sichern gegenüber unerwünschten Innovationen.

---

[69] Europarechtlich ist auf die Grundsätze von Vorsorge und Vorbeugung (Art. 174 II S. EGV), den Nachweltschutz, wie er sich aus den Art. 6 und 2 EGV ergibt, hinzuweisen, Johannes Caspar, § 2. Europäisches und nationales Umweltverfassungsrecht, in Hans-Joachim Koch, Umweltrecht, Neuwied 2002, S. 41-76, § 2 Rn. 42 f. Auf der nationalen Ebene hat der Staat den Schutz der Nachwelt zu beachten (Art. 20a GG). Einfachgesetzlich ist das Vorsorgeprinzip etwa in § 5 I Nr. 2 BImSchG, § 7 II Nr. 3 AtG, § 17 ChemG und § 1 UFPG festgehalten und ohne Erwähnung im Wortlaut auch in §§ 1a I, 6 u. 7a WHG und §§ 4 I u. 22 ff. KrW-/AbfG enthalten, Andreas Helberg, § 3. Allgemeines Umweltverwaltungsrecht, in Hans-Joachim Koch, Umweltrecht, Neuwied 2002, S. 77-134, § 3 Rn. 12 f.

[70] § 4 UGB-AT; vgl. auch Kahl, a.a.O., S. 1106 m.w.N. zum Spannungsverhältnis zwischen Risikorecht und Innovationen.

[71] Hans-Heinrich Trute, Vorsorgestrukturen und Luftreinhalteplanung im Bundesimmissionsschutzgesetz, Heidelberg 1989, S. 28 f.

[72] Udo Di Fabio, Entscheidungsprobleme der Risikoverwaltung. Ist der Umgang mit Risiken rechtlich operationalisierbar? In Natur und Recht 1991, S. 353-359 (357).

[73] § 2 Nr. 6 Kommissionsentwurf zu einem Umweltgesetzbuch.

[74] Näher zu den Prognosen und Abwägungen im Umgang mit Risiko als Rechtsbegriff: Kahl, a.a.O., S. 1108 f. u. Hiller, a.a.O.

(4.) Innovationshemmend sind auch Entscheidungsregeln, die besonders hohe Qualifikationen an die Entscheidungen richten. Das gilt zunächst für qualifizierte Mehrheiten: Je höher die Qualifikationsanforderungen, desto stabilisierender die Regelung. Das Einstimmigkeitsprinzip markiert dann das Ende der Skala. Auch Politikverflechtung begünstigende Regelungen wie die Gemeinschaftsaufgaben nach Art. 91a/91b GG gehören hier her[75].

2.3.2 Innovationsbegünstigende Verfassungsnormen

Die Verfassung enthält Normen, die aufgrund ihrer Struktur Innovationen zulassen und sie vielleicht auch begünstigen, sowie solche, die Veränderungen fordern.

a) Innovationsoffene Verfassung

Zu den innovationsoffenen Normen gehören insbesondere die Grundrechte. Als Optimierungsgebote verlangen sie laufende Anpassungsprozesse bei ihrer Auslegung und Anwendung. Sofern sie Leistungsaufträge enthalten, verlangen sie gerade auch von der Verwaltung laufende Anpassung an geänderte Umstände.

Institutionelle Garantien wie etwa der Sonn- und Feiertagsschutz[76] stellen einen besonders interessanten Mechanismus zur Vermittlung von Zukunft und Vergangenheit her. „Institutionelle Garantien knüpfen an überkommene Einrichtungen an, suchen sie auf Dauer zu festigen, ohne alle Einzelheiten für die Zukunft festschreiben zu wollen."[77] Dabei bildet, wie Rüfner zu recht schreibt, der „vorgefundene Bestand den Ausgangspunkt für das Verständnis der garantierten Einrichtung ... Institutionelle Garantien wollen nicht einen bestehenden Rechtszustand zementieren, sondern eine Einrichtung dem Schutz und der Sorge des Gesetzgebers anvertrauen, der sie in ihrem Wesen erhalten, veränderten Bedingungen aber anpassen soll."[78] Es geht also immer um Fortbestand und Ausgestaltung der entsprechend geschützten Institute. Institutionelle Garantien stellen sich dann eher als Veränderung strukturierende Normen, denn als Festschreibungen bestimmter Rechtszustände dar.

Innovationsfordernd ist das Grundgesetz, wenn es dem Staat Handlungsverpflichtungen auferlegt oder wenn sich aus den Grundrechten Entwicklungsga-

---

[75] Gunnar Folke Schuppert, (2000): Verwaltungswissenschaft. Verwaltung, Verwaltungsrecht, Verwaltungslehre. Baden-Baden 2000, S. 565.

[76] Dazu auch Stephan Kirste, Flexibilisierung des Ladenschlusses zum Segen des Sonn- und Feiertagsschutzes, in NJW 2001, S. 790-793 (790).

[77] Wolfgang Rüfner, Die institutionelle Garantie der Sonn- und Feiertage, in Festschrift für Martin Heckel zum 70. Geburtstag, 1999, S. 448 f.

[78] Rüfner a.a.O., S. 449.

rantien ergeben, wie sie etwa die Rundfunkfreiheit (Art. 5 I 2) vorsieht[79]. Schließlich fördert das GG Innovation durch Variation, indem es durch das föderale Prinzip zwischen den Ländern einen Wettbewerb um sachangemessene Lösungen zuläßt. In ähnlicher Weise wirkt auch die verfassungsrechtlich garantierte kommunale und die übrige funktionale Selbstverwaltung (Variation durch Konkurrenz und Reform durch Adaptation).

b) Innovationen durch die Verfassung

In einer Reihe von Bereichen hat die Entfaltung und Konkretisierung der Gehalte der Verfassung zu Innovationen der rechtlichen Grundlagen der Verwaltung geführt. Drei Beispiele seien hier genannt:

(1) Aufgabe des besonderen Gewaltverhältnisses

Nach der unter der konstitutionellen Monarchie entwickelten Impermeabilitätstheorie war der Innenbereich der Verwaltung ein rechtsfreier Raum. Die Person trat hier folglich nicht als Grundrechtsträger, sondern als Glied der Verwaltung mit Befugnissen aber nicht mit subjektiven Rechten auf. Erst aufgrund der umfassenden Bindung der öffentlichen Gewalt durch die Grundrechte (Art. 1 III GG) verbreitete sich allmählich die Auffassung und wurde aufgrund markanter Entscheidungen des Bundesverfassungsgerichts[80] durchgesetzt, daß auch der Innenbereich der Verwaltung rechtlich strukturiert sei und folglich Beschränkungen von Freiheitsrechten in der üblichen Weise verfassungsrechtlich gerechtfertigt werden müßten. Das schließt es nicht aus, daß in der Sache den Verwaltungsbelangen eine besondere Bedeutung zukommt. Nur soll die Abwägung zwischen diesen und den Grundrechten der besonders legitimierte demokratische Gesetzgeber und nicht die Verwaltung selbst entscheiden.

(2) Erweiterung des Eingriffsbegriffs

Vielfältige Verwaltungsaufgaben, die häufig nicht mehr mit den klassischen Instrumentarien finalen und formalisierten Verwaltungshandelns erfüllt werden können wie etwa der Bereich der staatlichen Informationspolitik, insbes. der Warnungen, haben zugleich das Bewußtsein darauf gelenkt, daß Eingriffe in Grundrechtspositionen auch durch vorbereitendes, empfehlendes und informierendes Verwaltungshandeln erfolgen können. Effektiver Grundrechtsschutz kann nur gewehrt werden, wenn als Beeinträchtigung auch solche Maßnahmen anerkannt werden[81].

---

[79] BVerfGE 83, 238 (299 f.): „Gegenständlich und zeitlich offen und dynamisch ist der Begriff der Grundversorgung."

[80] Etwa *BVerfGE* 33, S. 1 ff. - Strafvollzug; zum Ganzen Hans Heinrich Rupp, Grundfragen der heutigen Verwaltungsrechtslehre. Verwaltungsnorm und Verwaltungsrechtsverhältnis, Tübingen 1991.

[81] Schmidt-Aßmann a.a.O. (1993), S. 21.

(3) Erweiterung der Legitimationssubjekte

Nach klassischem Verständnis ist die von Art. 20 II GG geforderte demokratische Legitimation der Verwaltung parlamentsvermittelt. Inzwischen beginnt sich die Auffassung durchzusetzen, daß in diesem Rahmen durchaus andere Legitimationssubjekte und -verfahren in Betracht kommen. So sieht Art. 28 I 2 GG die kommunale Selbstverwaltung als „zweiten Legitimationstypus typisch administrativer Art"[82] vor, der freilich nur im Rahmen der Gesetze erfolgt. Allerdings ist die Möglichkeit der Erweiterung der Legitimationssubjekte eng umgrenzt. Andere Körperschaften des öffentlichen Rechts mögen die Folgen einer Pflichtmitgliedschat in ihnen durch eine Verstärkung der Partizipationsmöglichkeiten entschärfen, eine dem Gemeinden vergleichbare demokratische Legitimation vermögen sie aber nicht zu erzeugen.

c) Europäische und andere internationalrechtliche Verflechtungen[83]

Wichtige Innovationen für die Verwaltung ergeben sich aus der offenen Staatlichkeit der Bundesrepublik Deutschland[84]. Scheuing nennt hier das europäische Gemeinschaftsrecht einen „Flexibilitäts- und Innovationsfaktor ersten Ranges" für das nationale Verwaltungsrecht[85]. Die Innovationskraft ergibt sich daraus, daß schon mit der Gründung der EG dezidiert weitreichende Ziele verfolgt wurden: „Es ging darum, von Teilgebieten herkommend einen fortschreitenden, sich immer mehr vertiefenden und erweiternden Integrationsprozeß in Gang zu bringen."[86]

Zunehmende Übertragung von Hoheitsrechten und Gebrauchmachen der europäischen Rechtssetzungsorgane von diesen Kompetenzen haben die rechtlichen Grundlagen der Verwaltung in erheblichem Umfang verändert. Die Innovation erfolgt hier durch die Entfaltung verfassungsrechtlich angelegter Möglichkeiten. In diesem Rahmen wirken dann die fortschreitenden Prozesse der europäischen Einigung. Hinzu kommen wichtige Wirkungsmechanismen, wie der Anwendungsvorrang europäischem vor nationalem Recht[87], der eine Änderung der Verwaltungspraxis zur Folge hat, auch wo eine Änderung der gesetzlichen

---

[82] Schmidt-Aßmann a.a.O. (1993), S. 22 f.; Winfried Kluth, Funktionale Selbstverwaltung. Verfassungsrechtlicher Status - verfassungsrechtlicher Schutz, Tübingen 1997.

[83] Hoffman-Riem, a.a.O. (1994), S. 17; Andreas Voßkuhle, „Schlüsselbegriffe" der Verwaltungsrechtsreform. Eine kritische Bestandsaufnahme, in VerwArch 2001, S. 184-215 (191 f.).

[84] Di Fabio, a.a.O. (1998), S. 90 ff.

[85] Dieter H. Scheuing, Europarechtliche Impulse für innovative Ansätze im deutschen Verwaltungsrecht, in Wolfgang Hoffmann-Riem, Eberhard Schmidt-Aßmann (Hrsg.), Innovation und Flexibilität des Verwaltungshandelns, Baden-Baden 1994, S. 289-354 (292).

[86] *Ebenda*, S. 292.

[87] *Ebenda*, S. 299.

Grundlagen nicht stattfindet. In diesem Zusammenhang ist auch die Bindungs-wirkung mitgliedschaftsstaatlichen Verwaltungshandelns im Inland (transnationa-le Verwaltungsakte) zu berücksichtigen. Schließlich ist an die Bedeutung des EuGH als „Integrationsmotor" zu erinnern[88].

In anderen Bereichen ist auf den Einfluß internationaler Organisationen und Vertragsmechanismen hinzuweisen. Auch hat die Konkurrenz der Rechtsord-nungen dynamisierende Wirkungen[89].

2.4 Einfachgesetzliche Innovationsmechanismen

Auf Normen, die Innovation fördern, war oben schon im Allgemeinen hingewie-sen worden. Hier soll noch ein besonderen Mechanismus, von dem man sich Innovationen verspricht, erwähnt werden: Festere Umweltkopplungen.

Innovationen entstehen im Verwaltungsrecht häufig nicht durch die Form des Rechts selbst, sondern dadurch, daß das Recht durch seine Umwelt „irritiert" wird („Innovation im Recht"). Umgekehrt kann verwaltungsrecht versuchen, auf die Umwelt der Verwaltung zu wirken, indem es dort Innovationen stimuliert oder Anreize setzt („Innovation durch Recht")[90]. Zunehmend läßt das Verwal-tungsrecht aber Umwelteinflüsse auf das Verwaltungsverfahren zu. Wird klas-sisch das Verwaltungsverfahren nach pflichtgemäßem Ermessen von der Verwal-tung in Gang gesetzt findet eine zunehmende Verlagerung des Initiativrechts[91] statt: Hier wächst Bitten, Anregungen, Beschwerden, Bürgerprotesten, Bürger-anwälten oder –beauftragten und Bürgerforen eine wichtige Bedeutung zu.

Noch stärker ist die Einbeziehung von Bürgern, wenn ihnen weitere Mitwir-kungsbefugnisse oder die Möglichkeit formaler Bürgerbeteiligung auf kommuna-ler Ebene eingeräumt werden[92]. Auch die Einbindung von Verbänden in die Findung von Verwaltungsentscheidungen (§ 58 BNatSchG) im Rahmen korpora-tistischer Arrangements führen zu festeren, teilweise auch höchst problemati-schen Verwaltung-Umwelt-Kopplungen[93]. Vor diesem Hintergrund wandeln sich

---

[88] Voßkuhle, a.a.O., S. 192.

[89] Schmidt a.a.O. (2000), S. 164.

[90] Zu den Begriffen auch Martin Schulte (Hrsg.), Technische Innovation und Recht. 1997, S. 7; Kahl, a.a.O., S. 1107; Hoffman-Riem, a.a.O (1994), S. 53.

[91] Hoffman-Riem, a.a.O. (1994), S. 33 f.

[92] *Ebenda*, S. 32 f.

93 Treffend Gunnar Folke Schuppert, Selbstverwaltung als Beteiligung Privater an der Staats-verwaltung? Elemente zu einer Theorie der Selbstverwaltung. In Mutius, Albert von (Hrsg.): Selbstverwaltung im Staat der Industriegesellschaft. Festschr. f. von Unruh. Heidelberg 1983, S. 189-209 (201). „Das Angewiesensein auf den Sachverstand und die Mitwirkung der ver-bandsmäßig organisierten Wirtschaftskreise liegt in der Logik des modernen Staates, dem einerseits eine umfassende Verantwortung für das Funktionieren der Wirtschaft aufgebürdet wird, während andererseits den wirtschaftspolitischen Entscheidungsträgern (Unternehmen, Gewerkschaften) die Freiheit zuerkannt wird, ihre Entscheidungen in eigener Verantwortung

auch die Rechtsinstitute: Verhandlungssysteme werden entworfen und überhaupt bestehende Formen wie der Verwaltungsvertrag zu „Kommunikationsnetzwerken" weiterentwickelt[94]. Hier sollen dann an die Stelle formaler Organisationen mit klaren Innen-Außen-Unterscheidungen, verdichtete Interaktionssysteme treten, die die Lernfähigkeit von Organisationen ermöglichen[95].

Innovation verspricht man sich auch durch Auslagerung von Informationsbeschaffung. Sie reicht von der Informationsermittlung (UVP-Verfahren) (§ 24 VwVfG)[96] bis hin zu einer Sachverhaltsverantwortung des Antragstellers. Auch bei Beweislasterleichterungen[97] verzichtet das Recht ein Stück weit darauf, selbst die Kriterien dafür zu bestimmen, was für seine Entscheidungen als wahr gelten soll und reduziert seine Regelungstiefe.

2.5 Zur Leistung von Rechtsanwendung und Rechtsdogmatik für ein innovatives Verwaltungsrecht

Gezielte Verwaltungsrechtsreform ist eingebunden in die allgemeinen Aufgaben und Leistungen von Rechtsdogmatik[98]. Hier wird entscheidende Vorarbeit geleistet, indem vorhandene Regelungspotentiale ausgelotet, ihre Grenzen festgestellt und Alternativen entwieckelt werden[99]. Entsprechend lebt ihre Dynamik von der innovativen Fortentwicklung der rechtsdogmatischen Konstruktionen durch Verwaltungsrechtswissenschaft, Rechtsprechung und Verwaltung.

Zunächst aber kommt der Rechtsdogmatik ein Trägheitsmoment zu. Rechtsdogmatik entlastet die Interpretation und Konkretisierung davon, in jedem Fall die grundsätzlichen Wertungs- und Sachfragen neu problematisieren zu müssen[100]. Sie wirkt insofern zukunftsorientierend als sie ein Reservoir von Doktri-

---

zu treffen (Investitionen, Tarifabschlüsse etc.)." Aus der kaum noch übersehbaren Literatur vgl. den Sammelband von Ulrich von Alemann (Hrsg.), Neokorporatismus, Frankfurt/Main und New York 1981, die Literaturübersicht von Edgar Grande, Wolfgang C. Müller, (Neo-)Korporatismus: Verlauf und Ertrag einer politikwissenschaftlichen Diskussion, in Zeitgeschichte 13 (1985), S. 66-78 (66 ff.) und den neueren Aufsatz von Philippe C. Schmitter, Jürgen R. Grote, Der korporatistische Sisyphus: Vergangenheit, Gegenwart und Zukunft, in PVS 38, 1997, S. 530-554 (530 ff.).

[94] Hoffman-Riem, a.a.O. (1994), S. 22 f.; Karl-Heinz Ladeur, Von der Verwaltungshierarchie zum administrativen Netzwerk. Zur Erhaltung der Eigenständigkeit der Verwaltung unter Komplexitätsbedingungen, in Die Verwaltung 1993, S. 137-165 (162 f.).

[95] Ladeur, a.a.O., S. 164 f.

[96] Hoffman-Riem, a.a.O. (1994), S. 35 f.

[97] *Ebenda*, S. 38 f.

[98] Schmidt a.a.O. (2000), S. 149.

[99] Zur Leistung der Rechtsdogmatik Luhmann, a.a.O. (1985), S. 28 ff.

[100] Josef Esser, Grundsatz und Norm in der richterlichen Fortbildung des Privatrechts. Rechtsvergleichende Beiträge zur Rechtsquellen- und Interpretationslehre, Tübingen 1990, S. 88 f.; Schmidt a.a.O. (2000), S. 150.

nen bildet, aus dem dann die Verwaltung und die Gerichte schöpfen können[101]. So erspart sie dem Rechtsanwender das Herstellen einiger Zwischenschritte auf dem Weg von der allgemeinen Norm zur konkreten Entscheidung. *Kriele* etwa meint „nur wenn sich dem Juristen Argumente aufdrängen, mit denen er die Vermutung zugunsten des Präjudiz ausräumen kann, muß er die bereits vorentschiedenen Fragen erneut durchdenken[102]. Die Frage, ob gute Gründe gegen die Präjudizien sprechen, mag schwierig genug zu entscheiden sein. Die „Zukunftsdimension jeder Auslegungsarbeit ... liegt einmal darin begründet, dass die Rechtsprechung mit jedem rechtskonkretisierenden Entscheid nicht nur einen in der Vergangenheit entstandenen sozialen Konflikt (Rechtsstreit) beendet, sondern zugleich - allein schon als Folge des Grundsatzes der Rechtsgleichheit - in jedem Rechtssystem unvermeidlich ein Präjudiz schafft, das ein Stück Zukunft mitgestaltet."[103]

Noch in anderer Weise wirkt die Rechtsdogmatik stabilisierend: Innovationen durch die Politik werden von ihr in das rechtliche System eingearbeitet oder überbrückt, so daß zugleich das System als Ganzes erhalten bleibt[104]. Je komplexer die Rechtsordnung wird, desto schwieriger wird es, die konkreten normativen Entscheidungsgrundlagen zu ermitteln und herauszuarbeiten. Dem Gesetzgeber sind die Zusammenhänge nicht selten unklar und erst der Rechtsanwender entdeckt sie. Das Neue liegt hier in der Aufdeckung des „Verborgenen", jedenfalls von Regelungsmöglichkeiten, die der Rechtsordnung immanent aber nicht expliziert waren.

Umgekehrt entwickelt die Rechtsdogmatik aber zugleich durch rechtliche Systembildung die Binnendifferenzierung der Rechtsordnung weiter. Neue Grundrechtsfunktionen mit weitreichenden Konsequenzen für die Verwaltungstätigkeit sind von ihr teilweise entdeckt, teilweise fortentwickelt worden. Dabei bleibt mag die Rechtsfortbildung gesetzliche Regelungen übersteigen, verbleibt aber innerhalb der Verfassung: „extra legem – intra ius"[105]. Allerdings sind der Rechtsfortbildung im Verwaltungsrecht durch Gesetzesbindung und Gesetzesvorbehalt engere Grenzen gezogen als im Privatrecht.

Rechtsdogmatik zeigt so zugleich die Grenzen von Rechtsfortbildung auf und entwickelt Regelungsalternativen in rechtspolitischer Absicht de lege ferenda. Auch hier spielt wiederum eine Bezugnahme auf die Umwelt des Verwaltungs-

---

[101] Luhmann, a.a.O. (1993), S. 367; Friedrich Müller, Juristische Methodik, Berlin 2002, Rn. 401 ff.

[102] Martin Kriele, Theorie der Rechtsgewinnung, Berlin 1967, S. 262

[103] Müller, a.a.O. (1992), S. 103

[104] Luhmann, a.a.O. (1993), S. 274 f.

[105] Karl Larenz, Methodenlehre der Rechtswissenschaft, Berlin, Heidelberg u. a. 1991, S. 414.

rechts eine wesentliche Rolle: Interdisziplinarität[106]. Interdisziplinarität kann mehrere Funktionen der Innovation des Verwaltungsrechts erfüllen. (1.) Zunächst können Anregungen zu Erneuerung des Rechts inhaltlicher Art aufgenommen und von der Rechtsdogmatik als in das System des Verwaltungsrechts eingearbeitete rechtspolitische Vorschläge vorgetragen werden.(2.) Ferner ist Innovation ein sehr komplexer Prozeß, der Sachkenntnis der Regelungsmaterien verlangt, so daß hier auch die Fachdisziplinen Hilfestellung leisten können.

3. Verwaltungsrechtsreform

Zeigen somit Verfassungs- und Verwaltungsrecht und Verwaltungsrechtsdogmatik bereits ein erhebliches Potential an Innovationskraft, kommen Reformen für durchgreifende Änderungen dieser Strukturen jedoch innerhalb des verfassungsrechtlichen Rahmens in Betracht. Reformobjekte[107] waren insofern die „Gebietsreform", eine „Aufgabenreform", „Verfahrensreform", „Dienstrechtsreform", „Finanzreform" und Organisationsreformen[108].

Als *Reformziele* haben eine seit Beginn des 19. Jahrhunderts fast durchgängige Prominenz[109]: (1.) Effizienz[110] – Hier wären etwa die Beschleunigungsgesetzgebung für das Verwaltungsverfahrens- und Verwaltungsprozeßrecht, das Neue Steuerungsmodell[111] zu nennen. (2.) Einbeziehung gesellschaftlicher Kräfte (so schon bei Stein-Hardenberg, Gneist). Heute wird hier etwa von der Bedeutung der „Öffentlichkeit" und von „Information und Kommunikation" gesprochen. (3.) Wichtige Ziele sind ferner: Entstaatlichung, Entbürokratisierung, „bürgernahe Verwaltung".

Zur Verfolgung dieser Ziele bedient sich der Gesetzgeber verschiedener *Strategien*[112]:

(1.) *Kooperationalisierung*. Diese Strategie knüpft an den Mechanismus, der oben schon unter Innovation angeführt worden war, an: Innovation des Verwaltungsrechts durch stärkere Kopplung der Verwaltung an ihre Umwelt. Hier treten Formen wie konsensuales Verwaltungshandeln, Vorverhandlungen, informale Absprachen und andere enge Formen des Zusammenwirkens zwischen Verwaltung und grundrechtlich geschützten Gesellschaftsmitgliedern auf. So soll etwa

---

[106] Wolfgang Hoffmann-Riem, Zur Notwendigkeit Rechtswissenschaftlicher Innovationsforschung, in Rechtstheorie 30 (1999), S. 507-523 (510).

[107] Zum Folgenden Brohm, a.a.O., S. 3 ff.; Wallerath, a.a.O., S. 1 ff.

[108] Eine Übersicht der Verwaltungsreformen in diesem Sinn von 1800 bis in die 80er Jahre des letzten Jahrhunderts gibt Bernd Becker, Öffentliche Verwaltung, Percha 1989, S. 260 f.

[109] Das trifft sich mit der Beobachtung Corsis, daß Reformen nie völlig neu sein, nie völlig von vorne anfangen können. Sie würden sonst nicht wahrgenommen.

[110] Voßkuhle, a.a.O., S. 197 f.

[111] Voßkuhle, a.a.O., S. 190.

[112] Voßkuhle, a.a.O., S. 203 f.

das Ordnungsrecht soll mit privater Selbstüberwachung verbunden werden[113]. Problematisch sind hier sowohl externe Effekte, da in den Verhandlungen leicht Partikularinteressen sowohl gegenüber dem Gemeinwohl als auch den langfristigen Interessen in den Vordergrund treten, als auch die Korruption derartiger Regelungen durch faktische Machtasymmetrien. Der Gesetzgeber versucht dem durch die Formalisierung ehemals informaler Absprachen entgegenzuwirken[114].

(2.) *Deregulierung.* Als Gegenprozeß zur zunehmenden Verrechtlichung[115] wird Deregulierung vorgeschlagen: Staatliche Regelungen sollen vermieden, verringert, gelockert, befristet, staatliche Monopole aufgelöst und Eingriffe in den Wettbewerb vermieden werden[116]. Es wird also sowohl eine Rücknahme der Regelungsdichte, der Regelungsbreite (erfaßte Materien) als auch der Regelungstiefe (Umfang der normierten Bereiche) erfaßt. Nicht selten ruft jedoch Deregulierung weitere Regulierung als Mittel hervor bzw. treten an die Stelle des staatlichen Rechts privat ausgehandeltes, bei dem der Staat dann nur noch die Durchsetzung garantiert. Somit wäre Deregulierung als eine Form des Rückzugs des Staates einzuordnen, nicht hingegen als Gegenprozeß zur zunehmenden Verrechtlichung.

Weitere Strategien sind (3.) *Privatisierung.* Hier wird die Verantwortung des Staates für die Erfüllung bestimmter, im öffentlichen Interesse bestehender, Aufgaben gelockert oder gar aufgehoben. Das erstere ist der Fall, wenn die öffentlichen Aufgaben in privater Organisationsform erbracht werden (formelle Privatisierung); das letztere, wenn sie nicht mehr als staatliche oder öffentliche Aufgabe, sondern als private angesehen werden (materielle Privatisierung). (4.) *Ökonomisierung.* Marktförmige Erbringung von Leistungen und entsprechende Kontrollmechanismen sind insbesondere im Rahmen des sog. „Neuen Steuerungsmodells" bzw. des New Public Managements erfolgversprechende Strategien. Hier soll durch eine Rücknahme der Kontrollmaßstäbe die Verantwortungsbereitschaft der Verwaltung gesteigert, durch Schaffung von z. T. künstlichen Märkten der Konkurrenzdruck erhöht und durch eine eher am Bild des Unternehmens als dem der klassisch-bürokratischen Regelbefolgung orientierte Aufgabenerfüllung die Verwaltungsprodukte verbessert und die Kundenzufriedenheit gesteigert werden. Innovationspotentiale sollen in diesem Modell also durch marktanaloge Mechanismen freigesetzt werden[117]. In diesem Kontext gehört auch (5.) die „*Regu-*

---

[113] Schmidt a.a.O. (2000), S. 159.

[114] Voßkuhle a.a.O., S. 206.

[115] Vgl. Rüdiger Voigt in: JbRsozRtheorie 9 (1983), S. 17 ff. (30 f.) und allgemein zur Verrechtlichung: Rüdiger Voigt, Verrechtlichung in Staat und Gesellschaft. Königstein/Ts. 1980.

[116] Rolf Stober, Rückzug des Staates im Wirtschaftsverwaltungsrecht, 1997, S. 1 f.

[117] Aus der kaum noch übersehbaren Literatur: Klassisch David Osborne, Ted Gaebler, Der innovative Staat. Mit Unternehmergeist zur Verwaltung der Zukunft. Mit einem Vorwort von Erwin Teufel, Wiesbaden 1997, S. 33 ff.; Kuno Schedler, Isabella Proeller, New Public Management, Bern, Stuttgart, Wien 2003.

lierte Selbstregulierung". Hier sollen Fähigkeiten privater Akteure (Wissensbestände, Lernfähigkeit, Kreativität, Problemlösungskapazitäten) für die Erfüllung öffentlicher, nicht notwendig staatlicher Aufgaben genutzt werden[118].

Beobachtet man Reformen, so läßt sich ihr Ablauf[119] durch ein etwas verfeinertes Evolutionsschema beschreiben. Sie beginnt mit einem *Reformanstoß* (Variation). Der Anlaß zu einer Reform entstammt zumeist der Umwelt der Verwaltung. Ökonomische Anlässe sind Verwaltungskosten aber auch die allgemeine Lage der Staatsfinanzen. Als ideologische Gründe kommen allgemeine Auffassungen über die Aufgaben der Verwaltung oder ihrer Funktion oder Legitimation in Betracht; mehr intern sind Gründe der „institutionellen Wucherungen"[120] (soweit sie nicht nur ökonomisch begründet sind), oder Anstöße aus der strukturellen Kopplung mit der Verfassung oder anderen Rechtsordnungen. Die Reform muß durch die zur Durchführung befugte Institution – zumeist der Gesetzgeber, aber auch die Selbstverwaltungsträger – aufgenommen werden (*Reformaufnahme*). Sie wird dann in unterschiedlich selbständigen Gremien ausgearbeitet: Von unabhängigen Kommissionen, Sachverständigenräte und Expertenkommissionen bis zu Beratungskreisen bei Innenministerien[121]. Bevor die so strukturierten Reformen dann in einer Durchführungs- und Implementationsphase (Selektion) durch Entscheidung über Einzelmaßnahmen der Reform in Form von Parlamentsgesetzen beschlossen werden. Zur Stabilisierung der Reform ist dann aber die Überwindung von Hindernissen erforderlich. Hier steckt das Hauptproblem von Reformen. Entsprechend wird der Erfolg gezielter Reformen in einer zunehmend komplexen Umwelt inzwischen eher skeptisch beurteilt[122]. Institutionelle Trägheit bremst schon die Umsetzung[123]. Nicht selten schließt sich eine Reformkontrolle durch die Gerichte an, die zu Teil- oder Totalrevisionen führen kann.

4. Schluß

Die verwaltungsrechtstheoretischen Überlegungen hatten nicht zum Ziel, die Notwendigkeit von Innovation zu verteidigen oder zu kritisieren und auch nicht,

---

[118] Vgl. Matthias Schmidt-Preuss, 160 ff. (bes. 176 f.) und Udo di Fabio Verwaltung und Verwaltungsrecht zwischen gesellschaftlicher Selbstregulierung und staatlicher Steuerung, in Veröffentlichungen der Vereinigung der Deutschen Staatsrechtslehrer 56, 1996, S. 235 ff.

[119] Brohm, a.a.O., S. 13 ff.

[120] *Ebenda*, S. 13.

[121] Voßkuhle a.a.O., S. 189.

[122] Brohm, a.a.O., S. 20; Luhmann, a.a.O. (2000), S. 334.

[123] Es spricht daher viel dafür, als Hauptziel von Verwaltungsreformen die Steigerung der Fähigkeiten zur „Selbstreformierung" anzusehen, Niklas Luhmann, Reform und Innovation. Theoretische Überlegungen zur Reform der Verwaltung, in ders., Politische Planung. Aufsätze zur Soziologie von Politik und Verwaltung, Opladen 1994, S. 181-202 (187): „Verwaltungsreform heißt dann zunächst, die Verwaltung so einzurichten, daß sie selbst imstande ist, sich zu reformieren, sie also in ihrer Fähigkeit zur Reform zu reformieren."

den Erfolg von Reformen oder die Gründe ihres Scheiterns zu untersuchen. Es ging vielmehr um die Innovationspotentiale des Rechts und um Aspekte der Struktur von Verwaltungsrechtsreformen.

Ziel von Verwaltungsreformen und Wirkungsmechanismus einiger neuerer Rechtsnormen scheint eine Innovation der Verwaltung durch engere Anbindung an die Umwelt zu sein; in den vorstehenden Überlegungen konnte aber gezeigt werden, daß das Verwaltungsrecht in erheblichem Umfang Innovationspotentiale bereits enthält. Außensteuerung muß immer häufiger durch die Rechtsdogmatik erst in das System des Verwaltungsrechts eingearbeitet werden, wodurch der Reform dann ein Stück des Neuen genommen wird. Es empfiehlt sich daher eher, die Ausweitung innovativer Strukturen, die eine Selbsterneuerung der Verwaltung und des Verwaltungsrechts stärken. Mittel dazu ist insbesondere die Ausstattung von Verwaltungsorganisationen mit größerer Eigenverantwortlichkeit, wie sie seit langem im Bereich der Selbstverwaltungsträger institutionalisiert ist und seit den 90er Jahren durch die Verbindung mit dem Konkurrenzprinzip im Rahmen des Neuen Steuerungsmodells eingesetzt wird. Steigerung der Selbstveränderungspotentiale der Verwaltung erscheint so gegenüber zentral gesteuerten Reformen der erfolgversprechendere Weg zu einer innovativen Verwaltung. Zugleich stabilisiert so Innovativität die Verwaltung in einer instabilen Gesellschaft.

Die Autoren

Prof.Dr. Dirk Baecker, Universität Witten/Herdecke. dbaecker@uni-wh.de.
Homepage: http://www.uni-wh.de/baecker.

Prof.Dr Nils Brunsson, Stockholm School of Economics und
Stockholm Centre for Organizational Research. Nils.Brunsson@hhs.se

Prof.Dr. Giancarlo Corsi, Universität Modena-Reggio Emilia.
corsi.giancarlo@unimore.it

Prof.Dr. Elena Esposito, Universität Modena-Reggio Emilia.
esposito.elena@unimore.it

PD Dr. Stephan Kirste, Juristisches Seminar,
Ruprecht-Karls-Universität Heidelberg. stephan.kirste@urz.uni-heidelberg.de;
Homepage: http://kirste.uni-hd.de

Prof.Dr. Alberto Melloni, Universität Modena-Reggio Emilia.
melloni.alberto@unimore.it

Prof.Dr. Martin Schulte, Juristische Fakultät, Technische Universität Dresden.
schulte@jura.tu-dresden.de

Rolf Hasse und Uwe Vollmer (Hg.)
Incentives and Economic Behaviour
2005. 134 S. kt. € 32,– / sFr 55,60
ISBN 3-8282-0308-6
SCHRIFTEN ZU ORDNUNGSFRAGEN DER WIRTSCHAFT Band 76

Aus Sicht der Neuen Institutionenökonomik bestimmen staatlich gesetzte oder spontan entstandene Anreize das ökonomische Verhalten. Diese ordnungsökonomische Erkenntnis ist nicht nur Bestandteil der Volkswirtschaftslehre, sondern auch der Betriebswirtschaftslehre und der Wirtschaftsinformatik. Im vorliegenden Band wird der Zusammenhang zwischen Anreizen und ökonomischer Effizienz am Beispiel ausgewählter Themenbereiche diskutiert. Dabei wird deutlich, dass die Neue Institutionenökonomik eine inhaltliche Klammer zwischen verschiedenen ökonomischen Nachbardisziplinen bildet.

Guy Kirsch
Neue Politische Ökonomie
5. überarbeitete und erweiterte Auflage
2004. XVIII/445 S., kt. € 32,90 / sFr 57,10
ISBN 3-8282-0270-5. UTB 8272 (ISBN 3-8252-8272-4)

Dies ist nicht nur ein Buch über Politik, sondern auch ein politisches Buch. Anhand der wichtigsten theoretischen Ansätze der Neuen Politischen Ökonomie erörtert es die Gefahren für die Freiheit des Einzelnen, die heute von der privaten Gewalt und der staatlichen Herrschaft ausgehen. Die Neuauflage trägt den neueren theoretischen Entwicklungen und den realen Herausforderungen der Gegenwart Rechnung, indem sie unter anderem Verbrechen und Verbrechensbekämpfung, Angst, Medien, Bürgergesellschaft und zwischenmenschliche Vertrauensbeziehungen mit einbezieht. Das Buch wendet sich an Studierende der Wirtschaftswissenschaften und der politischen Wissenschaft sowie an alle, die als Bürger die Logik des politischen Handelns verstehen und nutzen wollen.

Petrus Han
Soziologie der Migration
Erklärungsmodelle · Fakten · Politische Konsequenzen · Perspektiven
2. überarbeitete und erweiterte Auflage
2005. XIII/418 S. m. 17 Tab. u. 9 Übers. kt. € 22,90 / sFr 40,10
ISBN 3-8282-0306-X. UTB 2118 (ISBN 3-8252-2118-0)

Seit Jahrzehnten nehmen die Migrationsbewegungen weltweit stetig zu und erfassen die gesamten Weltregionen. Die einstige Einteilung zwischen den sog. Aus- und Einwanderungsländern relativiert sich. Viele Länder sind gleichzeitig Aus- und Einwanderungsländer. Viele Anzeichen sprechen dafür, dass die Migrationsbewegungen und die damit verbundenen Folgeprobleme weiter zunehmen werden. Vor diesem Hintergrund beschreibt das vorliegende Buch als Einführung die komplexen Themenbereiche der Migrationssoziologie. Es hat zum Ziel, Studierenden, sozialen Fachkräften in den Migrationsdiensten und interessierten Lesern einen Überblick über migrationssoziologische Zusammenhänge zu vermitteln und bietet eine Strukturierung und Bewertung von Themen, die den Lesern umfassende und praxisnahe Orientierung bieten.

 Stuttgart

Die Zukunft globalen Regierens

Herausforderungen und Reformen am Beispiel der Welthandelsorganisation

von Valentin Zahrnt

2005. XVI/168 S., kt. € 28,– / sFr 49,–. ISBN 3-8282-0309-4

Die Globalisierung erfordert, internationale Kooperation auszubauen und neu zu gestalten. Dies verlangt, Kompetenzen an internationale Organisationen zu delegieren, die der Staatengemeinschaft helfen, Abkommen auszuhandeln und deren Umsetzung zu gewährleisten.

Das Buch untersucht am Beispiel der Welthandelsorganisation, wie sich die Herausforderungen internationaler Kooperation in Zukunft entwickeln werden und wie internationale Organisationen strukturell reformiert werden können, um die Herausforderungen besser zu bewältigen. Dabei richtet sich das Buch sowohl an diejenigen, die sich in ihrer wissenschaftlichen oder politischen Arbeit mit internationalen Organisationen beschäftigen, als auch an jene Leser, die ein allgemeines Interesse mitbringen, wie Politik in Zeiten der Globalisierung effektiv und legitim gestaltet werden kann.

Geschichte des Sozialrechts in Deutschland

Ein Grundriß

von Michael Stolleis

2003. X/350 S., kt. € 16,90 / sFr 30,10. ISBN 3-8282-0243-8. UTB 2426 (ISBN 3-8252-2426-0

Der Band bietet eine kompakte Darstellung der Geschichte des Sozialrechts in Deutschland. Der Autor stellt die Entwicklung von den Frühformen der vorindustriellen Epochen über die entscheidenden Stufen der Entstehung einer modernen Sozialversicherung ab den 80er Jahren des 19. Jahrhunderts und die Fortentwicklungen der Weimarer Zeit (Arbeitslosenversicherung) dar. Die weiteren Abschnitte behandeln die NS-Zeit, Bundesrepublik und DDR sowie das vereinigte Deutschland, und schließen ab mit einem Ausblick zur Europäisierung des Sozialrechts sowie mit kritischen Fragen, ob die heutigen Formen sozialer Sicherung in der postindustriellen Welt unter veränderten gesellschaftlichen Bedingungen nicht grundlegend überdacht werden müssen.

Das Recht der Weltgesellschaft

Systemtheoretische Perspektiven auf die Globalisierung des Rechts am Beispiel der lex mercatoria

von Tania Lieckweg

2003. VI/154 S., kt. € 32,– / sFr 56,–. ISBN 3-8282-0261-6

Die entstehende Weltgesellschaft erfordert – zumindest in Einzelschritten – das Entstehen eines Weltrechts. Die lex mercatoria als anwendbares Recht ist derzeit das prominenteste Beispiel für ein Weltrecht ohne Staat; für ein Weltrecht, das jenseits von nationalstaatlicher oder internationaler Politik entstanden ist. Dabei handelt es sich um eine globale Rechtsordnung, die in einem autonomen Prozess der Rechtsproduktion entstanden ist und sich ständig weiterentwickelt. Im Zusammenhang mit der lex mercatoria haben sich Schiedsgerichtsverfahren zur gängigen Institution der Konfliktlösung etabliert. Die Autorin untersucht – ausgehend von Fragestellungen Niklas Luhmanns und mit systemtheoretischen Überlegungen – das Entstehen und die Rolle der lex mercatoria als globales Recht. Untersucht wird anhand der Theoriefigur der strukturellen Kopplung die Beziehung zwischen Recht und Wirtschaft bzw. der Globalisierung beider Bereiche. Abschließend werden das Recht der Weltgesellschaft und die daraus folgenden Perspektiven für die Globalisierungsforschung erörtert.

 *Stuttgart*

Bei Fragen zur Produktsicherheit wenden Sie sich bitte an:
If you have any questions regarding product safety,
please contact:

Walter de Gruyter GmbH
Genthiner Straße 13
10785 Berlin
productsafety@degruyterbrill.com